文明交流互鉴丛书

U0882684

当代阿拉伯研究
阿拉伯语语言文学学科发展与课程建设专辑
3

刘欣路　吴旻雁
主编

北京师范大学出版集团
BEIJING NORMAL UNIVERSITY PUBLISHING GROUP
北京师范大学出版社

前言

苏联著名教育实践家、教育理论家苏霍姆林斯基曾说过，如果想让教师的劳动给教师带来乐趣，使天天上课不至于变成一种单调乏味的义务，那就应当引导每一位教师走上研究这条幸福的道路。北京外国语大学阿拉伯语专业自创建以来，历经60余年的发展，始终秉承“以科研促教学”的办学思想，高度重视教学实践和教学理论的探索结合，大力提倡并鼓励教师撰写教学论文，促进教学质量的不断提高。

北京外国语大学阿拉伯学院精心策划的全国阿拉伯语专业教学研讨会已连续举办了3届，得到了全国阿拉伯语专业院校的大力支持。除了与会专家和教师的精彩发言，会后我们也不断收到各位老师的精彩论文。经过层层筛选，《当代阿拉伯研究：阿拉伯语语言文学学科发展与课程建设专辑3》终于结集成册。“其称文小而其指极大，举类迩而见义远。”入选的论文，既有对阿拉伯语人才培养模式的思索与探讨，也有对课程设计的反思与总结；既有对当前热点课程的深刻感悟，也有阿拉伯语学科前沿的深入研究，每篇文章都是教师教学改革与探索精神的展现，是他们独立开展研究取得的成果。

从文集中不难看出，阿拉伯语专业的教师在教育教学过程中坚持开放的教学理念，保持鲜明的时代特色；他们注重沟通教材内外、课堂内外，注重学生综合素质的培养、智力与非智力因素的开发；他们在促进学生学习方式转变，改进教学过程、教学策略等方面做了诸多探讨；他们重视师生之间的沟通与互动，既以学生为主体，又注重发挥教师的主导作用，取得了教书育人的良好效果。可以说，这些论文切实地体现了阿拉伯语专业教学改革的新观念，让教师既能从中学到教学的诀窍，又能领悟到研究的途径和方法。

“士不可以不弘毅，任重而道远。”祝愿北京外国语大学阿拉伯学院每年召开的全国阿拉伯语专业教学研讨会能够成为促进阿拉伯语教学研讨的平台；祝愿会后结集成册的论文在展示我国阿拉伯语教学成果的同时，也向外界打开一扇更加宽广的沟通之门。热切期待各位专家、同行的悉心指导，从而鞭策我们继续发扬科研探索精神，不断进取。

目 录

第一部分 人才培养

第二部分 课程思政

第三部分 课程设计

第四部分 学科研究

第一部分

人才培养

高校阿拉伯语专业：从教学向教育的过渡

薛庆国[1]

怎样认识我国高校开设的外国语专业？我们从事的是“外语教学”还是“外语教育”，这两种表述虽只有一字之差，但却代表了两种不同的教育理念和实践。“前者着眼语言教学方法和效果等微观问题；后者除方法与效果等问题外，还关注与社会文化和历史传统等相关的语言教育宏观整体。”[2]但是，无论在理论层面还是实践层面，我国外语界过去对“外语教学”与“外语教育”这两个概念是不加区分的。在很长一段时间里，学界关注更多的是外语教育的微观研究，即教学研究；教师给学生提供的是单一的“外语教学”，而不是全面的“外语教育”。

这种情况在我国阿拉伯语教学中同样存在。20世纪90年代完成编订、2000年出版的《高等学校阿拉伯语教学大纲》把基础阶段教学目的确定为：“向学生传播阿拉伯语基础知识；对学生进行阿拉伯语语言和技能的全面训练；使学生对阿拉伯国家的文化及国情有初步的了解；培养学生掌握用阿拉伯语进行交际的初步能力；要求学生掌握正确的学习方法，养成良好的学习习惯，为提高阶段的学习打下坚实的基础。”[3]高年级的教学目的被确定为：“通过阿拉伯语言技能的训练及相关学科知识与文化知识的传授，进一步培养学生得体地运用阿拉伯语进行交际的能力，为他们毕业后从事一般的翻

---

① 薛庆国，北京外国语大学阿拉伯学院教授。

② 蔡永良：《从外语教学走向外语教育——新形势下我国外语教育转轨的思考》，载《外语教学》，2013（1）。

③ 《高等学校阿拉伯语教学大纲》，13页，北京，北京大学出版社，2000。

译、教学和以阿拉伯语为工具的其他工作奠定坚实基础。”[①] 从中可见，无论是在基础阶段还是在高年级阶段，阿拉伯语教学的教学目的都是提高语言技能和传授相关知识。

近年来，我国外语界对“外语教育”这一概念的认识逐渐清晰，相关的学术研究和实践探索也日渐增多。不少学者认为，我国高校外语专业有必要从微观、单一的“外语教学”向宏观、整体的“外语教育”过渡。孙有中教授提出了“人文英语教育论”，其基本内涵是“通过语言与知识的融合式学习，构建师生合作探究学习共同体，同步提高学生的语言能力、思辨能力、跨文化能力和人文素养”[②]。文秋芳教授认为，大学外语课程要以6个关键能力的培养为目标，即语言能力、学习能力、思辨能力、文化能力、创新能力和合作能力。[③] 阿拉伯语教育专家史希同教授则从教学本质和智力开发的高度看待外语教学：“教学的本质特征就是教会学生学习，就是要尊重和唤醒学生的主体意识，调动和发挥学生的学习主动性、自觉性和创造性，帮助学生打开独立思考的大门，掌握正确的思维方法，引导他们重视智力开发和意志品质的磨炼，加强自学能力及自我教育能力的培养，掌握获取知识、探求知识及创新知识的本领。”[④]

“外语教育”理念在2018年版《外国语言文学类教学质量国家标准》（以下简称《国标》）中有了比较清晰的体现。其中对外语类专业学生素质的要求为：“应具有正确的世界观、人生观和价值观，良好的道德品质，中国情怀和国际视野，社会责任感，人文与科学素养，合作精神，创新精神以及学科基本素养。”对能力的要求为：“应具备外语运用能力、文学赏析能力、跨文化交流能力、思辨能力，以及一定的研究能力、创新能力、信息技术应用能力、自主学习能力和实践能力。”

---

① 《高等学校阿拉伯语教学大纲》，221页，北京，北京大学出版社，2000。

② 孙有中：《人文英语教育论》，载《外语教学与研究》，2017（6）。

③ 文秋芳：《新时代高校外语课程中关键能力的培养：思考与建议》，载《外语教育研究前沿》，2018（1）。

④ 史希同：《如何在阿拉伯语教学中开发学生智力》，见《北京外国语大学2006年教学研究论文集》，2页，北京，外语教学与研究出版社，2007。

在这样的背景下，作为我国高校外语专业的一部分，阿拉伯语专业也应该按照《国标》的要求，借鉴英语专业的经验，实现从教学向教育的过渡。阿拉伯语和英语虽然语种不同、起点不同、对象国和范围不同，但中国高校阿拉伯语专业培养的人才目标，较之英语专业不应该有本质区别。阿拉伯语专业培养的毕业生，很多也将进入与对外交往有关的各行各业。他们在外交、经贸、传媒、文化、学术、军事、旅游等各个部门工作，与对象国同行和民众直接、间接交往的机会很多，他们的工作能力和效率、人文素质和形象，在很大程度上代表了当代中国人的素质和形象。

为了适应新时代的特点以及国家对阿拉伯语人才的更高要求，我们必须明确树立“阿拉伯语教育”意识，在继承我国高校阿拉伯语专业强调语言基本功、重视精细训练的优良传统基础上，勇于改革，在不放松培养学生语言能力的同时，充分发挥语言的育人功能。笔者认为，新时代我国的阿拉伯语教育，尤其要重视提高学生的人文素养、跨文化交流能力和思辨能力。

一、人文素养与阿拉伯语教育

人文素养或称人文素质，其定义多种多样。乐黛云教授认为：“人文素质是人对生活的看法，人内心的道德修养，以及由此而生的为人处世之道。”[①] 人文素养包括丰富的内涵，如人的道德修养、人生态度、爱国精神、世界视野、文化品位、审美情趣、心理素质等。它是一个现代人文明程度的综合体现，它与我们现在强调的思政教育和德、智、体、美全面发展并行不悖。

孔子以礼、乐、书、数、射、御六艺教授弟子，奠定了我国古代从德、智、体、美等方面全面育人的教育理念。孟子认为：“仁义礼智根于心，其生色也睟然，见于面，盎于背，施于四体，四体不言而喻。”这种根植于心中、不知不觉在言谈举止间流露的，正是我

① 乐黛云：《人文素质是什么？》，见《清溪水慢慢流》，176 页，上海，东方出版中心，2012。

们所说的“素养”“素质”。在我们身边，那些德高望重、令人敬仰的老一辈学者，往往不仅在学术上很有造诣，而且普遍具有很高的人文素养。他们在课堂之外的道德文章、言谈举止，也都在无形之中参与“育人”这一系统工程，陶冶了一代代学子的人格情操。

阿拉伯伊斯兰文化也十分注重提高人的全面素养。伊斯兰教从一开始就有着很高的道德追求，《古兰经》和《圣训》等宗教经典中不乏鼓励人们追求美德和知识，以获得全面发展的教导。中世纪伟大的阿拉伯哲学家法拉比曾经描绘过一个想象中的卓越城邦，其中的“元首”应该具备 12 种品质，才能垂范于众人。这些品质包括聪明睿智，善于表达，热爱求知受教，热爱真实和诚实，保持精神自尊，向慕崇高事物，同情弱者，追求善、美和公正，勇敢无畏，果断行事，身体强健等。[①] 这些品质，与我们在此探讨的人文素养有颇多契合之处。

强调人文素养，对于新时代我国阿拉伯语人才的培养很有现实意义。随着“一带一路”倡议的提出，中国跟世界各国尤其是阿拉伯各国的交往将更为密切，这给阿拉伯语专业学生提供了展示才华、服务祖国的广阔天地。中国将什么样的风貌展示给阿拉伯世界？如何赢得阿拉伯各国、各界人民发自内心的尊重和友谊？这在相当程度上取决于直接与他们交往的中国人的形象，当然也包括阿拉伯语专业毕业生的形象。把一个文明、进步、开放、包容、有文化、爱和平、重礼仪、讲诚信的民族形象，展现在包括阿拉伯人民在内的世界人民面前，是未来中国一代代外语人才义不容辞的使命。这一点首先取决于我们能否培养高素质的人才。

不仅如此，随着现代科技的迅猛发展，人工智能必定会在人类社会生活中发挥越来越大的作用。但是，高素质的人才及其从事的富有智慧、知识、创意、情怀、敏感度、亲和力的工作，是人工智能难以取代的。从根本上而言，提高人的人文素养，实现人的全面发展，也是社会发展和进步的最根本目的之一，自然也是高校开设

---

① 参见法拉比:《论完美城邦——卓越城邦居民意见诸原则之书》，董修元译，72 ~ 73 页，上海，华东师范大学出版社，2016。

包括阿拉伯语在内的一切专业的终极目的。

二、跨文化交流能力与阿拉伯语教育

我们这个世界是由许多民族、文化、语言构成的多元共同体。承认并尊重世界文化的多样性，是构建人类命运共同体的前提。随着中国越来越走近世界舞台的中心，可以预期的是，越来越多的中国人将走出国门，与世界各国各种文化背景的人民进行全方位互动。因此，高校培养的外语人才，应该成为国家急需的跨文化人才。《国标》将跨文化人才界定为："尊重世界文化多样性，具有跨文化同理心和批判性文化意识；掌握基本的跨文化研究理论知识和分析方法，理解中外文化的基本特点和异同；能对不同文化现象、文本和制品进行阐释和评价；能有效和恰当地进行跨文化沟通；能帮助不同文化背景的人士进行有效的跨文化沟通。"由此可见，跨文化人才应该既有能力欣赏异国文化的特点和长处，也有能力认识异国文化的不足和缺陷，能够在文化交往的过程中知己知彼、互学互鉴、取长补短。跨文化人才在具有国际视野的同时，还应该了解中华文化，具有文化自信和家国情怀，这样才能更好地汇通中外文化。

跨文化阿拉伯语人才，在掌握阿拉伯语语言知识和应用技能之外，还需要尽量掌握阿拉伯伊斯兰文化知识和阿拉伯国别区域知识，要了解阿拉伯社会文化的总体特点、社会背景、民族心理、思维方式、喜好与禁忌等。在与阿拉伯人相处时，要尊重对方的文化差异和禁忌，做到求同存异、互相欣赏；既要认识阿拉伯伊斯兰文化蕴含的精神维度、人文意义及其丰富性、深度与活力，还要培养文化批判意识，了解阿拉伯伊斯兰世界在当代面临的诸多困境与挑战及其原因，以及有识之士为应对挑战而倡导的与时俱进的新理念、新思想。客观、全面、理性地认识阿拉伯伊斯兰文化，对于我国阿拉伯语学习者而言尤其重要。我们应该摆脱西方的有色眼镜，通过自己的视角去客观地认识、理解阿拉伯民族及其文化。有了对阿拉伯文化的深度认知和文明互鉴的胸怀，我们在与阿拉伯人交往时才能适应文化差异，避免由此造成的矛盾，才能奠定中阿友好的民心基础。

跨文化人才还应该对中国文化、中国国情，尤其是改革开放的巨大成就及其经验有一定了解，并初步掌握用阿拉伯语表述这些知识的本领。这不仅有助于培养学生的爱国主义情怀，而且有利于更好地向阿拉伯人传播中国文化。习近平总书记指出："让 13 亿人的每一分子都成为传播中华美德、中华文化的主体。"① 因此，对外传播中国，不仅是对外新闻传播从业者的义务，而且应该是一切外语工作者的义务。对外传播祖国的形象，从根本上而言，也是跨文化深度对话的一种形式。正如前文所言，对于新时代面对各种挑战的中国人而言，对外传播的重要性变得更加突出。还需要说明的是，对外传播不仅需要语言表述的能力，而且需要掌握有效传播的客观规律和基本技巧。

此外，鉴于阿拉伯世界与西方和周边国家也有着复杂而深刻的互动，跨文化阿拉伯语人才还应该对西方文化、大中东文化有一定了解，这样才能具备真正开阔的国际视野，并在更广的坐标体系中更好地了解中国和阿拉伯国家。

三、思辨能力与阿拉伯语教育

语言不仅是人际交流的媒介，还是认识世界、探索新知和解决问题的工具。因此，外语教育不仅应培养学生运用外语进行人际沟通的能力，还应培养他们使用外语获取知识、分析问题、解决问题、创新创业的能力。这些能力，与思辨能力的内涵有颇多契合之处。《国标》已将思辨能力确定为外语教育的核心能力之一，并对其作了如下界定："勤学好问，相信理性，尊重事实，谨慎判断，公正评价，敏于探究，持之以恒地追求真理；能对证据、概念、方法、标准、背景等要素进行阐述、分析、评价、推理与解释；能自觉反思和调节自己的思维过程。"这样的认知体现在语言教学中，"意味着学生

① 习近平：《习近平谈治国理政（第一卷）》，161 页，北京，外文出版社，2018。

并不是为语言而学习语言，而是旨在发展思维能力，并在超越语言课堂的情形中运用思维能力”[①]。

一段时间以来，我国学术界对外语专业学生思辨能力不足的缺陷已有研究和反思。文秋芳教授及其团队曾使用量化和质性研究相结合的方法，跟踪研究了外语专业大学生的思辨倾向变化。结果发现，“经过大学一年的学习，思辨倾向的总体水平不升反降，而大学二、三年级则相对稳定……与理科专业相比，外语专业大学生思辨倾向具有更强的开放性，但坚韧性、自信心不足，分析问题的逻辑性不强。”她建议：“教师需要结合课程教学，对思辨倾向进行有针对性的培养。”[②] 阮炜教授则认为，学生的不足与外语教师本身也存在缺陷有关：“一些外语教师已经意识到，由于一直以来不太注意中外文明知识的训练、积累，自己的外语是有缺陷的。有缺陷的原因不仅在于缺乏有关人文知识或‘文化’，也在于缺乏看问题的角度和方法。”这里所说的“缺乏看问题的角度和方法”，恰恰是教师本身思辨能力不足的表现。因此，外语专业的教师也有必要突破原有的知识储备和教学观念，不能局限于语言、文学、翻译等外语专业的传统学科领域，还要关注对象国的宗教、政治、社会、思想、艺术、传媒等议题，甚至关注种族、民生、法律、社会保障等具体问题，并且投身于这些问题的学术研究，不断提高自己的理论素养和思辨能力，并通过教学相长，促进学生思辨能力的提高。

对于我国高校阿拉伯语专业而言，在外语教育中培养学生的思辨能力显得尤其重要。阿拉伯语是绝大多数中国大学生的零起点外语，根据二语习得的规律，入门阶段免不了要经历高强度、长时间的模仿、纠音、抄写、背诵等相对机械、枯燥的操练。客观而言，这些操练对于开发学生的智力、提高其思辨能力所起的作用是有限的。因此，如果在教学过程中，特别是在基础阶段只满足于这些机械的操练，而未能给学生提供足以激发他们思维、挑战他们智力的

① J. Richards & T. Rodgers. Approaches and Methods in Language Teaching[M]. Cambridge: CUP, 2014, p.107.

② 文秋芳，张伶俐：《外语专业大学生思辨倾向变化的跟踪研究》，载《外语电化教学》，2016（2）。

学习材料、学习方式和学习环境，就有可能养成学生思维的惰性，错过大学阶段这一提高学生思辨能力的关键时期，也容易导致思维活跃的学生失去学习兴趣。

四、在实践中落实阿拉伯语教育

要完成从阿拉伯语教学到教育的过渡，就需要对整个教学过程进行改革。这不仅涉及阿拉伯语的教学环节，还需要充分利用学校提供的公共基础课程、校级通识课程、学术讲座、课外活动、实践教学等多种手段，以达到全面育人的目的。应该在语言教学的同时进行人文教育，在教学的各个环节培养学生的能力和素养，促进其语言能力、人文素养、跨文化能力、思辨能力等多种素质同步发展。限于篇幅，这里主要谈谈与阿拉伯语教育相关的课程、教材、课堂教学等主要环节。

（一）课程

《国标》中所列的阿拉伯语专业核心课程包括：阿拉伯语语音、基础阿拉伯语、阿拉伯语视听、阿拉伯语口语、阿拉伯语阅读、阿拉伯语语法、阿拉伯语写作、高级阿拉伯语、阿拉伯时事研读、笔译理论与实践、口译理论与实践、阿拉伯社会与文化、阿拉伯简史等。从中可见，这些课程主要着眼于“教学”层面的语言技能和知识。为实现从教学到教育的过渡，笔者建议有关学校应根据各校条件和特色，增设相应的非核心课程或选修课程，尤其应该增设以下 3 门课程。

1.“阿拉伯文学和文学史”

作为阿拉伯语语言文学专业，文学是不应该在专业课程中缺席的。有些人强调“学以致用”，认为文学远离生活，没有太大用处。其实，这是对“学以致用”的误解。文学能起到王国维所说的“无用之用”，即旨在“大用”，提高人的综合素质。阿拉伯文学和世界各民族的文学一样，都以歌颂人间的真、善、美，抨击假、恶、丑为永恒的主题；阿拉伯文学史上也涌现过许多影响深远的文学大师，其作品具有很高的思想和艺术价值，足以让各民族读者受到智慧的启迪和审美的陶冶。学习阿拉伯文学，不仅有利于学生提高阿拉伯语水平，而且有利于他们提高人文素养，深度认识阿拉伯文化和社会，增强跨文化交际的能力和思辨能力。考虑到学时有限，可以将文学史和文学作品选读合成一门课，让学生通过有限的课时，既大致了解阿拉伯文学发展的全貌，又初步了解阿拉伯古今文学的特点及精华。对文本的选择应该更精心一些，在呈现阿拉伯古今文学最重要经典文本的同时，也要体现时代眼光和中国学者的独特品位。

2.“中阿跨文化交际”

阿拉伯文明与中国文明都是古老而有重要影响的文明，两者之间有着漫长的交往历史。同时，这两大文化差异较大，阿拉伯人对文化冒犯现象比较敏感。因此，开设一门关于“跨文化交际”的课程是很有必要的，有助于学生跟阿拉伯人跨文化交际时避免文化冲突和误解。课程内容应包括中阿文化交流史回顾、中阿关系现状、中阿文化的特点与异同、伊斯兰教常识、阿拉伯人的民族性格、阿拉伯人交往礼仪、阿拉伯社会与文化的禁忌、跨文化交际的基本原则等内容。

3.“中国文化与国情”

这门用阿拉伯语开设的课程，有助于学生更好地了解中国文化与国情，增进学生的爱国主义情怀、跨文化交际能力和对外传播中国文化的本领。课程可包括中国的历史、哲学、宗教、习俗、文学、艺术等内容，以及当代中国的基本国情、政策理念，特别是阿拉伯人高度关注的中国改革开放的经验等。此外，还可以收入一些具有代表性的从阿拉伯人视角认识中国、评论中国的观点。

（二）教材

建议教指委阿拉伯语分委员会组织、协调有关高校的师资，逐步完善高校阿拉伯语专业的教材编撰工作；尽快补全依然空缺的教材，同时改进、更新已有的教材，以体现阿拉伯语专业从教学到教育的理念转变。具体而言，应将人文素养、跨文化交流、思辨能力等各种素质和能力目标，体现在各个阶段、各门课程的教材中。譬如，入门阶段教材在介绍“这是茶杯，那是手表”等基本句型时，要同时增加“这是尼罗河，那是金字塔”等更具有文化内涵的练习；阅读教材可以围绕同一话题，将表达不同观点的文章置于同一个单元，以训练学生从不同视角看待问题，并做出客观的判断和评价；口语教材在设计各种交际语境时，应该增加不同观点的碰撞与论辩，以及中阿文化差异引发的矛盾、误解与解决之道；写作教材可以设立一个有争议的观点，要求学生写出分析、回应、补充或驳斥的文字；高年级专业课教材应选用经典文本，注重探讨人文领域的永恒话题，并拓宽学生的知识面，增加能激发学生思维积极性的思考题。

迄今出版的阿拉伯语教材，还在一定程度上存在内容碎片化的问题。因此，有必要对现有教材作不同程度的修订，让学生较为系统地获得相关话题的知识。如各校普遍在大三下学期开设的“报刊阅读”课，不能只关注当下的热点话题，因为当今世界瞬息万变，阿拉伯世界的热点话题更是层出不穷。考虑到教材的编写、出版和使用都有一定周期，教材如果被动地围着“热点”转，将会永远落后于热点，学生也无从获得系统的读报知识和本领。因此，我建议将这门课程及其教材的名称改为“媒体中的阿拉伯世界”，让学生阅读主要阿拉伯语媒体（纸媒及各类网站）的相关文章，在提高他们阅读、分析阿拉伯语媒体文章基本能力的同时，帮助他们加深对阿拉伯国家国情的认识，掌握中东主要问题的来龙去脉，使他们对阿拉伯各国政治经济文化、思想潮流、矛盾冲突、对华立场等话题具有较为系统、清晰、深入的理解。该教材可包括阿拉伯媒体介绍、大国博弈与中东政治、阿拉伯思潮、教育与文化、环境与科技、石油与能源、阿拉伯经济、中阿关系、阿拉伯媒体中的中国形象等专题。每一专题可收入三四篇文章，旨在较为系统地反映这一专题所涉内容的主要方面。如“阿拉伯媒体介绍”这一专题，可收入分别介绍阿拉伯传统纸媒的历史及其影响力、阿拉伯主要卫星电视的政治倾向和风格、阿拉伯新媒体的现状等内容的文章。

此外，针对《国标》中的“高级阿拉伯语”课程，笔者建议在目前多数高校大三两个学期使用的精读教材（如外研社出版的《新编阿拉伯语》5、6册）基础上，修订编撰一套《阿拉伯语经典阅读》教材（2册）。全套教材设若干单元，涉及人物、社会、历史、文化、政治、宗教、艺术、旅游、环境、法律与道德、个体与群体、传统与革新、东方与西方、现在与未来等当今人类普遍关注的议题。按照循序渐进的原则，每个单元集中精选若干篇相关文章，尽量以现当代阿拉伯思想家、学者的经典作品为主，适当辅以相关话题的阿拉伯语古典著作选段，可对语言稍作简化处理。课堂上只需讲解每一单元的一两篇文章，其他文章留给学有余力的学生在课后作拓展阅读。这样的教材可以避免知识碎片化，同时能充分体现阿拉伯语专业的人文属性，有助于培养学生的人文素质，开阔他们的视野，提高他们的文化品位和思辨能力。

（三）课堂

从教学到教育的理念转变，只有通过课堂才能得到落实。因此，课堂教学应该在传授语言知识和培养语言技能的同时，将综合素质和能力的提高纳入课堂的设计。“有效的外语课堂说到底应该是这样一个学习共同体：学习者在教师的指导下以外语作为工具积极参与学习活动，合作探究学科知识和语言知识，在丰富多彩的交互活动中不断提高语言能力、思辨能力和跨文化能力。”①

譬如，精读教学不能停留在扩大词汇量、掌握句型和理解课文表层信息的层面，教师应鼓励学生踊跃提问、质疑、评价不同的观点与论述。教师可以在课堂就课文中某一观点提出一个不易找到现成答案的问题，让学生结伴讨论，最后请部分学生跟全班分享自己与同伴的观点。在语法课上，教师可以尝试列出有关语言现象，让学生自己从中发现、归纳语法规律。在口语课上，教师要鼓励学生就复杂的问题进行演讲和辩论；为调动全体同学参与，可以允许外语较差的同学夹杂中文表达（可以由外语好的同学或教师自己进行

① 孙有中:《人文英语教育论》，载《外语教学与研究》，2017（6）。

翻译）；还要鼓励学生倾听和了解他人的思想，从不同视角审视同一个问题，锻炼他们学会换位思考。

进入高年级以后，随着学生外语水平的提高和知识面的扩大，教师在课堂上更应注重提升学生的全面素质。如在有关文化或历史的课堂上，可以“引导学生对中国、阿拉伯、西方文化的特点，中阿思维方式及价值观，中阿对待传统文化的态度，中阿应对外来文化的方式和态度等问题进行比较。教师应通过比较使学生认识到：要想正确地认识和评价一个民族的传统文化及其传统思维方式、把握住它的本质特征，其理论前提是找到一个‘对方’作为参照物。对于同为东方文化的中国文化和阿拉伯文化，其最好的参照物就是西方文化，只有与异质的西方文化进行全面、客观、系统的比较，才能更清楚地认识中国文化与阿拉伯文化的特点与长处，同时也会发现其弱点与盲区，明确各自需要保持和发扬的优良传统及需要扬弃的糟粕，以实现各自的民族复兴”①。如果教师经常在课堂上组织学生思考、讨论类似有深度、有挑战性的话题，学生的人文素养、思辨能力应该会有明显的提升。

对于我国高校阿拉伯语专业从教学向教育过渡的上述设想，有人可能会觉得过于“高、大、上”，难以在大多数高校的阿拉伯语专业得到落实。他们可能会列举一些困难，例如：很多学生学习阿拉伯语的动机比较现实，只想去企业做个翻译或日后开个公司；多数高校阿拉伯语师资的数量和水平都有限，无法开设对教师来说都很有难度的课程；大学期间学时总数有限，强调素养和思辨教育会影响语言技能的提高，因而得不偿失……

笔者认为，上述困难都是应该或可以解决的。第一，对于我国包括阿拉伯语在内的外语专业毕业生的需求情况，我们应该有这样的清醒判断：“目前外语专业毕业生中，低层次人才供过于求，而高层次人才极其匮乏。例如，我国缺少能够胜任联合国下属国际机构

---

① 史希同:《如何在阿拉伯语教学中开发学生智力》，见《北京外国语大学 2006 年教学研究论文集》，17 页，北京，外语教学与研究出版社，2007。

工作的高端外语复合型人才。”① 因此，对于绝大多数高校的阿拉伯语专业而言，都应该努力培养高层次人才，起码不能耽误、埋没具有较高潜质的学生，要尽量为他们脱颖而出创造条件。对于资质平平的学生，也应该尽量提高他们的觉悟，鼓励他们充分挖掘潜能，实现自我超越。本文中关于课程、教材、课堂的各种设想，其实是体现了“因材施教”这一原则的，不少要求只针对学有余力的学生，并非要求所有学生做到。

第二，我国许多高校的阿拉伯语专业，尤其是开设时间不长的专业，确实面临师资条件有限、教学资料不足等困难。但在互联网十分发达的当今中国，这些不足是可以设法弥补的。网课已经成为十分普遍的教学方式，而网课可以使全国乃至世界范围的优质师资得到最大程度的共享。各高校可以合理设计课程，邀请校外优秀师资授课。教指委阿拉伯语分委员会也可以发挥我国教育的制度优势，组织有关高校的名师开设系列讲座和课程，让全国高校师生通过网络平台共同受益。

第三，培养综合素质的教育和语言技能的提高并不矛盾，前者也不靠压缩语言课程和技能训练的时间来实现。学生通过语言学习知识、学会思辨，并在阅读、表达、论辩等应用实践中巩固和提高语言技能。素质教育融合于语言教学之中，这种融合式教育能激发学生的学习兴趣，提高语言学习的质量；语言学习也能为促进素质教育提供更大空间。总之，这两者是相辅相成、相得益彰的。

① 文秋芳:《新中国外语教育 70 年：成就与挑战》，载《外语教学与研究》，2019（5）。

阿拉伯语汉语互译（笔译）能力的培养与发展

张　宏　金　璇[①]

【摘要】翻译是人类相互交流沟通的桥梁，也是一种职业、一份工作。要做好翻译工作，就要具备过硬的翻译能力。而翻译能力的获得，首先要通过学习和练习，即积累语言习得；其次要通过继续学习、思考和实践，不断提高和发展翻译能力。本文结合阿拉伯语汉语互译来谈谈如何培养和发展阿拉伯语学习者的阿汉笔译能力问题，即通过论述如何获得双语交际能力、翻译专业知识能力、语言外的能力、翻译策略的能力、查询和利用资料的能力这五种主要能力，来引导阿汉互译学习者去思考和实践，以此提高其翻译能力；还通过论述一些翻译策略和翻译经验，来引导学习者进一步培养和发展自己的翻译能力。

【关键词】阿汉互译；笔译；翻译能力的构成；培养与发展

世界发展到了今天已经完全离不开不同国家和不同民族之间的沟通和交流，而这种沟通和交流很大程度上是依赖翻译来进行的。翻译在长期的发展过程中也在不断趋于完善。人们对翻译的认识也在逐步地加深，从认为外语即是翻译，到认识到翻译是一种专业、一种职业、一份工作，翻译有着自身的规律与内涵，任何违背这些规律和内涵的做法都不可能使外语学习者达到翻译的要求和标准。

要做好翻译，就要具备过硬的翻译能力。那么，什么是翻译能

---

① 张宏，北京外国语大学阿拉伯学院教授。
金璇，北京外国语大学阿拉伯学院博士研究生。

力？翻译能力是如何获得的，又是如何培养和发展的？现在我们就结合阿拉伯语汉语互译来谈谈如何培养和发展阿拉伯语学习者的阿汉笔译能力。

一、翻译及翻译标准

1. 翻译的产生

语言是人类社会表达感情、传递信息、说明事物的载体，使用不同语言的人们为了实现相互交流的目的，就产生了翻译。大家都知道，翻译是运用一种语言把另一种语言所表达的思维内容准确而完整地重新表达出来的语言活动，也就是在准确通顺的基础上，把一种语言信息转变成另一种语言信息的行为。

2. 翻译的标准

关于翻译的标准，历来是百花齐放、百家争鸣、莫衷一是的。我们中国人就有很多的标准，如古代有玄奘的标准“既须求真，又须喻俗”；近现代和当代有严复的“信、达、雅”，刘重德的“信、达、切”，鲁迅的“兼顾两面”（注重原文风格，译文易懂），茅盾的“忠实、通顺”，林语堂的“忠实、通顺、美好”，瞿秋白的“信顺统一”，傅雷的“形似神似”，钱锺书的“入化境界”（化境），许渊冲的“音美、形美、意美”；还有符号学的翻译原则“意义相符，功能相似”。此外，还有许多种外国的翻译标准，如英国的泰特勒（A. F. Tytler）提出的翻译三原则：一是“应把原作的意思全部转移到译文上来”，二是“译文必须具备原作的风格和文体”，三是“译文应当与原作同样流畅自如”。还有美国奈达（Eugene A. Nida）的“等效论”，即“翻译的实质就是再现信息”，“衡量翻译质量的标准，不仅仅在于所译的词语能否被理解，句子是否合乎语法规范，而且还在于整个译文使读者产生什么样的反应”。苏联的费道罗夫（Андрей В. Фёдоров）给合格翻译下的定义是：“所谓合格的翻译就是译文读起来跟原文一样流畅，而又忠实于原文的精神、意思和风格。”这就是所谓“等值论”。

翻译的标准很多也很杂，但其最终目的都是在引导译者认真努力地理解原文，译出既忠实于原文又让读者赏心悦目的译文来。

二、教学翻译与翻译教学

翻译能力首先是通过学习和练习，即积累语言来习得的。现在的翻译工作者一般是通过大学或各种培训机构来学习、训练的。我们先来了解一下教学翻译和翻译教学的含义，以便厘清各自的实质，进而明确学习的目标。

1. 教学翻译

一般认为，教学翻译和翻译教学这两者既有所不同，又相互联系，相互渗透，在教学中达到不同的目的。“教学翻译”是外语教学的一种方法。它是翻译基本理论在课堂教学中的实际运用，旨在帮助学生准确地理解源语并恰当地将源语转换成目的语。这就是说，教学翻译的主要目的，不是学习翻译，而是在外语教学中，通过翻译，更好地掌握外语基本功，学好外语，从而达到交际的目的。教学翻译的主要目的是培养外语人才。

2. 翻译教学

“翻译教学”是一门理论课程，它是两千年来翻译实践的概括与总结，它接受翻译实践的检验又反过来为翻译实践服务。[①] 翻译教学是通过翻译知识和技能的学习与实践，进一步提高外语学习者的翻译能力和翻译水平。翻译教学的主要目的是培养双语翻译专业人才。

三、翻译能力的构成与获得

翻译教学的核心任务和目标是培养学习者的翻译能力。那么，翻译能力是如何构成与获得的呢？下面我们就来探讨一下。

1. 翻译能力的构成

根据国内外翻译学者们提出的翻译能力模式，结合我们的翻

---

① 范素琴:《教学翻译与翻译教学》，载《黄河科技大学学报》，2003（6）。

译教学经验，阿拉伯语汉语互译者的翻译能力可以概括为以下五个方面：①双语交际能力；②翻译专业知识能力；③语言外的能力；④翻译策略的能力；⑤查询和利用资料的能力。

换言之，翻译能力首先意味着要具备语言能力，其次是根据源语生成和选择译文的能力，最后还要具备能够胜任翻译任务的知识和技能体系。

2. 翻译能力的获得

翻译能力始终是通过学习和实践获得的。学生要学会学习、思考，再通过实践来增强翻译能力。

我们上面提到的第一项能力“双语交际能力”，主要通过外语学习来获得，即掌握我们始终强调的听、说、读、写、译五项基本功。北京外国语大学阿拉伯学院的教学指导思想是：听说领先、读写跟上、翻译经常。就是在这样的思想指导下，北外阿拉伯学院为国家输送了许多具备阿拉伯语汉语交际能力的优秀人才。当然，我们这里主要谈阿汉笔译，听、说两项基本功不是我们的重点，这里不再赘述。但是，读、写、译三项基本功是不可或缺的，是获取“双语交际能力”的基础。学习者只要掌握了外语学习的基本功，再经过自己的努力，不断地学习、思考和实践，亦即读懂、记忆、对比、实践，这样反复地进行，其双语交际能力就会不断地增强。

第二项能力“翻译专业知识能力”的获得，还是靠学习和实践，即理论与实践相结合。我们在大学里学习外语或是翻译理论与实践，一般是通过老师讲授翻译理论与翻译知识，学生做作业，老师或同学点评作业来进行的，然后又通过理论指导实践来获取更多、更强的翻译专业知识和技能。

第三项能力“语言外的能力”，主要是学习者或翻译工作者获得或具备的语言能力之外的能力。这里主要包括主题知识、文化意识和百科知识等方面的能力。主题知识就是要能真正了解和读懂原文（原词、原句、原段、原篇）的中心意思或重点，抓得住原文的主题。文化意识实际上就是跨文化意识。而跨文化意识指的是跨文化交际中参与者对文化因素的敏感性认知，一般分为四个层次：一是对那些不易得到理解的文化现象的认知；二是对那些与外语学习者的母语文化不同因而显得不可思议的文化特征的认知；三是通过理性分析而取得的对文化特征的认知；四是从外语学习者的角度感知异文化。其中第四个层次是跨文化意识的最高境界，要求参与者具备“移情”和“文化融入”的能力。翻译者要具备较高的文化水平、较好的文化意识，才能在两种语言中找到恰如其分的词语和表达。百科知识就是自然科学、社会科学、文学艺术等学科的成果和最新进展，重大社会问题和热点话题的背景知识，以及人们提高文化素养所需的基本知识。我们常说，要做好翻译工作需要什么都懂一点儿，但不一定需要做到样样精通。就像相声演员们常说的那样，“演员的肚子是个杂货铺”。

第四项能力“翻译策略的能力”，可以说是翻译知识和技能的统筹运用过程。“策略”相对于“技巧”而言，是一个更为抽象的概念，它可以包括翻译过程中译者采取的多种方法或技巧，或者说是译者为实现自己的意图，将多种方法和技巧相结合的一种艺术。现在人们谈论翻译策略时一般都关注以下三个方面：直译与意译、语义翻译与交际翻译、归化翻译与异化翻译。此外，还要关注接受的对象、翻译的目的、源语的文化和习俗、目的语的表达习惯等。但是，我们想强调的是，在考虑翻译策略时，要着重关注源语的相关内涵，例如：事实、文化、思维、文体、语境、风格、修辞、句式、连贯、专业术语等。脱离了这些内容，就谈不上翻译的策略了。

第五项能力“查询和利用资料的能力”，亦即搜集、整理、分析和运用资料获取新知识、分析和解决问题的能力以及交流与合作的能力。这里包括自己查询和利用资料以及与同学或同事一起交流合作的能力。掌握这样的能力，能使翻译更加准确达意，能使翻译工作者更好地完成翻译任务。我们可以通过辞书、论文、媒体、网络等途径获取资料，并通过分析和比较这些资料获取合乎语境和逻辑的、恰当地道的翻译词语或表达方式。

四、翻译能力的培养与发展

翻译能力的培养、提高和发展，还是要依靠理论与实践的结合，还是要通过学习、思考加实践，要善于学习、善于思考、善于实践，要充分发挥上面提到的五种能力，而且要把这五种能力有机地结合起来，综合地发挥其作用。我们先从阿译汉举例加以说明。

1. 理解与转换（模仿与灵活套用）

要理解原文，掌握分寸，顺利把源语转换为目的语。要有意识地培养自主学习和自主实践的能力，通过不断地积累阿拉伯语的词语、表达和套路，反复推敲，探明其确切含义，然后将阿拉伯语的内容转换成地道的汉语。在翻译中要注意两种语言词语的分寸、内涵、外延及其在文中表述的意思。要善于模仿源语的表达，善于模仿前人的翻译，灵活地套用前人成功的翻译方式，有时候只做些许的改动就可以达到事半功倍的效果。下面举几个例子：

"سلامة البلاد وراحة العباد"，这是阿拉伯国家常用的一个政治和社会术语，其中有一个词"العباد"，它是"العبد"的复数形式，词义为"奴隶"或真主的崇拜者、信仰者，也可以指"人"或"人类"。所以这里的"العباد"，从上下文语境和文化角度来看，指的是一国的人民大众。所以，这个短语可以译为"国泰民安"。反过来，我们在翻译汉语的"国泰民安"时，不妨参考此表达，结合我国的国情，对其稍加改动，去掉其宗教含义，就是一个很地道的翻译，即把句中的"العباد"换成"الشعب"："سلامة البلاد وراحة الشعب"。

"الاقتصاد السياسي التدبير الوطني"，这也是阿拉伯国家常用的一个政治和社会术语或表达方式，从字面上看，其意思是"政治经济"，但如果这样翻译出来，读者是无法理解其真实含义的。其解释词语"التدبير الوطني"的含义是"国家的安排""国家的大计""全国的管理"等。我们从上下文语境可以得出这一表达指的是一个国家的政府要为人民做的重要事务和所谋求的福祉，它的意思正是我们汉语中常说的"国计民生"。反过来，当我们翻译"国计民生"时，就应该套用此词语，这样就得到了非常地道的翻译。

"المرء بالتفكير والله بالتدبير" 或 "الإنسان في التفكير والله في التدبير"。这也是阿拉伯人常说的一句话，其意思与我国的谚语很相似，即"谋事在人，成事在天"。我国人民说的"天"或"上苍"，指的可能是自然的力量，也可能是传统宗教或民间信仰中的神祇。阿拉伯国家大部分人都信奉伊斯兰教，认为真主或安拉是主宰世界的唯一真神。阿拉伯语里的"السماء"（天、天空），只是客观存在，不隐喻真主或安拉。这一点与我们汉语里的"天"不一样。这句话，强调人可以自由地思考，去做自己想做的事情，但能否做成，最后得看真主的决定和安排。我们在做互译时，一定要注意两种语言背后的文化意识，以避免文化差异所造成的错译或漏译。

2. 注意汉语的表达习惯

要根据原文真实确切的含义，选择恰当的汉语表达。词语的表达和搭配，在不同语言中可能有相似或不同的表示方法。我们在翻译时，要认真思考，字斟句酌，注重汉语的表达习惯和一些词语的习惯搭配，方能得出恰当地道的译文。请看下面的例子：

"قاهر الظلام"，这是埃及一部电影的名字，是描述埃及大文豪塔哈·侯赛因的传记电影，其中的"قاهر"是"征服者、胜利者"的意思，如果直译就是黑暗的征服者。如果我们考虑一下汉语的表达习惯，就可以译为"征服黑暗的人"或"冲破黑暗的人"。

"الصعود إلى الهاوية"，这也是一部埃及电影的名字，这里的"الصعود"有"上升"或"登上"之意，而"الهاوية"有"深渊、鸿沟"的意思，两者是风马牛不相及的，如果直译为"登上深渊"，岂不贻笑大方？如果根据中文的表达习惯，就应该是"走向深渊"。

"خارج المكان"，这是巴勒斯坦裔美国作家、政治家、思想家爱德华·赛义德一部书的名字，有多种译名："乡关何处""何处是家园""格格不入"。前两种译名，似乎把这部书看作"思乡"的小说，而最后一种译名，则真正反映了这部书的真实含义，即作者在美国生活了几十年，始终没能真正融入美国社会，其中的经历和艰辛可想而知。

3. 注意逻辑和上下文的意思

要注意根据上下文的逻辑关系来思考和确定词语及句子的真正含义，然后选择恰当的汉语来表达。亦即在理解原文的基础上，根据上下文的逻辑，对词语做变通译法，以达到信、达、雅的目的。请看下面的例子：

الانتماء لجماعة إرهابية، التظاهر دون ترخيص، تكدير السلم العامّ

这几组词是对犯罪嫌疑人的罪名指控："加入恐怖组织""未经许可进行示威游行"和"扰乱公共治安"。最后的一项指控"تكدير السلم العامّ"，如果直译，就是"搅浑公共和平"或"浑浊公共平安"，这样的译文，读者肯定难以理解。如果根据上下文逻辑和汉语的表达习惯，就能译出简洁易懂的表达，即"扰乱公共治安"。

قد ارتوت قناة السويس بدماء المصريين أربع مرات

句中的"ارتوت"，有"喝足了、被浇透了、湿透了"的意思，如果句子直译为"苏伊士运河曾四次被埃及人的血浇透了"，读者肯定会认为译者的汉语水平实在太差。如果我们考虑到词语间的关系和意思，再根据汉语的表达习惯来翻译，把"ارتوت"变通为"احمرّت"，该句子可译为"苏伊士运河曾四次被埃及人的鲜血染红"，再变通一下即为"埃及人曾四次血染（血洒）苏伊士运河"。

بعد إيفاء مراسم الإخاء وبث الأشواق التي يعلمها الباري سبحانه وتعالى، فلو أردت شرح ما في الفؤاد فإن الشرح يطول من غير وصول. وإن شاء الله تكونون بعونه وكرمه في غاية الصحة التامة وأن تكونوا في أعلى درجات السرور①

这段话是书信开头的问候语。如果直译的话，其宗教色彩很浓，译文会很晦涩很难理解，所以，我们根据上下文的逻辑关系与汉语的表达习惯，可以将其译为："兄弟你好！非常想念你，心中的情谊溢于言表，祝你身体健康万事如意！"这一译文有意避免了过于浓厚的宗教色彩，是广大读者易于理解的译文。

上面是阿译汉的举例，下面我们举些汉译阿的例子，供大家参考。

---

① بهاء طاهر: واحة الغروب، دار الشروق، سبتمبر 2007، ط2، ص268.

4. 要具备主题意识

在正确理解原文词语意思的基础上，抓住其主旨意义，然后找到阿语中含义对应或相近的词语，如果词典上找不到合适的词语，就把经过推敲后得出的译文输入阿拉伯语搜索引擎而不是我国的阿拉伯语网站，来验证译文是否恰当。请看下面的例子：

“政治影响力”，这个词在汉阿词典上查不到，我们的同学从网络翻译工具里得出的译文一般是“النفوذ السياسي”，这也是我们国内许多相关官方网站上使用的有关我国政治影响力的阿拉伯语译文。为什么会这样？我们想，我国官网上出现的译文或许也是从翻译工具中得来的，该译文虽然也经过一些外国专家的核对，但他们不一定理解我们要表达的真正意思。阿拉伯语“النفوذ”的意思是“势力”或“势力范围”，如一个国家尤其是超级大国或地区大国在某个国家或地区拥有的势力范围，也就是其对该国家或地区的掌控力或能施加的影响力。“النفوذ”这个词在当代阿拉伯语里带有一定的贬义色彩，不能表达我们想要的真实意思。如果我们把“النفوذ السياسي”输入阿拉伯语搜索引擎里去查询，是找不到我们想要的真实意思的。而如果我们根据汉语的原意译出一个词组“التأثير السياسي”或“قوة التأثير السياسية”，很容易就能在阿拉伯语搜索引擎上找到同样的表达方式，从文章的上下文语境里也能得出其真正的含义“政治影响力”。这才是我们的政治文件或话语所要表达的真正含义。

“综合国力”，这一表达目前在汉阿词典里也是找不到的，一般只能通过网络翻译工具译出，其译文为“القوة الوطنية الشاملة”，我们国内的一些官网也是这么用的。但是，如果从阿拉伯语的词语原意来看，该表达中的“الوطنية”是一个带有一定感情色彩的词语，它指的是“爱国的”“爱国主义的”“全国的”“民族的”，与“القوة”搭配却不是一个国家拥有的各种实际力量（软硬实力）或物质和精神实力的意思，只能表达爱国力量或民族力量或全国的力量等抽象或精神上的含义。我们把“القوة الوطنية الشاملة”输入阿拉伯语搜索引擎，发现其出现的频率很低，只会偶尔在国内的相关官网上出现。而国家是与主权相联系的，带有一定的政治色彩，综合国力，就是带有政治色彩的术语，它要表达的是国家的软硬实力，即各种物质和精神力量的总和。所以，我们可以根据其原意译出“قوى الدولة الشاملة”“القوى الشاملة للدولة”“القوة الشاملة للدولة”“قوة الدولة الشاملة”这样的词组，并把它们输入阿拉伯语的搜索引擎中去，可以发现，用得最多的是“قوى الدولة الشاملة”和“القوى الشاملة للدولة”，其次是“القوة الشاملة للدولة”，再次是“قوة الدولة الشاملة”。从上述出现最多的表达来看，综合国力不是单一的，而是多样的，所以要用复数形式来表达，即“القوى”，这样更能确切地表达“综合国力”的真正含义。

5. 借助英语

就是通过词典及其他途径找不到合适的译文时，译者可以借助可信、权威的英语译文，再通过翻译工具得出阿拉伯语译文，在对该译文进行推敲后，再把它输入阿拉伯语搜索引擎去验证，以得出较为合理准确的译文。请看下面的例子：

“关键词” 做笔译时，如果词典中能查到相应的词语，我们直接使用即可。如果没有，我们可以根据中文词义，抓住其主题，就如“关键”二字，其意思为“重要的”“主要的”“中心的”，我们可以试着译为“الهامّ”“الرئيسي”或“الجوهري”，再把这些词输入搜索引擎，看一看阿拉伯国家的网页上是否有类似的表达方式，如果有，就证实这些表达是可行的，如果没有，我们再另想别的方法。比如，可以借助英语来查询，把keywords一词输入网络翻译工具，可以得出译文الكلمات المفتاحية，通过网络或其他途径验证，我们发现“关键词”可以有以下几种阿拉伯语表达方式：

与英语相似的：الكلمات المفتاحية；

阿拉伯语常用的：الكلمات الدلالية、الكلمات الرئيسية。

“归化”与“异化” 归化是要把源语本土化，以目标语或译文读者为出发点，采取目标语读者所习惯的表达方式来传达原文的内容。归化翻译有助于读者更好地理解译文，增强译文的可读性。异化是译者尽可能地贴近原文，让读者向作者靠拢。在翻译上使用异化策略的目的在于考虑民族文化的差异性，保存和反映异域民族特征和语言风格特色，为译文读者保留异国情调。“归化”与“异化”这两个词在现有的阿汉词典上是找不到的，要从有关翻译理论的阿拉伯语书本里找也很费劲。我们的同学把这两个词输入翻译工具，得出的译文为：“تدجين”和“اغتراب”或“التكيف”和“الاغتراب”。把“domesticating translation and foreignizing translation”输入翻译工具得出的译文仅为“ترجمة التدجين”，而“foreignizing”一词，翻译工具译不出来，如果是“Alienation translation”，则可以译出“ترجمة الاغتراب”。然而，我们把这些查询得到的阿拉伯语译文输入阿拉伯语搜索引擎，却找不到相似的理想的表达，但是通过反复查找，我们在阿拉伯翻译协会的网站（جمعية الترجمة العربية وحوار الثقافات）上找到了比较理想的表达方式：“التقريب والتغريب”。这应该说比较接近汉语的“归化”和“异化”了。阿拉伯语的“التقريب”（归化）有“拉近”“使接近”的意思，也就是说“归化”在阿拉伯语里表达的意思，只能是使译文更加接近目标语的表达习惯和风格而已，而“التغريب”（异化），在阿拉伯语里则有“西化”“外化”等意思；从词型和词义看，似乎“التغريب”与“异化”要表达的意思更加接近，是更加贴切的译法。

6. 要适当改写原文

在完全理解原文的基础上，译者可以适当把复杂难懂的原文简单化，这个过程与将文言文翻译为白话文很是相像。请看下面的例子：

“有权不可任性” 其中的“任性”是个时髦用语，当下人们往往把随着自己的性子行事称为“任性”，因此我们可以把此句改写为不允许拥有权力的人任意妄为或随着自己的性子做事，故译文可以是：لا يسمح لمالكي（أصحاب）الصلاحيات أن يتصرفوا على هواهم。

“营改增” 我们通过上下文或从政策上理解其意义，可以知道这是缩略语，能够改写为“把营业税改为增值税”。这样就可以根据其意思译出：إحلال ضريبة القيمة المضافة محل الضريبة التشغيلية (ضريبة المبيعات)。与此相似的表达或句子很多。如“给企业松绑”，可以改写为“放松对企业的限制”，因此可以译为：تخفيف القيود المفروضة على المؤسسات الاقتصادية。又如“简政放权”，可以改写为“简化行政管理的措施或手续，把权力下放给基层或下级单位”，这样就可以译出：تبسيط الإجراءات الإدارية وترك الصلاحيات إلى السلطات الأدنى。

想要培养和发展翻译能力，与参加各种培训班的学习和训练相比，更应该在理论的指导下勤学好问、取长补短、自我练习、思考总结、不断实践。

五、阿汉互译能力发展策略

翻译的策略总体上讲是理解和表达。我们在教学中发现很多同学或学习者，往往不注意细节，对一个词、一句话、一段文字乃至整篇文章，都没有认真、仔细地去阅读和理解，没有搞清楚上下文的逻辑关系和中心意思，就动笔翻译，结果译文总是丢三落四，前言不搭后语，不符合语言的表达习惯，也令读者不明所以。俗话说得好，“细节决定成败”，要发展翻译能力，不管是阿译汉还是汉译阿，都应该注意以下几个关键点：

第一，要对原文的词、句、段、篇进行认真仔细的阅读和理解，尤其要抓住主题和中心。

第二，要注意原义的逻辑关系与上下文的关联。

第三，要注意词语选择、语法和表达习惯。

下面我们举例简单说明一下。如阿译汉，只有注意充分理解词的原意和词语搭配后的新意，才能译好。如：

动词أخذ，其原意是“拿”“领”等。但与其他词搭配后产生了新的词义：（أكل）أخذ طعاما 是“打饭、吃饭”，（التقط）أخذ صورة 是“照相”；حاضر درسا 是“老师上课、教学”，أخذ درسا 是“学生上课”，同是上课，对于老师和同学的表达是不同的。

阿拉伯语的动词由三至六个字母组成，每增加一个字母就会增加一层意思，一定要充分了解和记住其规律和意义变化才能更好地理解原文的意思。فعل、أفعل、فعّل、تفعّل、فاعل、تفاعل、استفعل 的主要含义为：及物、不及物、及一物或及两物、自动发生、相互关联、主动关联、请求或要求等。

词是构成句子的基础，也是理解句子的基础。句子是词与段及语篇之间最为重要的关联部分，如果句子没译好，则整段、整篇都很难译准译好。如：

لقناة السويس تاريخ مكتوب بالدم.

同学们一般译为：苏伊士运河有一段用血写出的历史。如果稍加思考，我们可以译得更好些：苏伊士运河有一部用鲜血写成的历史，或苏伊士运河有一部血染的历史。又如：

كانت السفن تقطع أكثر من 12.000 ميل من لندن إلى بمباي.

当时，从伦敦到孟买的船只需航行 12000 多英里。这个句子也是在理解原文的基础上，根据汉语的表达习惯，稍加变通而译出的。“当时”和“航行”在原文中是没有完全对应的词语的。

段落由句子构成，是构成语篇的独立单位。翻译时要注意段落的整体意思，还要注意句与句的关联和段与段的关联。如：

وقف رجل الأعمال تغمره الدهشة ويفكر في تلك السنة الكاملة التي مرت وهو ينتزع شركته من خطر الإفلاس ويعقد صفقات البيع والشراء ويفاوض بقوة لاقتناعه بأن هناك نصف مليون دولار خلفه!

企业家呆呆地站在那里想着过去一整年里发生的事：他以 50 万美元为后盾（他相信 50 万美元可以做支撑 / 他有 50 万美元做定心丸），进行了有力的谈判，做成数笔买卖，使自己的公司摆脱了破产的危险。

上述译文是在正确理解原文的基础上，根据上下文的逻辑关系和汉语表达的习惯顺序，运用翻译策略和技巧，对原文的语句形式和顺序进行调整后，结合汉语的表达习惯译出的。如果按照原文的句子形式和顺序直译，恐怕难以让人读懂或产生愉快的阅读感受。

总体来看，在阿译汉的过程中，我们首先要注意词、句、段、篇的各项内容，其次要特别注意上下文的关联及其逻辑关系，最后要选择地道的汉语来表达，尽量做到言简意赅。

上面讲了阿译汉的例子，下面我们来看一看汉译阿的例子。

汉译阿和阿译汉在词、句、段、篇的要求上基本是一致的。不同的是汉译阿时应该更多地注意阿拉伯语词语的选择、理解，简化原文，注重上下文的逻辑关联及阿拉伯语的语法规范。

词语选择就是在理解汉语原文的语意后，选择恰当的阿拉伯语词语来表达。如汉语的“深”字，与不同词语搭配或在不同的句子里就会产生不同的含义，而阿拉伯语中与“深”字意思较接近的是“عميق”，但是，“عميق”一词并不能完全表达“深”字与其他词语搭配后产生的意思，有的意思还相距甚远。我们在翻译中根据“深”字的不同含义来选择恰当的阿拉伯语，可能会用如下的词语搭配来表达其含义：

عميق، صعب، عويص، واسع، ناضج، منتصف، متأخر، سحيق، شديد، وغير ذلك.

水深：مياه عميقة

深渊：قاع عميق / قرار عميق / هاوية，走向深渊：الصعود إلى الهاوية / الهبوط إلى الهاوية

深奥的问题：مسألة صعبة عويصة

深宅大院：منزل كبير واسع / دار كبيرة واسعة

深思熟虑：تفكير ناضج

深更半夜：منتصف الليل / ساعة متأخرة من الليل

深海：بحر سحيق

深受影响：التأثر الشديد

深受皇恩：التمتع بفضل ورعاية الإمبراطور

深入敌后：التوغل في مؤخرة العدو

深造：إكمال الدراسة / متابعة الدراسة

简化原文就是在理解汉语原文意思的基础上，简化原文的意思，以便选择适宜的阿拉伯语词语或表达方式。这种情况往往是由于阿拉伯语里没有与汉语相对应的表达，或汉语原文为缩略表达或新造词语等，如：

中国第一艘航母“辽宁舰”入列。（进入服役行列）

دخلت "سفينة لياونينغ" - أول حاملة طائرات صينية حيز الخدمة.

关于这一点，我们在前面已经论述过，这里就不赘述了。

上下文的逻辑关联，就是在翻译的过程中，除了选择恰当的词语和表达外，还要注意阿拉伯语形式和内涵的上下文关联。阿拉伯语的上下文关联往往表现在代词或动词的内含主语上，如：

毕昇生活在北宋时期（960—1127），他是一家印书作坊的工人。他刻字整齐又漂亮，还特别喜欢动脑筋。

عاش بي شينغ في عصر أسرة سونغ الملكية الشمالية (عام960م - عام 1127م) ، حيث كان عاملا في أحد معامل الطباعة. وكان مولعا بالفكر، كما كانت الحروف التي نقشها مرتّبة جميلة.

该译文在语序和表达上都有一定的变动。

注意语法规范，就是要注意阿拉伯语语法的规律和要求，如性、数、格、式（指）的变化，主、谓、宾、补、定、状的正确使用及书写等，如：

我复习功课准备考试。许多同学译为：

أذاكر دروسي لاستعداد الامتحان.

这些同学想用这句话表达自己复习功课准备考试，但在用词上有问题。词根“استعداد”的动词是不及物的，词根“استعداد”与名词“الامتحان”组成正偏组合，则词根“استعداد”所表示的动作（准备）的发出者为“الامتحان”（考试），这是不符合逻辑和语法规范的。因此这句话应改成：أذاكر دروسي للاستعداد للامتحان，或أذاكر دروسي استعدادا للامتحان。这样“准备”这一动作的发出者就是内含的主语“我”，这与前面的“我复习功课”是相关联的。又如：

他曾经读过这本书。

سبق له أن يقرأ هذا الكتاب.

一些同学只知道一般情况下虚词 أنْ 的后面连接现在式动词，却忽略了有时候也可以或必须连接过去式动词。在这里就应该连接过去式动词，所以这句话里的“يقرأ”应改为“قرأ”，即سبق له أن قرأ هذا الكتاب。与此类似的还有“... ما لبث أن فعل ...، أو لم يلبث أن فعل”。

语言使用不规范的问题，可能是在外语学习过程中对语言规律的理解和掌握不够或一时疏忽所致，我们必须在不断的学习和实践中逐步掌握语言规律，在认真和细致的工作中不断克服疏忽大意的习惯。请看下面的例子：

فصل الصيف فصل مفضل للفتيات، هذا إن فيه تستطيع الفتيات أن ترتد التنورات متعددة الأنوار ووافرة الألوان مما تصبح الشوارع بستان كبيرة والفتيات التي تسير فيها كلزهور المتحكرة الجميلة.

上面的句子意境很美，但错误很多，无法表达真实的意思。我们稍加修改如下：

فصل الصيف فصل مفضل لدى الفتيات، هذا لأنهن يستطعن أن يرتدين التنورات متعددة الأنواع （المتعددة الأنواع） ووافرة الألوان （والوافرة الألوان） مما يحوّل الشوارع إلى بستان كبير، تسير الفتيات فيه كالزهور الجميلة المتحركة (المتنقلة）.

阿拉伯语的语法确实比较繁杂，不仅需要学习精通，还需在运用时认真仔细对待。因此，在译文完成后，还需严把阿拉伯语语法关，尽量避免语法错误。

翻译是一门很有意义也很高尚的工作，要培养和发展翻译能力，只能依靠不断地学习、不断地思考和不断地实践，没有捷径可走。

阿拉伯语国际化人才培养模式探索
——以浙江工商大学为例

张　羽①

【摘要】国际化的外语人才是“一带一路”倡议顺利实施的重要保障和支撑。本文以浙江工商大学阿拉伯语专业为例，探讨了阿拉伯语国际化人才的培养目标，并从课程设置、师资队伍、实践能力培养三方面对阿拉伯语国际化人才培养途径进行分析，希望能为国内阿拉伯语人才培养提供参考与借鉴。

【关键词】阿拉伯语；国际化；人才培养

引　言

国家主席习近平于2013年9月和10月分别提出了建设“新丝绸之路经济带”和“21世纪海上丝绸之路”的合作倡议。“一带一路”跨越不同国家、地区、文化，为人文交流、文明互鉴提供了强大的推动力，为密切我国与“一带一路”沿线国家的经贸关系、文化交流等发挥了积极作用。而“一带一路”倡议的实现，始终离不开语言的沟通。单一的外语人才已无法满足国家需求，我国需要一大批精通“一带一路”沿线国家语言、具备跨文化交际能力、具有开阔的国际视野的专门人才。这就对国内高等院校的现代外语人才培养提出了挑战。

---

① 张羽，浙江工商大学东方语言与哲学学院讲师，北京外国语大学阿拉伯学院博士研究生。

《国家中长期教育改革和发展规划纲要（2010～2020）》提出："要开展多层次、宽领域的教育交流与合作，提高我国教育国际化水平，要培养大批具有国际视野、通晓国际规则、能够参与国际事务和国际竞争的国际化人才。"[①] 这进一步明确了国际化人才的能力素质要求。在此背景下，高校的外语人才培养也应顺应国家的国际化人才培养要求，为国家"一带一路"倡议的顺利实现提供人才保障。

22 个阿拉伯国家均属"一带一路"沿线国家，是"一带一路"倡议的重要参与伙伴，中国与阿拉伯国家各领域的交流与合作日益紧密。因此，阿拉伯语人才培养的质量需要不断提升。高校作为国家阿拉伯语人才培养的重镇，应肩负使命，明确目标，积极探索阿拉伯语国际化人才培养模式。本文将以浙江工商大学（以下简称"浙商大"）阿拉伯语专业的国际化人才培养实践经验为例，探讨阿语国际化人才培养的目标及途径，希望能为各高校阿拉伯语专业的人才培养提供有益的参考。

一、阿拉伯语国际化人才培养目标

在"一带一路"倡议不断推进的背景下，阿拉伯语国际化人才的培养首先应明确目标与方向。阿拉伯语国际化人才的培养方式并非单纯的外语教学，而是以阿拉伯语为载体，培养具有国际视野、国家情怀、跨文化沟通能力人才的全人教育。

根据国家对国际化人才提出的要求，结合浙商大自身的特色，浙商大阿语专业人才培养的总目标为："全方位实用型、应用型的语言人才培养，培养具备国际视野、家国情怀、社会责任感和高尚道德情操的，能够胜任在经济、贸易、金融、文化、科技、信息、旅游、科研等机构（尤其是与阿拉伯世界具有关联的经济、贸易、文化、教育相关的国际国内机构）工作，或是开拓创新、自我创业的，从

① 国家中长期教育改革和发展规划纲要工作小组办公室：《国家中长期教育改革和发展规划纲要（2010～2020 年）》，中华人民共和国中央人民政府网，2010 年 7 月 29 日，http：//www.gov.cn/jrzg，访问时间：2020 年 10 月 20 日。

事经营、管理、行政、教学、翻译、研究等方面综合工作的，具有浙江工商大学特色的‘大商科’阿拉伯语人才。”①

可见，浙商大阿语专业从知识、能力、素质三方面对毕业生提出了高要求。该人才培养总目标从知识层面要求毕业生掌握阿拉伯语语言及相关知识，并构建起“阿拉伯语＋大商科”为主的跨学科知识结构；从能力层面要求毕业生不仅具备较高的阿拉伯语应用能力，还应具备包括跨文化交流、思辨、研究、创新、自主学习、实践等在内的国际人才通用能力；从素质层面要求毕业生树立正确的世界观、人生观、价值观，兼具良好道德品质以及合作、创新精神。正是在这一系列人才培养目标的驱动下，该专业对国际化人才培养的模式进行了不断探索与思考。

二、阿拉伯语国际化人才培养模式的几点思考

（一）课程设置的国际化

国际化的课程设置是阿语国际化人才培养的有效载体。为响应国家对于复合型国际化人才的需求，根据阿语国际化人才培养的总目标，高校阿拉伯语专业在课程设置中，不应只专注于语言技能本身，还应将阿拉伯语与其他学科相结合，做到学科交叉、知识融合，课程的设置应既能培养学生的语言技能，又能使其通晓多领域知识，做到语言专业与多学科领域融会贯通，培养“一专多能”、拥有跨学科知识结构的国际型人才。

为践行这一课程设置的目标，浙江工商大学阿拉伯语专业结合自身“大商科”的特点，2019 年对人才培养方案进行了进一步改革，使课程的设置更符合当下社会需求，更凸显跨学科知识结构的特点。例如，专业选修课加入了“大商科”模块，在课程中加入了“阿拉伯国家法律”“中阿经贸往来史”“阿拉伯国家电子商务”“阿拉伯世界经贸概论”“阿联酋经贸现状”“阿拉伯商务法律实训”等专业选

① 参见浙江工商大学东方语言与哲学学院阿拉伯语专业培养方案（2019 年版）。

修课程供学生学习，同时明确了“大商科”模块的学分要求，以此帮助学生在精通阿语、掌握专业的同时，了解经贸商务尤其是阿拉伯地区经贸商务相关知识，促使学生建立起“语言＋经贸”的跨学科知识体系。除“大商科”模块外，还开设有“语言文学与文化”“语言文化实训”模块。在此基础上，浙商大阿语专业的课程特色进一步凸显，“阿拉伯语＋大商科”为主的跨学科知识结构体系逐步形成，为国际化教学水平的提升奠定了基础。

（二）师资队伍的国际化

国际化的师资队伍是阿语国际化人才培养的重要保障。高校要实现教师队伍的国际化，一方面应支持国内教师出国学习与交流，积极学习国际的先进教学教育经验，与国际先进的教育理念接轨；另一方面，应积极聘请经验丰富的国际学者和专家来校交流或讲学，使师生获得更多与国际专家深入交流的机会，获得宝贵的知识经验，从而形成“引进来”与“走出去”相结合的师资队伍国际化建设。

为提升师资队伍的国际化水平，践行“引进来”与“走出去”相结合的师资队伍建设理念，浙商大阿拉伯语专业从以下两方面来进行师资队伍建设：

第一，聘请外国学者与专家来校开展讲学交流。为推动专业的国际化交流与建设，浙商大阿语专业已与多所阿拉伯地区知名高校或科研院所签订战略合作协议，合作内容包括双方教师的互访交流。基于此协议，阿语专业每年邀请合作院校机构的知名专家学者来校为学生讲学授课。例如，曾邀请阿联酋沙迦文化遗产研究院主席、阿联酋著名学者阿卜杜勒·阿齐兹先生等专家来校为学生授课，讲授阿拉伯文化历史。此外还积极从阿拉伯地区引进拥有丰富教学经验的外教，为学生教授口语课、辅导课等。通过这种“引进来”的手段，阿语专业努力为学生创造良好的语言学习环境，提升他们的国际视野。

第二，鼓励教师出国访问交流。浙商大阿语专业的教师基本都有国外留学或交流的背景，这为教师的专业水平、国际视野提供了保障。如前所述，阿语专业积极与阿拉伯地区的知名高校或科研机构建立联系，这也为本校教师出国访问交流提供了平台与机会。迄今为止，阿语专业几乎为所有教师提供了前往阿联酋、黎巴嫩等阿拉伯国家学习交流的机会，还为教师与阿拉伯国家科研机构在学术、翻译等方面的合作牵线搭桥。这种“走出去”的手段，为教师国际视野水平、专业业务能力的提升提供了强大推动力。

（三）实践能力培养的国际化

国际化的实践能力培养是阿语国际化人才培养的助推器。外语人才的培养离不开语言的实践应用，而实践应用能力的培养往往需从校内和校外两方面双管齐下。一方面，高校应将教学活动与实践活动相结合，在校内积极开展与外语相关的实践课程与实践活动。然而闭门造车、脱离社会的教育并不能满足学生的成长发展需要，因此另一方面，高校还应积极与海内外企业机构、高校学府合作，为学生创造留学、实习机会，开拓校外实习实践基地和海外实习实践基地。

为提升实践能力培养的国际化水平，浙商大阿语专业积极探索校内与校外相结合的实践培养模式，主要体现在以下几个方面。

在校内实践领域，浙商大阿语专业开设了一系列实践类课程，如阿拉伯艺术实训、阿拉伯文化体验实训、阿拉伯商务法律实训、阿拉伯戏剧排演实训等，帮助学生在掌握语言的同时，较为深入地了解阿拉伯社会、艺术与文化；此外阿语专业还专门成立了“阿拉伯语协会”，通过此平台定期举办“阿语角”活动，每次活动邀请阿拉伯留学生共同参与，组织阿语知识竞赛、游戏互动、文化展示等环节，使学生在这一系列富有趣味性的活动中潜移默化地提升跨文化交际能力；此外为了更好地提升学生的阿拉伯文化体验，学校还专门建立了“阿拉伯文化体验中心”，用于推介阿拉伯文化艺术，并为阿语专业学生的阿拉伯文化体验实践活动提供场地支持。

在校外实践领域，浙商大阿语专业积极与社会、海外机构建立联系，为学生创造了大量的留学、实习实践机会。第一，为弥补国内语言学习环境的缺陷，阿语专业与阿拉伯地区多所高校及研究机构开展国际交流与合作，积极探索阿语实践应用人才中外联合培养模式。截至目前，浙商大阿语专业已与黎巴嫩大学、阿联酋沙迦遗产研究院、阿联酋沙迦大学等多所机构签订战略合作协议，根据协议每年派遣学生至阿拉伯高校或研究机构进行留学交流，为100%的学生提供了出国留学机会。第二，积极开拓校外与海外的实践实习基地平台，为学生提供校外乃至海外的实习实践机会。一方面，阿语专业与有海外联系或业务的国内企业机构建立合作，搭建起国内实习基地。阿语专业充分抓住浙江本地机遇，为浙江境内的电商企业、对外联络部门等提供语言服务，同时为学生创造了就近应用实践语言技能的机会。另一方面，阿语专业开拓了以阿联酋为重点的海外实习实践基地，与阿联酋迪拜政府警察总局、迪拜司法机关、沙迦遗产研究院等当地政府部门积极合作，定期安排学生去当地部门实习或进行文化交流，学生能够在纯正的阿拉伯语环境中磨炼语言技能、提升综合素质能力。同时通过参与当地的文化交流活动，学生在深入了解阿拉伯文化的同时，也会讲述中国故事，弘扬中华文化。

多渠道、多样化的实践实习活动，使浙商大实践应用型阿语人才的培养不断走向国际化，为学生扩展国际视野、增强跨文化交际能力不断助力。

结　语

人才是保障“一带一路”倡议顺利实施的关键，随着“一带一路”的不断推进，国家对国际化人才的需求越来越迫切，要求也越来越高。这在为外语专业提供了广阔发展空间的同时，也对其提出了挑战。高等院校的阿拉伯语专业应当义不容辞担起责任，为国家培养与输送满足社会需求的阿拉伯语国际化人才。在人才培养过程中，各个高校的阿拉伯语专业应当结合自身特点与地区优势，确定合理明确的阿语国际化人才培养目标与方向。只有找准方向，把握人才需求，才能切实提升人才培养的质量。浙商大阿语专业结合自身特色与学校地区优势，确定了实用型、应用型且具有“大商科”特色的阿语国际化人才培养方向，进而从课程设置、师资队伍、实践能力培养多方面出发，制订了国际化人才培养的方案，并已取得良好的社会反响。当然，阿拉伯语国际化人才的培养依然会面对诸多挑战与难题，培养效果仍有待社会检验。各个高校的阿拉伯语专业应当充分发挥各自优势，共同商讨，交流互鉴，取长补短，携手并进，共同为国家阿拉伯语国际化人才的培养献策献力。

【参考文献】

[1] 国家中长期教育改革和发展规划纲要工作小组办公室 . 国家中长期教育改革和发展规划纲要（2010 ~ 2020 年）[EB/OL].http：//www.gov.cn/jrzg，2010-07-29.

[2] 浙江工商大学东方语言与哲学学院阿拉伯语专业 . 阿拉伯语专业培养方案（2019 年版）[Z]. 杭州：浙江工商大学，2019.

第二部分

课程思政

“双一流”建设背景下基础阿拉伯语课堂思政教育的路径探索与实践

唐　珺①

【摘要】“基础阿拉伯语”是阿拉伯语专业低年级学生的必修课程。将思政教育引入阿语课堂，实现外语知识传授、技能训练和思政教育的双重功能，对于新时代“双一流”建设背景下阿语专业人才的培养而言极为迫切。本文从思政教育渗透课堂的必要性入手，结合具体案例，阐述笔者对构建具有阿拉伯语专业学科特色的“基础阿拉伯语”课堂思政教学模式的探索与实践，从而真正促进“立德树人”之根本教育任务的实现。

【关键词】课程思政；基础阿拉伯语课程；探索与实践

在全国高校思想政治工作会议上，习近平总书记强调：“要坚持把立德树人作为中心环节，把思想政治工作贯穿教育教学全过程，实现全程育人、全方位育人。”② 教师授课应以教材为依托、以课堂为载体、以教师为媒介，把思政教育渗透进日常教学课堂，帮助学生树立正确的世界观、人生观、价值观。对于阿拉伯语语言文学专业的本科教学尤其是低年级基础阿拉伯语教学而言，将思政教育引入阿语课堂，实现外语知识传授、技能训练和思政教育的双重功能，对于新时代、新形势下阿语专业人才的培养而言尤为必要，也对高校阿语专业教师提出了新的挑战。

---

① 唐珺，北京外国语大学阿拉伯学院讲师。

② 习近平：《把思想政治工作贯穿教育教学全过程 开创我国高等教育事业发展新局面》，载《人民日报》，2016-12-09。

一、思政教育渗透基础阿拉伯语课堂的必要性

（一）阿拉伯语高级人才培养的必要举措

《高等学校阿拉伯语教学大纲》在“教学原则”部分指出：“高等学校阿拉伯语专业旨在为我国社会主义现代化建设事业培养具有扎实的阿拉伯语基础和比较广泛的科学文化知识，德、智、体全面发展的专门人才。”① 高等院校的阿拉伯语专业院系是培养阿拉伯语高级人才的摇篮，毕业生多就职于国家部委、中直机关、企事业单位、高校、新闻单位等，对政治素质和思想觉悟的要求较高。因此，阿拉伯语教学应“正确处理专业教学与思想教育的关系”，“重视对学生进行社会主义思想品德教育，用爱国主义和国际主义的精神，激发他们为祖国和人民而学习的责任感；培养他们不怕困难、勇于进取的精神，帮助他们树立勤奋、严谨和虚心好学的作风”。② 在“一带一路”倡议不断深化推进的大背景下，阿语专业毕业生是当今和未来促进中阿文化交流互鉴的使者，是未来中国文化对阿宣传的主力军、中国话语体系的建构者。因此，在外语类高校阿拉伯语专业推进思政教育的教学改革，落实立德树人的根本要求，为国家培育外交外事人才，较其他普通类院校和专业而言，显得更为必要与迫切。

（二）“双一流”建设背景下基础阿语课程打造“金课”的内在要求

对于外语专业课程而言，因语言类课程特点，传统教育模式注重知识技能的训练，往往忽视人文素养和思想政治素质的养成，与中国元素联系不紧密。但专业课与思政教育相互脱离，不利于培养综合文化素养高的外语人才。基础阿拉伯语是阿语专业本科低年级阶段必修的专业课，所占课时最多，理应成为长期隐形思政教育的前沿。

实质上，思政教育与传统课堂的渗透，也是落实教育部“双一

① 基础阿拉伯语教学大纲研订组，高年级阿拉伯语教学大纲研订组：《高等学校阿拉伯语教学大纲》，17 页，北京，北京大学出版社，2014。

② 同上书，17 页。

流”建设背景下打造“金课”理念的有机组成部分。当前，在全国数个高校阿拉伯语专业入选国家级“一流本课专业建设点名单”的机遇下，对于基础阿拉伯语教学而言，如何将一流课程建设切实落实到每一门课程、完成“金课”的精心设计，在传承教学传统的基础上创新教学，同时引入德育，丰富课程的层次性，合理提升课程挑战性，把学生的人文素质的培养、社会主义核心价值观的教育与语言知识综合应用能力的提升有机结合起来，推动实现大学生的全面发展，是低年级阶段推进复合型、高层次、国际化的阿语人才培养的重要教改目标。

（三）积极应对西方不良思潮涌入的有效途径

在经济全球化趋势下，外语专业学生更容易受到多元文化与意识形态的影响与冲击，有时候会给价值观形成期的大学生造成负面影响，如认同西方个人主义价值观、利己主义，社会责任意识淡薄，缺乏对于中国传统文化的认同感，国学功底弱。少数阿语专业学生既不关心当代中国乃至世界的发展，也对阿拉伯世界局势的变化无动于衷。因此，作为阿拉伯语言与文化的传播者，阿语教师有责任引导学生树立社会主义核心价值观，去感知、理解、汲取多元文化的精华，和远方的人们与文明产生情感共鸣。同时，这也有助于学生形成良好的价值与道德判断力，有能力以旁观者的身份对世界进行反思，以更人性化的态度去对待他人。

二、思政教育渗透基础阿语课堂路径探索

思政教育并不意味着增设教学内容和教学活动，而是应渗透和融入日常教学任务之中，实现基础阿语课的优化，使显性教育与隐性教育融会贯通、相得益彰。经实践，笔者对基础阿拉伯语课程建设路径有以下几方面的探索。

（一）加强语言教学中的文化导入

教师应注意引导学生关注对象国的国情与文化知识，将语言能

力培养与跨文化交际意识培养结合起来，使之具备对文化差异的敏感性、宽容性，以及处理文化差异的灵活性。在词语释义、课文讲解、句型操练、视听等环节，教师应注重引入阿拉伯政治、经济、历史、文学、文化等人文知识扩展性学习，并实现中、阿、西文化比较。如阿拉伯古现代史、当代阿拉伯伊斯兰文化地位、当代阿拉伯热门文学、“一带一路”倡议下中阿建设合作等议题，均可与基础阿语教材里的课程实现对接联动，引领学生进行人文思辨。《新编阿拉伯语》第二册第十二课《寻找香格里拉》、第十三课《阿拉伯国家》分别介绍了中国与阿拉伯各国的国情与当今局势。在学习这两课时，不应仅停留于让学生了解各个国家的基本国情，教师还可以引导学生进行中阿当代发展的比较：为何中国在实施改革开放政策后发展迅速？为何多个阿拉伯国家近年来局势动荡？通过比较，学生一方面会对祖国的发展产生自豪感，对未来成为祖国发展的见证者、参与者和建设者产生期待，另一方面他们的跨文化同理心、批判性文化意识也会获得提升。《新编阿拉伯语》第三册第八课为《中阿关系史一瞥》，课文简要介绍了中国与阿拉伯地区的古代交往史，其中提及的一个核心概念就是“丝绸之路”。在学习该课时，教师可将历史继续往当代推进，引导同学们学习“一带一路”倡议如何“继承和发扬丝绸之路精神，把我国发展同沿线国家和世界其他国家发展结合起来，把中国梦同沿线国家和世界其他国家人民的梦想结合起来，赋予古代丝绸之路以全新的时代内涵”①，带领大家讨论中阿合作在政治、经贸、文化等领域已取得什么样的成果，探讨尚待突破的空间，激励学生对今后在各自不同岗位，成为新时代中阿关系的构建者这一前景充满期待。

（二）挖掘阿拉伯语精读教材中的思政教育资源

将语言教学与思政教育有机结合起来，是实施基础阿拉伯语课程“课堂思政”的有效途径。精读教材中蕴含丰富的思政元素，精

① 中共中央宣传部：《习近平新时代中国特色社会主义思想学习纲要》，213 页，北京，学习出版社，2019。

选和提炼基础阿拉伯语课程中的思政教育元素，能够同时达到传授知识、提高能力、熏陶情操、引领价值的多重教学目标。埃及著名作家艾哈迈德·艾敏有多篇关于青年成长的文章入选《新编阿拉伯语》教材，如第二册第十四课《长裤子》，探讨的是个人价值实现与社会责任感问题。在课堂讨论中，教师可在课文基础上设置当代青年责任担当、个人价值与国家发展二者关系的议题。第三册第二课《致儿信》，内容为青年赴发达国家留学的自律问题，及其回国后如何为国家发展尽一己之力的责任问题。基于本课的课堂讨论设置为学生联系实际，发表个人对于出国留学利弊的看法，讨论个人如何与祖国共进步、同发展的话题。在类似这两课的课堂讨论中，教师应要求学生针对相关议题发表个人看法，并在当周作业中形成微作文，经教师批改后重新自我修改加工，最终形成一份行文通顺、表述流畅、发音清晰的语音作业。由此，可实现语言学习与思政教育结合的一种尝试。

（三）注重“互联网+”与新媒体时代下的信息引导

在信息爆炸时代，教育引导学生正确认识世界和中国发展大势，全面客观认识当代中国、看待外部世界，强化学生的政治敏感性，提高其辨别是非的能力，是基础阿拉伯语课堂教学环节的有机补充。

在“互联网+”时代互动新媒体发展背景下，教师应注重学习资源的时效性，在日常教学中设置学生讲述新闻热点的环节，大一上采用中文，从大一下开始采用阿文，教学生背诵新闻。在理解新闻内容后，学生应针对该篇新闻发表个人见解。教师在针对生词、句型作简单点评的基础上，可进一步阐释新闻，并引导学生甄别与比较消息的来源、观点与立场。教师可提前私下了解次日学生即将陈述的新闻内容，以实现最佳效果，保证信息阐释的正确性和全面性。

教师对根本问题、大是大非问题不逃避、不含糊。班级学生身份多元，或存在不同宗教信仰的学生，或有留学生和来自港澳台地区的学生共同学习。在课堂教学中，教师应注意尊重民族宗教信仰，维护民族团结，树立人类命运共同体意识。在此基础上，对于大是大非问题应立场正确、态度鲜明、不回避问题、敢于表态。这样的环节安排，在实现信息引导目的的同时，也有助于增进师生之间的顺畅沟通，使其能够进行开诚布公的问题探讨。

教师在课外应鼓励学生将语言学习和丰富活动相结合。在过去一年中，笔者鼓励学生参观了北京世园会、改革开放四十周年展、流失文物回归成果展、中华人民共和国成立 70 周年大型成就展等活动，并在课上用阿语讲述参观感受。现大二学生 2019 年暑假中一项作业为拍摄一部用阿语介绍家乡的五分钟微视频，尝试用外语讲好中国故事，学生的参与热情和最终完成效果超出预期。这样的作业有助于激发学生的爱国、爱家乡热情，激励其成就感和进取心。2019 年国庆时，班中部分学生参加了中华人民共和国成立 70 周年庆祝大会上群众游行里的合唱方阵、圆梦奥运方阵和一国两制方阵。假期归来后，学生以近期所学的阿语句型与表达为基本语言框架，或介绍参加群众游行的激动心情，或抒发假期中观看《我和我的祖国》等中华人民共和国成立 70 周年献礼片的观后感，演讲十分精彩。这些课堂环节设置既巩固提高了学生的语言应用能力，更增进了学生的家国情怀、天下情怀。

（四）树立指导者和引路人的责任担当

基础阿语教师往往同时担任班主任。教师理应加强自身的师德师风建设学习，做到以身作则、言传身教，既要利用好课堂教学这个主渠道，也应在课堂外设置立德树人的教育任务。课下关注和掌握学生的思想动态，做到问题导向，利用网络社交平台或面对面与学生保持沟通交流，培育其理性平和的健康心态，加强人文关怀和心理疏导，注重交流沟通中的亲和力和针对性。阿语一线教师应当“要有理想信念、要有道德情操、要有扎实学识、要有仁爱之心”[①]。

① 教育部课题组:《深入学习习近平关于教育的重要论述》，133 页，北京，人民出版社，2019。

尽量满足每一位学生的成长发展需求和期待，做学生健康成长的指导者和引路人，是阿语专业教师作为班主任所应尽力担当的责任。

三、案例实践——以《新编阿拉伯语》第二册第十四课《长裤子》为例

（一）学情分析

"基础阿拉伯语1—4"课程主要针对大一、大二阿拉伯语语言文学专业的学生，是低年级阶段占用课时最多的主要阿拉伯语课程。学至《新编阿拉伯语》第二册第十四课时，学生处于大二上学期，已初具基本的阿语表达能力、归纳总结能力、思辨能力，对阿拉伯对象国国情初步具备较为客观的认知与了解，但听、说、读、写、译等外语运用能力尚处初级阶段，有待大幅度提高。此外，大学生的价值观和人生观尚处于形成阶段，学习与日常生活受互联网影响较大，需要获得不同授课教师，尤其是占课时最多的基础阿拉伯语课程教师积极有效的引导。《长裤子》一课是基础阿拉伯语学习中，适于引导学生树立正确健康的价值观、人生观的典型课程。

（二）教学过程

《长裤子》一课讲述了一个埃及小男孩宣称自己已长大成为一个男子汉，要求家人为自己购置一条长裤，父亲随后针对"男子汉"的定义对他进行教诲的故事。文章展现的是19世纪末20世纪初的埃及社会，彼时埃及人的生活水平较低，一般的埃及人尤其是小孩子多穿自家缝制的民族服装。穿西装、着西裤是一种身份的体现、尊严的象征。小孩子的要求反映出他希望通过穿长裤获得认可和尊敬的心情，亦展现了孩童的天真幼稚。

本课学习共需要8课时，在完成词语释义、课文讲解、句型操练等基本教学任务之余，教师设置了两个重点任务：任务一为对课文中的重点段落进行赏析与翻译，译文如下。

男子汉不以长裤子为衡量标准，这与裤子的长短、个子的大小、衣着的优劣并无关系，有关系的是这一切背后的东西：是价值而非形式，是灵魂而非躯体，是内涵而非外壳，是心灵而非肉身。

一个人或许家财万贯，却称不上男子汉；或许位高权重，却称不上男子汉；或许知识渊博，却也称不上男子汉。因为男子气概隐于其间，又高于一切。

男子气概，乃是对自身、对家庭、对国家、对人类敢于担当。男子气概，是胸怀使命，并义无反顾地付诸实践。

阿语原文行文优美、用词简练工整，多处出现精巧的对仗结构，学生们在翻译时，也应运用类似的对仗结构。经思考后，学生们用词丰富，译文良好。任务二为在任务一的基础上开展课堂讨论，要求学生们以“男子气概，乃是对自身、对家庭、对国家、对人类敢于担当。男子气概，是胸怀使命，并义无反顾地付诸实践”为基础，探讨当代青年责任担当、个人价值与国家发展关系的议题。在表述过程中，应重点使用本课的假若（لو）、尽管（مع أنّ）、关心（همّ فلاناً الأمرُ）、要求（تطلّب الأمرُ من فلانٍ）、以……来评判某人（حكم على فلانٍ بكذا）、具有……品质（تحلّى ب）、展现（أظهر）等重点句型，并鼓励学生联系自身实际情况发表观点。课堂讨论后，当周布置学生完成一篇微作文，经教师批改后，学生最终完成一份语音作业。

某位学生最终完成的微作文主要内容如下（画线处为本课重点词汇与句型的运用）：

“尽管当今中国的形势和我生活的境遇与课文中的情况大相径庭，但我认为无论是哪个年代、哪个国家的青年，都应当具有作家所提到的对自身、家庭、国家、人类未来有担当的品质，都应该对社会胸怀使命。当代中国青年的真正价值不应单以外表、财富、社会地位等为评判标准，而是在于成为德才兼备的有志青年。正如习主席所述，这要求我们勤于学习、敏于求知，注重把所学知识内化于心，形成自己的见解，既要专攻博览，又要关心国家、关心人民、关心世界，学会担当社会责任，在激扬青春、开拓人生、奉献社会的进程中书写无愧于时代的壮丽篇章。”其他同学的表述内容亦有异曲同工之处，不仅较好运用了该课的重点句型，达到了语言技能训练的目的，也在授课教师的引导下，有意识地提出当代中国青年应当树立小我融入大我、个人发展倾注家国情怀的远大理想，阐述他们的个人理解与人生规划，达到了教师的思政课堂设计初衷。

（三）教学反思

本课课堂讨论热烈，最终作业完成效果良好，学生们的课前准备和课堂表现积极热情，达到了课文学习、句型操练、人文思辨和思政讨论的多重教学目的。可改进之处为应鼓励学生们在观点表述时多联系实际、联系自身情况，提高观点陈述的有效性与逻辑性，少说废话与空话。在教学过程中，教师不应一味要求学生完成学习任务，而是应与学生共同思考，参与翻译与讨论过程，适时点评学生的观点，提供自己的翻译和写作范本，实现教学相长、共同进步。

此外，基础阿拉伯语教材内容丰富，教师在教学设置中应视具体教学内容和学生的接受度，潜移默化地实现外语课程思政目标，切勿每一课都生硬地引入思想政治教育。这对于阿语教师的教学水平、思想水平提出了较高的要求。

总而言之，在教学实践中，高校教授基础阿语课程的教师应有意、有效地使思政教育润物细无声地渗透并融入基础阿拉伯语课堂，二者同向同行，形成协同效应，构建具有阿拉伯语专业学科特色的课堂思政教学模式，从而在推进阿拉伯语学科一流专业建设的同时，促进“立德树人”之根本教育任务的实现。

基于课程思政理念的高校阿拉伯语课堂教学设计初探

——以《寻找香格里拉》一课为例

李　珮①

【摘要】课程思政教育是高校教育的重要组成部分，通过课程思政教育的引导，学生可以树立正确的三观，这对于学生的发展有不可忽视的作用。高校阿拉伯语教学也应与时俱进，承担“立德树人”的根本任务。本文将以课程思政理念为指导，从课前情景导入、课中教学环节设计和课后任务设计三个方面对大学阿拉伯语课堂进行一次案例展示，希望能为课程思政改革提供一定的借鉴和思路。

【关键词】课程思政；阿拉伯语课堂；教学设计

一、引　言

在进入中国特色社会主义发展新时代后，习近平总书记在全国高校思想政治工作会议上强调：“我们的高校是党领导下的高校，是中国特色社会主义高校。办好我们的高校，必须坚持以马克思主义为指导，全面贯彻党的教育方针。”要坚持不懈传播马克思主义科学理论，抓好马克思主义理论教育，为学生一生成长奠定科学的思想基础。要坚持不懈培育和弘扬社会主义核心价值观，引导广大师生做社会主义核心价值观的坚定信仰者、积极传播者、模范践行者。在这一大背景下，如何将阿拉伯语课程内容与思想政治教育有机结

① 李珮，大连外国语大学亚非语言学院讲师。

合，发挥大学阿拉伯语教学的协同效应，提高学生的思想品德水平、人文素养和认知能力，是我们必须认真思考和面对的问题。

基础阿拉伯语是高校阿拉伯语专业学生的一门主干课，主要目标是培养学生听、说、读、写、译的基本能力，同时提高学生的语言运用和实践能力。其课程思政的主要目的是，通过对语言的学习，帮助学生了解其中蕴含的文化内涵，提炼不同文化中蕴含的文化基因和育人点，在知识学习中融入理想信念层面的精神指引，激发学生的参与意识，潜移默化地引导学生理解、坚守社会主义核心价值观，坚定“四个自信”。

二、基于课程思政理念的大学阿拉伯语课堂教学设计

基于以上背景和原则，基础阿拉伯语课程思想政治建设教学步骤主要可以分为课前挖掘、课中融入、课后巩固三部分。

课前挖掘是教师在课前对课文内容进行深入挖掘，从中找出适合思想政治建设的内容，并且把课堂中的内容同思想政治建设通过视频、图片、文字等多种方式有机地结合起来，完成对课堂教学资料的完善。课中融入是在课堂教学过程中将思想政治教育内容融入语言知识中，教师要对教学过程进行巧妙的设计，从而能够让学生更好地明白思想政治建设的重要性，并且能够在阿拉伯语学习的过程中提高自身的思想政治意识。课后巩固是通过布置任务的方法，引导学生课后对课上思政教学的内容进行自主思考，发挥学生的主观能动性和思辨能力，实现所学知识的真正内化。

下面我以《新编阿拉伯语》第二册第十二课《寻找香格里拉》为例，以思政教育理念为指导，将以上三个步骤融入课程设计中。

（一）课前教师创立场景

在课前创立场景阶段，教师根据本课主题和课文的大意，结合中国文化，布置课前预习任务，引导学生进行调研、讨论等相关主题活动，使学生尽快地进入课堂情境，为后续教学活动的展开奠定

良好基础。

本课主要讲述了一个由于工作原因，举家搬迁至中国的阿拉伯人对中国的形象认知发生改变的故事，这一家人习惯并爱上了这里的生活，中国变成了他与家人心中的“香格里拉”。这一方面展示了阿拉伯民众对中国形象了解的发展过程，另一方面也体现了改革开放以来在中国发生的翻天覆地的变化，体现了跨文化交际的特点。教师可以根据该课主题，提出思政问题：“阿拉伯人眼中的中国形象是什么样的？”学生根据自己的了解和网上查找的资料内容展开讨论，了解课文的主要内容，熟悉话题，为课堂思政主题的进一步展开打下基础。

（二）课中学生协作交流，展示任务

1. 课上讨论环节

在课前创立的情景学习的基础上，播放“改革开放四十年”的视频资料，让学生直观地看到这四十年来中国发生的翻天覆地的变化，从而了解文中一家人对中国形象的认识发生改变的根本原因。教师布置课堂讨论任务：“改革开放政策仍然保持着生机与活力，同时，在中国特色社会主义发展的新阶段，中国又提出一个国家层面的宏伟战略即‘一带一路’倡议，对这个倡议你有什么了解？”引导学生将文章内容与时事热点相结合，对课文内容的时效性进行补充，也为接下来课文的详细讲解和主题探讨做好知识构建。

2. 知识构建环节

在前期讨论的基础上，教师应通过 PPT、视频、图片等形式展示课文中的重点句型、词组、语法结构等知识点，并留出时间让学生消化吸收，争取在课堂上掌握。

3. 课程思政环节

课程思政并不是单独存在的内容，不能与授课内容人为割裂、生搬硬套，相反，教师的授课过程应时时处处体现课程思政理念，润物无声，使学生在潜移默化中既掌握了语言技能，又升华了思想，真正实现德育目标。在课文讲解的过程中，教师可以从中阿民间友

好交往等方面出发，结合学生与阿拉伯友人的实际交往经历，引导学生理解阿拉伯语专业的学生在中阿双边关系的发展中应发挥的桥梁纽带作用，增加学生的使命感、责任感，为祖国和语言对象国的发展、为中阿民心相通尽一份力量。

4. 反思总结环节

引导学生思考并分组讨论问题“在中阿交往中，还存在着哪些问题和不足？如何改善？”，然后将大家的讨论意见归纳出来展示在大屏幕上，结合优秀学生的事迹（如各类外事活动志愿者的先进典型等），激励学生充分利用大学时光审视自我、完善自我，努力实现个人的全面成长，使学生通过本次课的学习，不仅掌握了有用的阿拉伯语表达，还端正了人生态度，提升了人文素养。

5. 课后学生拓展任务，加深知识意义建构

该环节既是知识的进一步巩固，又提升了学生自主学习、团队协作、思想觉悟等各项综合能力，是课程思政指导下大学阿拉伯语课堂教学设计的提炼和升华。经过此环节，学生已经跳出学科的限制，不仅学到了新的语言知识，还从思想上提高了认识，收获了新的感悟，这也是高等教育的重要目标之一。

据此，我们从课程思政理念出发，将以学生为主的教学形式作为载体，结合大学阿拉伯语课堂教学的要求及学生自身思想特点，突破传统课堂中单纯讲解知识的局面，一方面让学生学会主动获取知识、积极内化吸收，自发完成对知识的构建，另一方面将学科知识与个人经历和感受结合在一起，通过多种互动形式使学生真正理解本次课程的主旨意义，实现课程思政的目标。

（三）存在的问题与不足

在课堂设计的实践中，我们发现在思政教育与专业学习相结合的过程中，仍然存在着一些有待改善的不足之处。

1. 应进一步丰富阿拉伯语教材中的思政内容

现在各大高校普遍使用《新编阿拉伯语》作为阿拉伯语课堂教学的主干教材，该教材知识面覆盖广泛，内容丰富合理，有深厚的文化内涵可供挖掘，但由于时代发展变迁，有一些内容需要授课教师根据实际情况进行补充和丰富，以达到更好的思政建设效果。

2. 提高阿拉伯语教师的思政意识与思政能力

要想让学生获得相关思政意识，首先要让教师认识到思想政治教育的重要性，这不仅不会干扰专业课程的学习效果，反而还会提升教学的思想性，同时能够深化教学的内涵，提高教学的效率。同时教师也应不断地学习，更新自身的专业理论知识和政治素养，创新教育理念，激发学生的主观能动性，丰富自身的教学手段，站在一定高度正确地认识并懂得课程思政的重要性，方能提高自身的思政能力、课程思政的感染力和说服力，从而更好地服务于学生。

3. 避免生搬硬套式和“语录式”的思政教育

一些教师对思政教育有错误的理解，生硬地将一些领导人的讲话或者会议精神嵌入课堂中，不仅达不到预设的目标，有时还会适得其反。由于思想政治教育属于隐性教育，具有抽象的教学特点，因此教师要利用具体化的教学情境，真正做到“以盐入水”式的思政教育，让学生在教学情境中提高自身的思想道德水平。

三、结　语

实践证明，基于课程思政的大学阿拉伯语课堂教学模式能够同时促进思想政治建设以及语言课堂教学成果的提高，阿拉伯语课堂在思想政治建设的作用下能够与实际联系起来，变得更加具有趣味性，更加丰富多彩；思想政治建设内容能够在阿拉伯语课堂中得到有效表达，避免了思想政治建设理论课的枯燥乏味，使思想政治建设能够渗透到学生的学习和生活中去，提升了思想政治的亲和力和针对性，使其真正内化为学生的一部分，从而促进学生外语水平和思想道德水平的提高。所以，阿拉伯语教师应该在教学过程中充分利用课程资源，挖掘文化内涵，合理安排教学环节，适当融入思政元素，帮助学生树立正确的价值观和人生观，以润物无声的方式培养学生积极的人生态度。

课程思政视域下的阿汉口译教学研究[①]

魏启荣[②]

【摘要】“把课程思政建设作为落实立德树人根本任务的关键环节，坚持知识传播与价值引领相统一、显性教育与隐性教育相统一，充分挖掘各类课程和教学方式中蕴含的思想政治教育资料。”本文旨在探讨如何在释意派翻译理论的指导下，通过“脱离源语语言外壳”，将习近平在重要场合的讲话译成阿拉伯语，达到“意思要忠实，语言表达可自由”的翻译效果，思考教师如何将“课程思政”与阿汉口译教学有效结合，帮助学生融通中外文化、增强文化自信与文化自觉、培养学生用阿拉伯语讲好中国故事和阐释好中国特色的能力。

【关键词】课程思政；释意理论；阿汉口译

“高校思想政治工作关系高校培养什么样的人、如何培养人以及为谁培养人这个根本问题。……要用好课堂教学这个主渠道，思想政治理论课要坚持在改进中加强，提升思想政治教育亲和力和针对性，满足学生成长发展需求和期待，其他各门课都要守好一段渠、种好责任田，使各类课程与思想政治理论课同向同行，形成协同效应。”教育部新时代高教40条规定“把思想政治教育贯穿高水平本科教育全过程”“强化课程思政和专业思政”“强化每位教师立德树人意识，把思想政治教育有机融入每门课程”，这些都为高校课堂教学贯彻“立德树人”根本任务指明了方向。阿汉口译课是“隐性思政”课程，教师要在其中融入社会主义核心价值观，培养具有一定思想

---

① 本文为北京第二外国语学院2019年党建思政（德育）专项研究项目“启荣教授工作室”的阶段性成果。

② 魏启荣，北京第二外国语学院中东学院教授，主要研究方向为阿拉伯语语言文学。

水平、政治觉悟、道德品质和文化素养的创新型外语人才。

一、“课程思政”的内涵阐释与阿语规划实践

“全员育人、全程育人、全方位育人”的大思政格局构建正在全国高校陆续展开，高校思政教育不再是思想政治理论课教师的“单兵作战”，而是向着思政课程与课程思政结合，真正做到同向同行、向协同育人方向转变。谭晓爽指出：“课程思政是将高校思想政治教育融入课程教育的各环节、各方面，实现立德树人、润物无声，即寻求各科教学中专业知识与思想政治教育内容之间的关联性，并在课程开展的过程中，将思想政治教育的相关内容融汇于学科教学之中。”①

在阿拉伯语培养方案中，我们也一直强调阿语专业基础课、翻译课等课程的思政建设，基本形成“门门有思政、堂堂有声音”的格局，同时通过建设阿语专业“全员、全程、全方位”的育人场，形成“教学与管理”“校内与校外”“课上与课下”的联动机制，实现全员参与学生“学业与成长、职业与成才”过程：第一课堂注重建设“三个标准化”，进行阶段能力与教学大纲、课程体系与国家标准的对标工作，规范专业课的内容、进度、教材和考核标准；编制阿拉伯语专业课程的知识—能力双向细目表、制式样卷、标准题库；严格实施域外人才培养标准流程，即出国前通过专业能力测试认定出国资格，留学中通过海外党小组和海外课程国内同步化全程监控学习质量，回国后通过诊断性测试及其报告授予学分。第二课堂着力抓好“一个创新工程”，把部委遴选、专业大赛、高端服务、实习实践和创新创业五项常规工作打造为“阿语专业人才培养创新工程”，旨在提高学生综合素质，为学生的全面成长搭建平台。

① 谭晓爽：《课程思政的价值内涵与实践路径探析》，载《思想政治工作研究》，2018（4）。

二、阿汉口译教学:“脱离源语语言外壳”指导下的翻译实践

笔者长期奋战在阿汉口译教学及传译实践一线，以这些翻译实践为抓手，笔者一直在思考如何紧抓课堂阵地和课外主渠道创新人才培养路径，推进“思政进入阿语口译课堂”，积极探索“十九大报告”、年度“政府工作报告”等最新理论发展的素材进教材、进课堂、进头脑，通过阿汉口译与时俱进的教学内容，给同学们口译理论和实践的启迪。

（一）“脱离源语语言外壳”

达尼卡·塞莱斯科维奇是世界著名的翻译家和翻译理论家，曾任巴黎高等翻译学校校长，长期从事口译和国际口译员协会工作，后来全身心投入理论和教学工作，她结合自己长期的口译实践创建了释意理论，并表示，它首先是“一种口译理论”。该理论建立在对口译现实的观察和分析基础上，其研究对象不再停留在语言层次，而是解剖口译的意义传递现象。她认为：口译是为了实现传递与交流信息之目的的交际行为，是人类在跨文化、跨民族交往活动中所依赖的一种基本语言交际工具，并指出，翻译的主要目的是译意，应是“脱离源语语言外壳”的，翻译要求“意思要忠实，语言表达可自由”。在她的领导下，释意学派的理论研究人员最终提出了三角翻译过程假设，即在理解和表达中间增加了“脱离源语语言外壳”这一意义产生的阶段。释意理论被广泛应用在口译训练中，要求学生在参加训练前就掌握工作语言，训练中强调对内容的理解和翻译，排除语言因素的干扰，因此对口译训练有着积极的影响。

（二）阿汉口译实践：习近平部分用典翻译

引用名篇经典，是习近平讲话的一大特色，其用典精妙广博，意境深远，引人入胜。“国家之魂，文以化之，文以铸之”，在阿汉口译实践部分，笔者简要梳理了习近平在重要场合引用的部分诗词

古语，通过“原句”重现、“典故”回顾、“解读”预热三个过程，引导学生在阿汉口译实践中学习经典，增强学生对传统文化的认识。

原句一：中国古人说：“万物得其本者生，百事得其道者成。”共建“一带一路”，顺应经济全球化的历史潮流，顺应全球治理体系变革的时代要求，顺应各国人民过上更好日子的强烈愿望。

——2019 年 4 月 26 日，在第二届“一带一路”国际合作高峰论坛开幕式上的主旨演讲

典故：万物得其本者生，百事得其道者成；道之所在，天下归之；德之所在，天下贵之；仁之所在，天下爱之；义之所在，天下畏之。

——刘向《说苑》

解读：世间万物如果保住根本就能生长，而一切事情只要符合道义就能成功。典故里的“道”引申到主旨演讲中，是经济全球化的历史潮流，是全球治理体系变革的时代要求，是各国人民过上更好日子的强烈愿望。众所周知，“一带一路”倡议自 2013 年秋天提出以来，引起了越来越多国家的热烈响应，共建“一带一路”正在成为我国参与全球开放合作、改善全球经济治理体系、促进全球共同发展繁荣、推动构建人类命运共同体的中国方案。

根据讲话的语境，在查阅相关翻译资料的基础上，笔者将这段经典的阿拉伯语译文呈现给学生，并要求他们对比学习、参考，在课后的互动中与笔者共同完善这段阿语译文。

”جميع الكائنات يمكن أن تنمو طالما تحافظ على أصولها، وكل الأشياء يمكن أن تنجح طالما تتفق مع الأخلاق والعدل.“

إن البناء المشترك لـ"الحزام والطريق" يجب عليه مواكبة التيار التاريخي للعولمة الاقتصادية، والمطلب العصري لتغيير نظام الحوكمة العالمية، والرغبة الشديدة لدى شعوب مختلف البلدان في عيش حياة أفضل.

原句二：商品、资金、技术、人员流通，可以为经济增长提供强劲动力和广阔空间。“河海不择细流，故能就其深。”如果人为阻断江河的流入，再大的海，迟早都有干涸的一天。我们要促进贸易和投资自由化便利化，旗帜鲜明反对保护主义，推动经济全球化朝着更加开放、包容、普惠、平衡、共赢的方向发展。

——2019 年 4 月 26 日，在第二届“一带一路”国际合作高峰论坛开幕式上的主旨演讲

典故：泰山不让土壤，故能成其大；河海不择细流，故能就其深。

——李斯《谏逐客书》

解读：泰山正是因为不拒绝任何一粒土壤的加入，才能够成就今天的高度；江河湖海，也正是因为不拒绝任何一条小溪的汇入，才能够成就今天的深度。只有不排斥、不拒绝细小的力量，才能够成就真正的伟大。当今的国际合作可比为江河湖海，各国都是小溪流。国际合作绝对不能够搞保护主义，不能拒绝溪流的汇入，一定要促进贸易和投资的自由化、便利化，这样才能够让各国在商品、经济、技术、人员等方面的涓涓细流都汇聚起来，成就国际共赢的江河湖海，这也正是我们共建“一带一路”的意义所在。正如习近平所说，共建“一带一路”倡议，目的是聚焦互联互通，深化务实合作，携手应对人类面临的各种风险挑战，实现互利共赢、共同发展。

根据上面的分析，此处用典的阿语译文为：

"بما أن النهر والبحر لا يستغنيان عن مياه الجداول، فلذا يصير كلاهما عميقا."

而在亚洲文明对话大会开幕式上的主旨演讲中，习近平还提到了《诗经》《论语》等名篇经典，赞美亚洲人民创造了辉煌的文明成果。

原句三：亲仁善邻、协和万邦是中华文明一贯的处世之道，惠

民利民、安民富民是中华文明鲜明的价值导向，革故鼎新、与时俱进是中华文明永恒的精神气质，道法自然、天人合一是中华文明内在的生存理念。

——2019 年 5 月 15 日，在亚洲文明对话大会开幕式上的主旨演讲

典故：亲仁善邻，国之宝也。

——《左传·隐公六年》

克明俊德，以亲九族。
九族既睦，平章百姓。
百姓昭明，协和万邦。

——《尚书·虞书·尧典》

解读："亲仁善邻""协和万邦"，就是要与邻邦之间和睦相处、守望相助，协调不同国家之间的关系，让各个国家都能够相互尊重、相互合作、共同发展。如今各国之间的相互依存度持续增加，只有尊重、包容不同文明的存在，坚持互利合作，纳百家优长，集八方精义，才能与世界各国一道，实现共同发展和共同繁荣。正如习近平所说，"未来之中国，必将以更加开放的姿态拥抱世界、以更有活力的文明成就贡献世界"。这也正是"亲仁善邻""协和万邦"所要表达的寓意。

完成了典故的梳理和解读，笔者与学生共同对该句进行阿拉伯语试译，同时借鉴官方阿语译文，形成了如下译文：

تدعو طريقة الحياة للحضارة الصينية دائما إلى الود إلى الجيران والصداقة مع الدول المجاورة وجعل جميع الأمم تعيش بوئام، وتتمثل اتجاهات القيم المتميزة للحضارة الصينية في إفادة الشعب وإنعامه بالسلام وإثرائه، وتتجسد الروح الخالدة للحضارة الصينية في إزالة القديم البالي وإنشاء الجديد النامي ومواكبة العصر، وتقوم فكرة البقاء المتأصلة للحضارة الصينية على الانسجام مع الطبيعة، واعتبار الإنسان والكون وحدة عضوية.

三、“课程思政”带给阿汉口译教学的思考

思想政治理论课是落实立德树人根本任务的关键课程。习近平的讲话为思政教育指明了方向，为思政课建设和思政教师队伍建设提出了根本遵循和具体指导。作为阿拉伯语教学一线的教师，我们应牢记使命、不负重托，落实立德树人的根本任务，努力培养担当民族复兴大任的时代新人，培养德智体美劳全面发展的社会主义建设者和接班人。

加快推进由“思政课程”走向“课程思政”的教育教学改革是大势所趋，将思政元素融入课程建设与改革，对于提高学生对错误思潮的辨别能力，坚定学生对中国特色社会主义的道路自信、理论自信、制度自信和文化自信大有裨益，有助于构建“全方位、全过程、全员育人”的高校大学生思想政治教育体系。针对阿汉口译，笔者进行了以下思考：

第一，阿汉口译教学大纲中加入思政素材，强化了其与课程目标支撑度的关系矩阵。口译课的教学内容、考试方式与课程目标紧密相连，这样细化的课程大纲有助于授课教师采取更有的放矢的教学措施，发挥更好的育人效果。这是由于合格的教育包含头脑的教育和灵魂的教育，课程思政所涉及的灵魂教育是对教师在传道、授业、解惑之外提出的更高层次要求。教师在授课过程中，不仅要精心传授课程知识，还要与学生们一起，“润物细无声”地引发大家对于课程思政核心内容的强烈共鸣；同时，包括课程思政在内的传道、授业、解惑是专业教师的责任，口译课程大纲修订过程中所提炼的思政案例，不仅向学生们传递了正能量，对教师本人也大有益处。

第二，思政案例要与专业教学内容有机结合起来，重点在于培养学生的专业感情和文化自信，鼓励学生积极与教师交流讨论，拓展思路。教师应加强交流与研讨，深入挖掘思政案例，并积极将其付诸教学实践。

思政要进课堂，它作为一种基本教育理念，不仅要植根于每位教师的内心，更要融入学生的学习观、学习习惯、学习策略构建的

全过程。“课程思政”是一个长效工程，作为一名阿拉伯语专业教师，如何进行专业课“课程思政”的教学设计，如何挖掘教学素材中的思政元素，如何评价“课程思政”的效果，是我们在今后思政课程教学改革中需要进一步思考的问题。

【参考文献】

[1] 陈振东，张珊珊 . 释意理论关照下的口译与口译教学 [J]. 上海科技翻译，2003（1）.

[2] 陈诚 . 国际德育研究对高职外语专业“课程思政”的启示 [J]. 江西科技师范大学学报，2019（1）.

[3] 崔戈 .“大思政”格局下外语“课程思政”建设的探索与实践 [J]. 思想理论教育导刊，2019（7）.

[4] 达尼卡・塞莱斯科维奇 . 口译理论实践与教学 [M]. 北京：旅游教育出版社，1990.

[5] 葛晓昱，郑海峰，李方媛，王慧鑫 .“课程思政”与高校日语课堂教学的融合 [J]. 黑龙江教育（理论与实践），2020（5）.

[6] 郭炜，李燕 . 外语教学中“课程思政”理念的融入路径研究 [J]. 课程教育研究，2020（21）.

[7] 勒代雷 . 释意学派口笔译理论 [M]. 北京：中国对外翻译出版公司，2001.

[8] 刘宓庆 . 口笔译理论研究 [M]. 北京：中国对外翻译出版公司，2004.

[9] 马景春 . 实用阿汉互译教程 [M]. 上海：上海外语教育出版社，2010.

[10] 盛囡囡 . 核心价值观视域下的大学英语课程思政实践 [J]. 教育现代化，2020，7（3）.

[11] 斯蒂芬・康格拉特 - 巴特勒 . 国外翻译界 [M]. 北京：中国对外翻译出版公司，1986.

[12] 王丹 . 新时代外语院校研究生思政课“组团式”专题教学模式的创新研究——以“中国特色社会主义理论与实践研究”为例 [J].

教育教学论坛，2019（14）.

[13] 王丹 . 外语院校思政课自主学习教学新模式的探索与实践 [J]. 大学教育，2017（2）.

[14] 徐淑丹 . 思政因素在日语专业课程中的融入——以日语阅读课为例 [J]. 课程教育研究，2019（13）.

[15] 杨峰 . 释意理论对口译与口译教学的启示 [J]. 江西广播电视大学学报，2008（11）.

[16] 周树春 . 民族复兴历史进程中的外语教育战略新路向 [J]. 中国外语，2018，15（1）.

[17] 周婷婷 . 批评性话语分析对高校思政课话语建构的启示 [J]. 课程教育研究，2016（27）.

[18] 赵鸣歧 . 思想政治教育与外语教学相结合的探索与实践——以上海外国语大学为例 [J]. 思想政治课研究，2015（2）.

阿语课程思政化的混合式教学设计[①]

——以一节视听课为例

李仁龙[②]

【摘要】专业课程思政化是高校立德树人的必然要求。阿拉伯语视听课程可以在“任务驱动教学法”与“混合式教学法”的指导下进行教学设计，通过线上线下相结合的方式，将思政内容潜移默化地融入课前、课堂、课后三个教学环节，在提高课堂效率与学生自主学习能力的同时，引导学生树立正确的社会主义核心价值观。

【关键词】阿语视听课；课程思政化；任务驱动教学法；混合式教学法

2016年12月，习近平总书记在全国高校思想政治工作会议上指明了大学各类课程和思政理论课同向同行、协同建设的根本方向，使得“课程思政”的概念越发清晰。所谓课程思政，简而言之，就是高校的所有课程都要发挥思想政治教育作用。[③]

“课程”是“课程思政”建设的关键，“阿语视听”作为一门专业必修课，是贯彻“听说领先、读写跟上”教学方法的重要环节，也是全方位培养具有国际视野、家国情怀的高层次应用型人才的重要环节。阿语专业课中传授的内容不应仅仅是阿语知识，更应该通

---

① 本论文为北京第二外国语学院2020年党建思政（德育）专项研究——课程思政专项课题计划“阿语视听课程思政化的混合式教学设计”项目（项目负责人：李仁龙）结项成果。

② 李仁龙，北京第二外国语学院中东学院讲师。

③ 龙献忠、马春波：《课程思政的生成逻辑与实践遵循》，载《思想政治工作研究》，2019（1）。

过外语知识的学习，让学生们真切体会到祖国发展的日新月异，感受到中国传统文化的魅力，养成崇高的爱国情怀，成为具有“中国心”、讲好“中国故事”的阿语人才。

因此，在新时代的新要求下，笔者尝试用好课堂内外教学的主渠道，以求理解“课程思政”的丰富内涵，深刻把握“课程思政”的价值意蕴，探索阿语视听课程思政化的生成路径。笔者在本文中将以一节阿语视听课为例，从实际教学的角度进行教学设计，将传统教学与互联网教学相结合，让学生通过多种手段，真正成为课堂的主要角色。

一、教学内容设计

本课的教学内容为《新编阿拉伯语》（第二册）第 12 课的配套听力，包括教材中课后听写材料“国旗”与听力理解练习材料“中华人民共和国”以及适合学生学习的网络视频资料。网上资料主要来自央视阿语频道等，自选的音视频材料与本课主题相符，有利于加强学生对固定话题的认识，巩固所学知识。该教材在注重交际性和实用性的基础上，兼顾了时代性和趣味性。《新编阿拉伯语》教材以会话和课文为主，每一课都配有相关听力练习，对学生在听、说、读、写、译方面均有帮助。此教材还配备了相应的录音光盘，为教师的混合式教学提供了便利条件。

本课的教学重点为：帮助学生完成“国旗”“祖国”两段材料的自学与自查，养成学生自主学习的能力；帮助学生明确听力练习中需要重点掌握的一些表达；通过教学过程培养学生的爱国情怀，激发学生的民族自豪感、时代责任感与历史使命感。教学难点为对学生材料信息整合能力与应用能力的培养。

二、教学目标设计

本课程的授课对象是阿拉伯语专业二年级的学生，经过一学年的阿拉伯语专业学习，学生已经完成了对阿拉伯语的基本认知，有一定词汇和语法方面的积累，有很强的参与意识和表现欲望，愿意参加团队活动。但是与此同时，学生普遍更加重视笔头作业与练习，听说能力相对于阅读能力有一定的滞后性。因此，笔者利用混合式教学手段，尝试将课堂进行“翻转”[①]，启发学生的自主学习热情。为实现这一效果，本课设置教学目标如下：

知识目标：巩固学生听写的能力与技巧；对一段听力材料，能够根据不同的要求进行理解、回答问题、翻译与讨论；掌握介绍国家、国旗以及其他与爱国题材相关的基本词汇与常用表达；拓展学习与主题相关的知识。

能力目标：培养学生的听力能力，包括语音识别能力、信息识别能力、信息转述能力、整体理解能力、会话含义理解能力，以及信息综合、信息应用和观点态度评价能力，最终促进学生交际能力的发展。

情感目标：通过外语知识的学习，激发学生民族自豪感、时代责任感与历史使命感；让学生们真切地体会到祖国发展的日新月异，养成崇高的爱国情怀。

三、教学法设计

首先，笔者在本节课中使用了任务驱动教学法。“任务驱动教学法是建立在建构主义教学理论基础上的一种教学方法，是建构主义理论在教育教学中的一种具体应用。”[②]“任务驱动教学模式的实施

① “翻转课堂”（Flipping classroom）是起源于美国的教学模式，是指把“老师白天在教室上课，学生晚上回家做作业”的教学结构翻转过来，构建“学生白天在教室完成知识吸收与掌握的知识内化过程，晚上回家学习新知识”的教学结构，形成让学生在课堂上完成知识吸收与掌握的内化过程、在课堂外完成知识学习的新型课堂教学模式。参见赵兴龙:《翻转课堂中知识内化过程及教学模式设计》，载《现代远程教育研究》，2014（2）；张金磊、王颖、张宝辉:《翻转课堂教学模式研究》，载《远程教育杂志》，2012（4）。

② 张伟:《论任务驱动法在教学实践中的应用》，载《西安社会科学（哲学社会科学版）》，2008（2）。

过程是在教师的引导下，学习者紧紧围绕一个共同的任务活动中心，在问题动机的驱动下，通过对学习资源的积极主动利用，进行独立探索或互动协作的学习。学习者可以通过完成相应的任务，构建真正属于自己的知识与技能。”[①]

任务驱动法在阿语视听教学中的应用可以分为三个步骤：课前任务、课中任务和课后任务。笔者提前将学生分成若干小组，课前给每位学生、每个小组发放任务，学生围绕任务活动进行学习，在问题动机的驱动下进行自主归纳探索和互相协助学习，以加深对知识的记忆。

其次，笔者在本节课中运用了混合式教学法。“与传统课堂的单一教学模式及盲目摒弃传统课堂教学的早期 E-learning[②] 教学模式相比，混合式教学模式的优势在于，它是在线学习（online）和面对面学习（offline）的混合式学习，实际上是建构主义、行为主义、认知理论等不同教学理论的结合。”[③]

在信息网络时代，“互联网+”[④] 给教育理念的更新带来了一系列方法和模式上的改变。目前，许多成熟的互联网教学应用模式已经得到了广泛应用。本节阿语视听课的教学设计尝试改变课上用大量时间重复播放录音的形式，试图将课堂进行“翻转”，而“翻转”的实现正有赖于互联网教学，目前，可供师生免费使用的移动教学助手应用有很多，这些应用能够针对阿语视听课程的需要，进行音视频的上传下载。学生能够用多种方式提交作业的应用有“晓黑板”“蓝

---

① 毛瑜：《探讨大学英语写作的任务驱动法教学模式》，载《咸宁学院学报》，2012（4）。

② 美国教育部2000年度“教育技术白皮书”里对“E-learning”进行了阐述，具体有如下几个方面：E-learning指的是通过因特网进行的教育及相关服务提供过程；E-learning提供给学习者一种全新的学习方式，增强了随时随地学习的可行性，从而为终身学习提供了可能；E-learning改变教学者的作用和教与学之间的关系，从而改变教育的本质；E-learning能很好地实现某些教育目标，但不能完全代替传统的课堂教学，也不会取代学校教育。

③ 张文曦：《混合式教学模式在英语写作过程教学法中的应用》，载《现代教育科学》，2014（7）。

④ “互联网+”指以互联网为主的一整套信息技术（包括互联网、云计算、大数据等）在社会、经济各部门的扩散和应用的过程。参见刘刚、李佳、梁晗：《“互联网+”时代高校教学创新的思考与对策》，载《中国高教研究》，2017（2）。

墨云班课”等，它们都是在移动网络以及移动智能环境下，开展课堂内外互动，并可进行即时反馈的教学云服务平台。笔者在应用中创建班级，学生使用班课号加入，应用就可以在移动设备上为学生提供资源下载、在线学习、课堂任务、消息推送等服务，便于教师随时掌握学生学习进度、学习效果，并进行有效评价。

四、教学流程设计

在之前的阿语视听教学过程中，笔者一般采用的授课模式为：进行本课主题的引入后，安排教材配套的听写练习；听写过后当场要求学生对照课本附录中的答案，并且理解、翻译该文本，讲授文本中的相关知识点；之后针对本课的配套听力进行选择、判断或者回答问题等练习与讲解。这样的授课模式占用了大量课堂时间重复播放相同的音频，且该音频在教材中附有文本，部分同学会在课前预习的时候完成对该文本的阅读，重复地播放与讲解对这部分同学来说就是效率较低的行为。但是，部分成绩不突出且学习主动性不强的同学则会依赖课堂的重复性音频播放，知识点也要靠教师的讲授，而讲解完成后的理解度也不能保证，这就导致了课堂效率利用的不均衡。本次视听课教学流程的设计就尝试改变课上用大量时间重复播放录音的形式，通过混合式教学法对课堂进行“翻转”，将课前—课堂—课后中教师与学生的任务明确化，使用任务驱动法让学生在课前带着任务完成自学，带着问题进入课堂，在课堂中有更多的时间进行思考、互动与展示。其具体设计如下。

（一）课前

在上一教学周结束后，笔者把本节课需要提前自主学习的内容通过应用发给学生，大量的听力练习与预习活动由学生课后独立完成，并要求学生自主检查、校对答案。笔者上传本周的视听作业后，要求学生在新一课授课之前的规定时间内完成，本周的课前任务为：①听写作业（教材配套）；②العلم الوطني 听力理解练习（教材配套）；

③جمهورية الصين الشعبية课堂展示的准备工作。

在听写作业部分，笔者将“العلم الوطني”这一段落提前录音，并与适当的视频相结合，增强视听课程中视觉听觉的同步沉浸感。听写文本根据全国高校阿拉伯语专业四级测试听写部分的模式进行设置，朗读四遍，第一遍和第四遍为正常语速，第二遍和第三遍为稍慢语速，中间设有停顿。

听写视频上传后，笔者要求学生在听写之后将自己的听写文本拍照上传至应用，并督促学生对照课本后的附录进行自我检查与修改，并记录自己在听写与修订、自学过程中不懂的地方。此时，教师对学生作业的评价就变成了检测自主学习、自我纠错能力的评价，教师检查学生上传的文件，对作业里体现出的问题予以纠正和评析。同时，为锻炼学生的语言运用能力，笔者要求学生在进行听力练习后，通过上传语音或视频的方式回答教师针对该听写文本设计的问题：

السؤال الأول: اللون الأحمر للعلم يرمز إلى روح الثورة، فما هي روح الثورة في رأيك؟

السؤال الثاني: اللون الأصفر للنجوم يرمز إلى نور يظهر على أرضية اللون الأحمر، ما معنى النور في هذه الجملة؟ متى وأين ظهر النور على أرضنا؟

这两个问题的设置可以启发学生对“国旗”听力文本进行深入思考，学生经过语言组织进行的观点阐述亦可以让教师检测学生的口语能力，形成了“听”（听材料回答问题）—“视”（对材料文本的阅读及自我检测）—“说”（对材料主题的观点阐述）三个要素在同一段材料中的互融互通。

课前任务的完成时间对学生来说较为充足，学生可以在准备口头问题的过程中通过资料查找等方式深入理解我国国旗的历史与内涵，在潜移默化中完成对学生的爱国主义教育。

图 1　云班课听写作业完成情况的页面截图

在听力理解练习部分，针对“جمهورية الصين الشعبية”这一材料，笔者要求学生在听第一遍时记录大意，听第二遍之前浏览要回答的问题（问题采用教材第250页的8道题目），带着问题进行第二遍、第三遍的材料播放，回答完问题后参照书后配套文本进行自查与文本学习。

经过对两段教材配套材料的自学，学生将自己在自主学习过程中遇到的问题罗列出来并在课前反馈给笔者。个别问题，个别解答；如果问题较为普遍或特别典型，笔者将对其进行归纳、汇总，在课堂上统一答疑解惑，重点分析学生难以理解的或特别具有代表性的音频段落。

在课堂展示准备部分，笔者要求同学采用小组合作的形式，针对本课涉及的主题准备一个3～5分钟的课堂展示，形式不限。根据听写文本中提到的话题选择关键词作为展示内容，例如：بلد واحد ونظامان、روح الثورة、العلم الوطني，等等。

混合式教学的重点在于师生双方课前的充分准备。这部分教学设计中，笔者主要采用了任务式教学法，学生带着任务在应用上进行有计划的自学与检测，教师也会通过应用得到及时的反馈，并采用电子化的方式进行作业评价。学生课前学习的过程，能够培养他们的自主意识，大二的学生经过一年的学习，已经基本了解阿语学习的方法与技巧，在听力配套材料相对简单的情况下，自主学习可以激发学生的效率与主动性。本课的练习均为与我们伟大祖国相关的材料，学生在学习的过程中可以了解、记忆相关的词汇与表达，在准备课堂展示的过程中，学生会深入了解材料中提及的“一国两制”等话题，并发挥自己的创造力进行解说与演绎，笔者便通过这一过程完成了课前环节的“思政化”任务。

（二）课堂（50 分钟）

1. 引入环节（3 分钟）

在线下课堂教学部分，首先，笔者在教室的多媒体设备上播放五星红旗的视频，与学生进行提问互动：

السؤال الأول: ما هذا؟

السؤال الثاني: بم تشعر عندما ترى العلم الوطني الصيني؟

在学生回答问题的过程中，笔者选取学生答案中的精华点进行板书，随后，教师根据板书对学生的回答进行互动与思政化总结。导入阶段是一堂课的开始，笔者试图通过在导入阶段铺垫思想政治教育氛围的措施，激发学生的民族自豪感、时代责任感、历史使命感，为课堂全方位思政化做铺垫。

2. 听写作业的回顾、讨论与展示环节（20 分钟）

首先进行引入环节与作业讨论环节的衔接：通过屏幕上的五星红旗引向本周在应用中为学生们布置的课前作业，其中的听写作业就是关于国旗，从而引出回顾学生听写作业完成情况的环节。

作业讨论与展示环节具体设计如下：首先，播放一遍慢速录音视频，视频上配有字幕，要求学生大声跟读，唤起记忆。

其次，根据学生提交的作业中的问题，通过 PPT 展示与板书结合的方式进行听力文本讲解与作业错误分析，同时对文本中的语法点、知识点以及有用表达做简单梳理，对有思政点的话题进行思想教育引导。具体讲授点如下：

الإضافة اللفظية، ذو، رمز إلى، مثّل، أشار إلى، روح الثورة، الحزب الشيوعي الصيني، وحدة الشعب الكبرى.

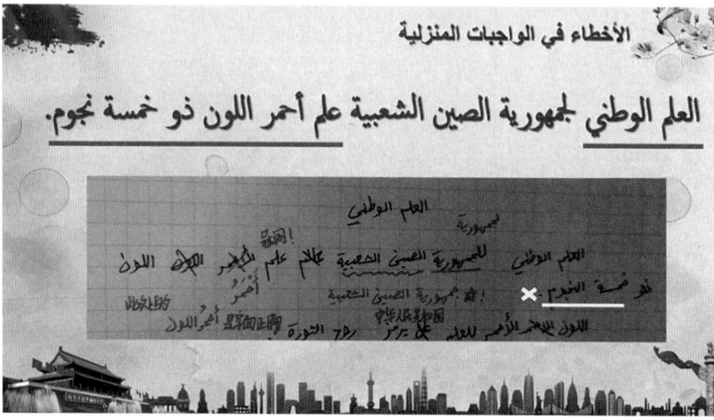

图 2 课堂中听写讲评环节的 PPT 截图

再次，在文本讲解中进行师生互动：在课堂中选同学回答课前任务中的问题。在学生回答问题的过程中，笔者选取学生答案中的精华点进行板书，根据板书对该问题进行总结。

最后，是学生课堂展示环节。在这部分中，根据作业要求，学生以小组的形式，就课前自学内容进行展示。展示过程中，笔者同样选取学生答案中的精华点进行板书。展示形式有短剧表演、听译、概述等。这部分的实质是对学生所学内容的又一次检验，是对学生语言应用能力的检验，学生学了多少、吸收多少、应用程度都在这部分一览无余。授课时，笔者要求其他学生认真聆听展示，在展示结束后，对展示的同学进行评价，通过这个过程，展示者会发现自己存在的问题和不足，为进一步努力指明方向。同时，学生在展示与互评的环节中，会对笔者设置的含有思政内容的主题进行深度思考，达到了课堂思政的目的。

3. 听力理解练习的回顾、讨论与展示环节（22 分钟）

听力理解练习，作业讨论与展示环节具体设计如下：

第一步，回顾听力理解练习的作业完成情况。

第二步，笔者先播放一遍录音视频，要求学生大声跟读，唤起记忆。

第三步，根据学生提交的作业中的问题，笔者通过 PPT 展示进行听力文本讲解，同时对文本中的语法点、知识点以及有用表达做简单梳理，对有思政内容的话题进行思想教育引导。具体讲授点举例如下：

65 قومية، 23 مقاطعة، 5مناطق ذاتية الحكم، 4 بلديات مركزية، منطقتان إداريتان خاصتان، "بلد واحد ونظامان"، صلاحية الحكم الذاتي من الدرجة العالية، همزة الوصل، قاعدة صناعية وميناء هام.

第四步，在文本讲解中进行师生互动，就教材中设置的问题进行讨论。

第五步，学生课堂展示。

4. 拓展听力训练的引入与作业布置（5 分钟）

本课的听力理解材料最后一段提道，“中国因改革开放政策取得了很大进步”，并对中国的光辉未来表达了期待之情。笔者根据这一段的内容与感情色彩，选择了央视阿语频道纪录片《将改革进行到底》的一个小段落进行拓展听力训练，以加强学生对同一话题的熟悉程度，检测学生听力，同时也完成了思政教育的再深入。

笔者在课堂中播放一遍该视频，提问学生文本大意与思想感情，学生在只听一至两遍后会有许多疑问，笔者引导学生带着疑问完成材料的课后学习，随后布置作业。

（三）课后

在笔者采用的混合式教学法中，“课后”是一个相对的概念，是相对“课堂”而言的，笔者对课堂所学进行反思、练习、应用与提高，以及进入新的学习的过程。教师与学生在课后通过应用平台进行交流与沟通，随时完成答疑解惑与作业检查的互动。学生课后作业如下：①精听本课的拓展听力练习，理解并翻译该文本；②泛听教师布置的一段较长材料，在应用平台上完成问题解答；③按应用平台上的要求自学下周听力材料。

五、总结与反思

本节阿语视听课程尝试建立一个“思政化”阿语专业课堂，过程中主要运用了任务式教学法与混合式教学法，通过传统教学手段与网络教学手段的结合，将教学过程分为课前、课堂、课后三个阶段，使泛听、精听、讨论释疑、练习与展示有机互融。但是，“课程思政”通过混合式教学的形式进入大学阿语视听课堂还是一种尝试，在实践中还有很多要解决的问题：第一，学生能否始终坚持完成课前的要求，自主预习要学习的内容。第二，“思政课程”的内容穿插是否自然，是否会让学生们感到突兀。第三，将阿拉伯文化、中国文化相结合，并将思政课内容穿插其中，是否能够让学生真正学到不同文化的内涵。总之，探索不断、磨合不断，但教书育人、助其成才的宗旨是不变的。笔者将借此次尝试的机会进一步实践，将“课程思政”和阿语视听混合式教学的结合进行下去。

阿拉伯语专业低年级精读课程思政研究[①]

——以《习近平谈治国理政》阿译本的使用为例

刘　辰[②]

【摘要】低年级精读课是高校阿拉伯语专业课程思政建设的主阵地，是对学生进行有效专业知识传授、综合素质培养、思想道德建设的重要平台。《习近平谈治国理政》阿译本等阿拉伯语思政素材兼具高水平语言内容和深层次思想内涵，通过与现有低年级精读教学内容结合，可有效提升课堂思政建设效果，彰显专业课教学的思政教育本质。而教师素质的提升、教学资源的建设，以及教学模式的创新，则是有效提升低年级精读课思政建设效能的主要路径。

【关键词】阿拉伯语专业；低年级精读；课程思政

作为高校阿拉伯语专业课的主要组成部分，低年级精读课不仅发挥着传授专业知识、塑造专业能力、夯实专业基础的重要作用，也以其内容精、课频高等特点，在推动阿拉伯语专业教学与思政元素相互融合、语言水平与专业素养共同发展、知识传授与能力培养互补互促、立术精业与立德树人并行共进等方面扮演着核心角色。习近平新时代中国特色社会主义思想是马克思主义中国化的最新成果，也是塑造高校阿拉伯语专业课堂价值引领、政治引领的主要依

① 本文为北京外国语大学《习近平谈治国理政》多语种版本“三进”工作专题立项（教改研究类）项目“零起点阿拉伯语专业精读课语言技能与课堂思政融合研究”阶段性成果。

② 刘辰，北京外国语大学阿拉伯学院副教授。

托和培养通专结合、德才兼备的高级阿拉伯语人才的坚强保证。在推动阿拉伯语专业新一轮课程改革的过程中，深化低年级精读课程的思政建设正当其时、意义深远。

《习近平谈治国理政》一书聚焦于国家治理体系和治理能力现代化建设这一重要主题，集中展示了以习近平同志为核心的党中央在发展中国特色社会主义进程中的新思想、新观点、新论断，以及在推动构建人类命运共同体过程中的中国智慧与中国方案。该书阿译本出版之后，不仅被视为阿拉伯民众认识中国国情、感知中国思想、学习中国经验的“金钥匙”与“案头册”①，更以其较高的翻译水平和丰富的思想内涵，成为有效促进国内阿拉伯语学习者语言学习与思政学习、专业学习与通识学习、跨文化传播能力建设与跨文化交流素质培养相结合的经典素材。本文聚焦于阿拉伯语专业低年级精读课程开展思政建设的必要性与可行性分析，梳理并总结现阶段依托《习近平谈治国理政》一书阿译本推动课程思政建设的实践路径，并为进一步优化高校阿拉伯语专业课程思政教育体系与质量提出若干思考。

一、深入开展阿拉伯语专业低年级精读课程思政建设的必要性与可行性

深入挖掘、建设和开发思政教育资源，坚持强化思政教育价值导向，不断激发思政教育的思想与实践价值，是高校专业课思政工作的核心要义。专业课课程思政不仅是将思想引导、政治引领、道德塑造、文化传承等工作规律、系统地融入日常课程中的教学法，更是一种强调“润物无声、春风化雨”的课程观与教育观。②阿拉伯语专业低年级精读课不仅在为学生筑牢语言专业根基，为培养外语

① 纳赛尔·阿卜杜·阿勒：《埃及官员治国理政的案头册》，人民网，2018 年 4 月 3 日，http：//world.people.com.cn/n1/2018/0403/c1002-29903572.html，访问时间：2020 年 4 月 5 日。

② 田鸿芬，付洪：《课程思政：高校专业课教学融入思想政治教育的实践路径》，载《未来与发展》，2018（4）。

专才奠定基础等方面发挥着主导作用，同时，也担负着构建学生合理的知识结构，培养学生语言学习兴趣，培养复合型、高层次外语通才的重要职责。

一般情况下，低年级精读课的教学对象是阿拉伯语零起点的本科生，学习者学习目的与接受能力相近，但普遍缺乏对于阿拉伯语的前期知识积累、语言交际环境和语言应用体验；教学内容层面，作为高校阿拉伯语专业低年级主干课，精读课由语音阶段和课文阶段构成，涵盖读音规则讲解、语音练习实践、语法现象解读、语言实际操练等环节。但因阿拉伯语在语音、词汇、语法等方面与学习者熟知的汉语和英语差异较大，汉语和英语的负迁移现象往往会使学习者对阿拉伯语的学习认知和输出实践产生阻碍作用与消极影响，甚至会导致学习中情感焦虑和畏难情绪的出现。同时，听力、口语、阅读等配套课程出现较晚，精读课配套练习素材相对缺乏等问题，则制约着学习者有效阿拉伯语语言信息输入与积累水平的提升，进而影响语言输出质量的提高；在课程目标层面，低年级精读课作为专业课主干课，课时数量在专业课各课程中占据绝对优势地位，但也面临着课时总体数量有限、教学任务繁重、教学内容繁杂等挑战。教师为在有限的教学时间里，为学生讲解相对复杂和陌生的阿拉伯语语音、语汇、语法等内容，并引导帮助学生进行实践练习，往往倾向于依托现有教材中的练习内容和适量的自编内容，带领学生进行高频多次的语言模仿与替换练习，聚焦于词、句、篇、法等课本内容的输入与输出过程。这也被视为培养学生阿拉伯语基本技能的传统和常规模式，服务于强化学生外语学习、模仿、观察、总结、应用等能力的知识目标与能力目标，也是经过大量教学实践验证的成功模式。但应指出的是，依托经典教材和传统教学模式的低年级精读课程，虽发挥着传授语言基础知识的突出作用，但如何在现有的有限课堂容量中，实现学生知识、能力、素质的协同提升，将思想引导和价值塑造有效融入课堂，同时又不与传统语言教学内容产生冲突和割裂，使达成教学目的上升为实现教育目标，则成为值得低年级阿拉伯语精读教师思考并解决的现实问题。

语言传递文化，文化传承价值，价值指引育人。阿拉伯语语言知识的背后蕴藏着丰富的文化内涵，具有思想启蒙与价值引导的作用。教师在教授语言的过程中，也为学生深入学习阿拉伯文化和阿拉伯国家国情等知识提供路径。更为重要的是，在通过语言引导学生认识异质文化与多样文明的同时，强化学生对本民族文化、思想的认知和认同，有效发挥专业课构建社会主义核心价值观的作用。这也是阿拉伯语专业低年级精读课的主要内涵与方向，更是高校阿拉伯语专业教学的终极价值所在。对于教师而言，若能在课堂设计和教材建设过程中，有针对性地将“中国梦”“一带一路”“人类命运共同体”等具有时代感、感染力和吸引力的思政内容融入传统教材与教学模式，为学生搭建既有理论深度，又能紧跟时代脉搏的专业课学习平台，则可有效提升阿拉伯语专业精读课程的鲜活性、经典语言教材的可读性，将具有工具性且长期固化于课本内容中的词、句、篇转化为具有深刻思想性的人文知识与价值观念，使学生在学习语言知识、提升专业技能的同时，学到真理并养成信念，成为真正具有国际视野和中国情怀的国际化专业人才。

二、阿拉伯语专业低年级精读课程思政建设的设计与实践

教材是教学活动开展的主要价值依据与知识依托，而坚持思政内容时代性与专业知识实践性相结合，则是推动习近平新时代中国特色社会主义思想进教材、进课堂、进专业的主要原则。[①] 在长期的低年级精读课教学实践中，《新编阿拉伯语》以其知识结构设计的合理性、涵盖内容的丰富性以及语言现象同文化内涵高度的融合性，被国内大多数开设阿拉伯语专业的高校采纳为精读课核心教材，也被很多阿拉伯语学习者视为经典。而在推动低年级精读课程思政建设的过程中，如何在最大程度上开发现有教材的思政资源，有效融

① 陶文昭、孙志伟：《习近平新时代中国特色社会主义思想进思政课教材的几个问题》，载《中国大学教学》，2019（1）。

合经典语言教材与思政教育素材，构建“语言+思政”的教学模块，赋予精读教材每单元内容以鲜活的思政主题，并在教学过程中对主题进行理论性阐释，积累语言素材，从而实现阿拉伯语专业学生语言技能、思辨能力、跨文化交际能力、社会责任感、国家情怀的协同提升，则是精读课程教学设计和教材建设等工作的重点。

笔者在教学实践中，尝试通过将《习近平谈治国理政》阿译本等经典思政素材与专业课语言教材结合，对已有教材进行思政内容补充建设，丰富教学内容、优化教学设计，积极建设思政与专业融合的课堂教学模式，致力于有效达到预期教学目标，在保证阿拉伯语专业课授课内容准确性、基础性、全面性的同时，提升其思政内容的代表性与方向性，使习近平新时代中国特色社会主义思想中的宝贵方法、观念、体系贯穿于专业课的教学全过程。

教学设计层面，低年级精读教学主要采用《新编阿拉伯语》教材 1 至 3 册，除前 14 课为语音外，其余内容均设计为每周教授一课，每课内容包括生词、会话、课文、句型、注释、口笔头练习、课后阅读、听力、语法等。第一册自第 14 课起，在巩固学生语音基础的同时，通过“网上来信”“标准语和方言”“中国外交部长访问埃及”等篇章，向学生介绍有关阿拉伯国家社会文化、国情知识等内容；第二册则聚焦于公共交际、业余生活、学习、国情、社会文化等领域，通过“欢迎辞”“服装的故事”“动则福常在”“兴趣爱好”“坚持是成功的基础”“长裤子”等主题篇章，深入讲解基本语法知识，并通过篇章内容塑造学生良好的学习态度、习惯、品格；第三册选题则更为多样，其中“生活的艺术”“成功”“中阿关系史概述”“数字时代的学习”“环境污染的危险”等篇章不仅通过规范、标准、地道的阿拉伯语向学生介绍了丰富的语言文化知识，更以其较强的实用性、时代性以及感召性，成为提升学生思想高度、培养道德素质、拓展文化视野的必学篇章。在延续使用经典教材的同时，笔者基于《习近平谈治国理政》阿译本内容，探索低年级精读教学与思政教育的目标契合点，并对所用教学素材进行思政内容补充。以表 1 为例，笔者对现有低年级精读教学内容的思政要素与主题进行了提炼，并将其与《习近平谈治国理政》阿译本进行对应融合。表 1 中列举了部分单元篇章：

表 1 低年级精读课经典教材思政要素与《习近平谈治国理政》阿译本内容对应表

现有精读课经典教材内容	经典教材中的思政要素与主题	《习近平谈治国理政》内容对应
第一册第 22 课《标准语和方言》	文化自信与人文精神	“建设社会主义文化强国”——“提高国家文化软实力”
第二册第 7 课《兴趣爱好》	个人品德与道德修养	“建设社会主义文化强国”——“青年要自觉践行社会主义核心价值观”
第二册第 8 课《教师致学生的信》	勤学精神与治学品质	“实现中华民族伟大复兴的中国梦”——“实干才能梦想成真”
第三册第 8 课《中阿关系史概述》	外交思想与家国情怀	“走和平发展道路”——“文明因交流而多彩，文明因互鉴而丰富”
第三册第 9 课《个人自由》	个人追求与社会责任	“推进社会事业和社会管理改革发展”——“切实维护国家安全和社会安定”
第三册第 15 课《环境污染的危害》	环保思想与环保意识	“建设生态文明”——“努力走向社会主义生态文明新时代”

通过对精读教材部分单元内容中思政要素与主题的挖掘，我们不难发现，低年级精读课程教材本身的篇章选择和内容设计已具有一定高度的思政价值聚焦和思政目标导向。与此同时，将《习近平谈治国理政》阿译本内容与之有机融合，对现有教材进行思政内容的补充与优化，则在推动课程思政显性教育与隐性教育相结合、专业知识与思政理论同向同行发展等方面发挥着积极作用。① 以此为基础，在教学实践层面，在通过传统教学模式对各单元出现的词法、句法等语言知识进行讲解的同时，教师也应从篇章角度和思政高度对课本内容进行思想诠释和价值引导，将思政知识融入语言学与练的每一个环节，在保证专业课堂内容准确性与知识性的基础上，赋

① 高德毅、宗爱东:《课程思政：有效发挥课堂育人主渠道作用的必然选择》，载《思想理论教育导刊》，2017（1）。

予其思政教育的思想性、开放性和反思性。[①]

在日常低年级精读课程教学中，课前导入与热身练习、课本内容精讲精练、结语等被视为构成精读课的基本板块。其中，课前导入与热身板块可进一步细分为对话与演讲、听写、时事新闻速览等内容；课本内容精讲精练则可细分为朗读、翻译、语言点讲解与精练、篇章功能与特点分析等内容；而结语板块则从语法、语篇等角度对当日内容进行提炼与总结。为使学生在进行语言学习与实践的同时，自觉进行思政内容的输入与思考，教师应积极调整并优化各板块教学内容，如在第二册讨论青年人理想信念的第 14 课《长裤子》中，布置自述主题“新时代中国青年的生活与梦想”；在第二册第 16 课对阿拉伯格言谚语内容进行总结时，通过布置课前时事新闻讲解等环节，引导学生总结习近平在不同场合的用典及其阿语表述，研读和学习其中蕴含的智慧与思想；在第一册第 23 课《中国外交部长访问埃及》、第二册第 13 课《阿拉伯国家》、第三册第 8 课《中阿关系史概述》等单元的课本内容精讲精练环节，应在合理使用课本例句进行讲解和练习的同时，摘取《习近平谈治国理政》阿译本等思政素材中有关新时代中国外交思想的阿文内容，对学生进行听力、翻译等基本语言练习，将新语法点融入经典思政话语，以思政内容巩固语言知识，将每一课的语言知识提升至专题思政教育的高度，从而实现语言专业教学与思政教育互为支撑，在凝缩专业课教学内容、突出专业知识重点的同时，以易于理解、贴近实际的思政话语强化学生的问题意识，达到提升学生综合素质的根本目的。[②]

表 2 以《新编阿拉伯语》第二册第 14 课《长裤子》为例，列举了笔者在低年级精读课程教学过程中依托《习近平谈治国理政》阿译本等素材，将思政内容融入教学实践各环节的部分尝试：

① 杨如恒:《新时代大学生思政教育》，25 页，石家庄，河北人民出版社，2018。

② 吴月齐:《试论高校推进“课程思政”的三个着力点》，载《学校党建与思想教育》，2018（1）。

表 2 《新编阿拉伯语》第二册第 14 课《长裤子》教学设计

一、课前导入与热身板块（可根据具体课堂情况选取 1 ~ 2 个环节进行实践）	演　讲	布置当周演讲主题“新时代青年的梦想与使命”，要求学生在 2 ~ 3 分钟时间内，根据该主题使用阿语进行自由表达，在促进学生提高语言综合运用能力的同时，引导学生对本单元理想信念等思政主题进行思考。
	听力练习	编写并录制长度适中的听力段落，段落内容体现本单元思政主题，并涵盖本单元及前 1 ~ 2 单元基本语言点，如“作为新时代青年，我们应当积极承担责任，为社会和国家的发展做出贡献，并为实现中国梦而努力奋斗”，在通过听力巩固有关“奋斗、做出贡献、承担责任”等阿语表达使用方法的同时，引导学生进行思政思考。
	新闻速览	布置学生课前搜集有关中阿青年的阿语时事新闻，教师对搜集内容进行筛选、整理和优化，课前进行三分钟阿语新闻速览，通过阅读形式巩固语言知识点，并以新闻中的思政要素呼应本单元主题，进而导入对课文和对话内容的讲解。
二、课本内容精讲精练板块	课文、对话等内容	在讲解课文、对话中存在的语法知识、词句与常用表达的同时，以“青年与社会主义核心价值观”“青年的价值取向”“求知与修德”等思政主题为导向，选取《习近平谈治国理政》阿译本中包含课文主要语言点的句子和段落，通过朗读、复述、翻译等练习，巩固学生对新知识点在语法、语用等层面的记忆并强化其应用能力，同时引导学生针对思政主题展开学习讨论。
三、结语与师生互动板块	本单元内容总结	引导学生回顾总结本单元出现的语法知识，梳理语篇功能，并呼应思政主题，强化学生“坚定理想信念，站稳人民立场，练就过硬本领，投身强国伟业”等方面的思政意识，实现语言专业知识与思政素质协同并进的教学目标。

三、进一步优化阿拉伯语专业低年级精读课程思政建设的几点思考

外语专业课程思政建设的过程，实质上是教师通过有意识的教学思政设计，将提升思政素质纳入日常教学目标，推动思政内容与课本内容有机结合，通过含有思政内容的听、说、读、写、译等语言实践活动，实现语言能力和思政能力的互动与融合培养。为进一步提升阿拉伯语专业低年级精读课程思政建设质量，使专业课教学更具思政实效性，并能更有效地发挥提升学生专业水平，激发其思政学习主动性，塑造学生品格、品行、品位的引领作用，教师应聚焦于如何实现全员、全面以及全过程思政育人，具体而言，关键在于教师素质的提升、教学资源的建设，以及教学模式的创新。

第一，教师素质是决定课程思政建设能否取得预期效果的关键所在，而是否能够选择适当教学方式、有效构建学生知识体系、为学生提供做人做事的启示，则被视为教师素质的核心要素。[①] 对于阿拉伯语专业教师而言，崇高的职业理想和高水平的思政意识是成功开展教育工作的基本前提，在教授专业知识的过程中，教师应坚持帮助学生树立正确的价值观、人生观、世界观，全面深刻讲解习近平新时代中国特色社会主义思想，不应仅满足于完成精读课教授阿拉伯语词、句、法、篇、修辞、文学等知识的教学目标，更应培育思政教育的自觉与自省意识，时刻关注自身的教学行为是否能够真正实现提升学生思政学习热情、引导学生树立理想信念等教育目标，教师应当成为习近平新时代中国特色社会主义思想在高校的阐释者、该思想全面融入和指导学生日常学习生活的推动者、构建全方位专业课思政教育格局的主导者，并积极推动专业课课程思政模式改革以及理念更新。同时，教师在坚持教学内容政治性、时代性、思想性相结合的同时，应积极提高自身语言专业水平，不断强化自身阿拉伯语语言基本功，有能力做到根据每单元、每课时知识要点，引

① 吴一安:《优秀外语教师专业素质探究》，载《外语教学与研究》，2005（3）。

经据典，快速反应，将经典思政素材与语言教学内容学用结合、融会贯通。此外，教师也应结合自身研究专长，有意识地增加政治学、传播学、社会学等学科以及国别和区域研究等领域的知识储备，以跨学科知识激发阿拉伯语专业课堂活力，并使之与语言知识、思政知识统合，进而更有效地对学生进行专业知识传授、科学思维启发、文明素养培养、政治素质提升。

第二，教师应将专业课教学资源的建设与优化视为长期化和常态化工作，挖掘现有精读课所使用的教学内容的思政内涵，并根据学生实际需求、认知水平、接受能力，对教学内容进行思政元素的提炼加工，一方面避免专业知识的传授脱离思想与价值依托，另一方面也避免思政教育缺少专业知识载体，降低学生专业学习的获得感，变成脱离实际的“空话”和“大话”。[①] 低年级阿拉伯语精读现有教材所选内容具有较为广泛的题材和较为丰富的语言信息，但仍需进一步提炼各单元思政主题，依托思政素材补充教材语料，针对语言知识点，编写和使用能够引发学生情感共鸣、贴近学生日常所见所闻、所思所想的语言素材，并在各个教学实践环节通过听、说、读、写、译等练习，保证知识传授和思想传播的协同性和有效性，避免僵化、机械、缺少思想内涵和思政价值的语言练习与实践活动。

此外，积极建立专业学习与思政教育结合的第二课堂也是提升低年级阿拉伯语精读课程思政建设效能的重要路径。教师应积极推进低年级精读慕课、微课等课程形式建设，将有限的课堂教学形式拓展至不受时空限制的多媒体平台，配备由浅入深、循序渐进的语言知识系统训练，有针对性地引导学生的预习和复习过程，提升其专业学习效果，并通过图片、音视频、在线讨论与答疑等内容形式，嵌入思政知识，提炼思政主线，在相对独立的精读教材各单元内容之间构建具有连贯性和系统性的思政教育体系。这不仅可以为阿拉伯语学习者提供多样的语言学习素材、丰富的对象国社会文化知识，同时也赋予精读第二课堂以思政基因，使之成为学生在精读课堂之外体会专业知识与思政理论紧密关系，增强专业实践和思政学习感

① 邱伟光:《课程思政的价值意蕴与生成路径》，载《思想理论教育》，2017（7）。

悟与体验的重要渠道。[①]

第三，低年级精读课教学模式的思政创新并不应是将课本内容简单移植至网络平台，或忽视该课程教学规律打造彻底“翻转”的精读课堂，更不是将思政素材直接嫁接于课本，而应根据“语言+思政”的教学目标，以语言为抓手、思政为基本导向，创造性地推动现有模式的优化。例如，教师可在整体保持单元教学方式的基础上，适度进行跨单元和主题式教学，以学生可接受的语言知识难度为基准，整合具有相似思政元素和主题的不同单元内容，在完成当周当课内容教学活动的同时，有效整合跨单元相似语言点和思政内容，达成夯实语言基础、丰富语言素材、强化思政意识的目的。

例如，在《中国外交部长访问埃及》《阿拉伯国家》《中阿关系史概述》等课的教学中，教师可适当重构课本内容，在总结有关中阿关系、中国外交、阿拉伯国家国情等主题的词句用法的同时，引导学生思考和总结外事工作者应具备的素质、中阿关系发展的机遇与挑战等内容，使相对独立的教材各单元内容成为全面、连贯、系统的语料库和思政素材库，为学生提供知识培育和素质培育共同进步的有效路径。此外，教师还可以积极尝试将案例教学等模式引入精读课，使用更多贴近学生生活的语言素材，通过讲述更多易引起学生共鸣的学习、生活、工作经历和热点时事，为学生构建便于理解和记忆的示范性语汇，并进一步引发学生基于教材内容的政治性、思想性、道德性深度思考。例如，在讲解《数字时代的学习》等课内容时，可启发学生回顾自身利用互联网等现代通信技术学习知识的切身体会，介绍数字技术在阿拉伯世界的发展以及阿拉伯青年如何在数字时代进行知识获取、社会交往，并利用数字技术为社会和国家发展做出贡献，引导学生进行关于如何利用数字技术提升自身专业水平和能力素质等主题的思考，从而打破照本宣科的僵化模式，实现教与学相互促进，学与思相辅相成的目标。

---

① 刘奇:《高校第二课堂建设研究》，载《教育与职业》，2014（6）。

结 语

2016年12月，习近平在全国高校思想政治工作会议上发表重要讲话，强调高校应“坚持把立德树人作为中心环节，把思想政治工作贯穿教育教学全过程”。《习近平谈治国理政》阿译本图书等思政素材，为高校阿拉伯语专业低年级精读课程思政建设提供了宝贵的经验和借鉴，并将在推动课程优化和专业发展等方面发挥重要作用。思政建设应当融入低年级精读教学活动的全过程，使之充分体现习近平新时代中国特色社会主义理论的主要思想与核心理论，在指导学生学习行为、提升专业知识学习效果的同时，增强学生的思政亲切感、认同感与获得感，使精读课成为全员思政、全过程思政、全方位思政的重要平台。

中阿政治类翻译的探索与研究

冷彦杰

【摘要】中国同阿拉伯国家长期保持着良好关系，“一带一路”倡议推动中阿关系不断拓展、深化。中阿双方密集的政治交往是中阿关系不断发展的重要途径，而翻译工作则是确保双方能够顺利、高效沟通的关键环节。本文旨在对中阿政治类翻译的定义、分类、特点等进行梳理和归纳，提出中阿政治类翻译能力培养的几点注意事项，并介绍提升政治类翻译能力的几种方式，以期更好地服务于中阿关系发展。

【关键词】中阿交往；政治类翻译；能力培养

中国与阿拉伯国家关系源远流长，古老的丝绸之路谱写了中阿交往的壮美篇章。中华人民共和国成立以来，中阿关系继续平稳、健康发展。“一带一路”倡议提出后，中阿高层交往进一步密切，各领域合作不断深化，合作范围不断拓展。随着中阿各层级政治交往活动不断增多，对中阿政治类翻译的需求也越来越多，对译员的能力也提出了更高的要求。

一、中阿政治类翻译的定义与分类

（一）中阿政治类翻译的定义

长期以来，严复所提出的“信、达、雅”已经成为被多数译者所接受的基本翻译原则。结合 18 世纪英国泰勒特在其《论翻译的原则》中提出的三原则，即“翻译应该是原著思想内容的完整再现；

风格和手法应该和原著属于同一性质；翻译应该具备原著所具有的通顺”，可将“信、达、雅”进行重新定义：信，即忠实于原作，确切完整地把原作的思想内容表述出来；达，即译文语言规范通顺，没有逐字死译、生搬硬套、文理不通等现象；雅，即译文与原作的体裁风格一致，尽量保留原作的民族风格、语言风格等，不用译者的风格代替原作的风格。

根据德国哲学家哈贝马斯的理论，政治沟通首先必须被理解为一种政治行为主体间的交往行为。由此，从政治交往方面来理解的政治沟通，实质上就是政治沟通主体之间通过基于相互理解的对话协商达成对于公共事务的一种行动性共识，从而促进社会整合和政治认同，最终实现公共领域的公共价值。

基于以上两者，我们可将政治类翻译试定义为：按照“信、达、雅”的原则，以两种或多种语言为媒介，实现不同政治行为主体之间的沟通，促进其就相关政治事项达成共识和认同，实现公共领域的公共价值。具体来说，政治类翻译需要在双边乃至多边不同层级的会谈、会见和宴请等场合将一种语言以准确、规范的方式翻译成另一种语言，以表达彼此的政治立场、关切和诉求，从而实现政治沟通，达成政治共识。

而中阿政治类翻译，则主要是指在中国和阿拉伯国家各层级的双边交往中，以中文和阿拉伯语为媒介，实现不同政治行为主体的沟通与交流，达到增信释疑、深化共识的目的。

（二）中阿政治类翻译的分类

首先，从翻译层级来看，政治交往可分为高层交往（领导人活动）、中层交往（部级领导活动）和工作层沟通（司局级及以下活动）三个层级。其次，从翻译性质分，政治类翻译可分为政治口译和政治笔译，其中口译部分又可分为正式活动口译、宴请口译、参观口译、谈判口译等不同类型，笔译部分也可分为信函翻译、文件翻译、协议翻译等几大类型。最后，从翻译内容看，政治类翻译可分为狭义和广义两个层面，狭义的政治翻译包括高层会见、通话、递交国书、礼节性会见、出席就职仪式、吊唁、参加国庆招待会、发贺电和慰问电、签署战略伙伴协议、发表联合宣言、转交口信等以政治性内容为主的活动，而广义的政治类翻译则涵盖了所有具备政治属性的双边乃至多边官方交往，如两国对口部门磋商、双边经贸混委会、合作论坛、金融工作组会议、文明对话会、互免签证协议谈判、合作论坛成果文件磋商、双边合作五年规划文件起草、发函寻求国际竞选支持等。

中阿政治类翻译基本涵盖了上述领域，比较有代表性的是以下几类：①高层访问期间的双边会谈会见，如 2016 年习近平主席访问埃及和沙特期间，同埃及总统塞西和沙特国王萨勒曼举行双边会谈，2018 年访问阿联酋期间同阿布扎比王储穆罕默德举行双边会谈；2018 年科威特埃米尔访华和 2019 年埃及总统访华期间同习近平主席、李克强总理举行双边会谈。②双边高级别机制类会议，如中国和沙特的高级别联合委员会会议、中国和苏丹的协调合作工作组会议、中国和阿曼的外交部战略磋商、中国和卡塔尔的经贸联委会会议等。③中阿合作论坛项下机制性活动，如论坛部长会、高官会、高级别战略对话，以及中阿文明对话会、中阿能源大会、中阿卫生论坛、中阿友好大会等。④相关文件的磋商和谈判，如中国同沙特的领事事务磋商、中国同摩洛哥签署双边引渡条约的谈判、中国同阿联酋建立全面战略伙伴关系联合声明的磋商等。⑤相关函电的翻译，如习近平同沙特国王萨勒曼就中沙建交 30 周年互致贺电、习近平向中国—阿拉伯国家合作论坛第九届部长级会议致贺信、习近平就黎巴嫩贝鲁特发生重大爆炸事件向黎巴嫩总统奥恩致慰问电等。

二、中阿政治类翻译的特点与要求

（一）中阿政治类翻译的特点

政治类翻译与文学、宗教等类别翻译相比，有其自身固有的特点，主要体现在以下几个方面：

1. 政治性

在政治交往尤其是高层政治交往中，领导人的发言、讲话和表态是国家意志和政治立场的集中体现，具有高度的政治性。许多国家的重大政策立场都是领导人在政治交往中对外宣示出的。例如，2017 年 7 月 28 日，习近平主席在同到访的巴勒斯坦总统阿巴斯会谈时，提出了中方解决巴勒斯坦问题的“四点主张”，对中国在巴勒斯坦问题上的立场进行了总结和升华，成为中方处理巴勒斯坦问题的重要基础。又如，在涉及台湾、新疆、香港等问题的对外交涉中，我方表态体现的是对上述涉及我国核心利益的问题的重大原则性立场，具有重要政治意义。

2. 严肃性

政治交往中的主体代表各自的国家利益，做出的表态、指示和承诺均会被记录在案，并作为指导下阶段工作的依据，因此具有高度的严肃性。例如，2020 年 7 月 20 日习近平主席在同巴勒斯坦总统阿巴斯通话时表示，“中方将继续毫无保留同巴方分享经验，尽己所能提供物资和技术支持，并根据巴方需求继续实施有助于巴勒斯坦发展经济、改善民生的项目，更多更好惠及巴勒斯坦人民”[①]。上述表态即可视为中方向巴方所做的政治承诺，中方各部门在下阶段将逐一予以落实。

3. 严谨性

由于高度的政治性和严肃性，政治交往中的表态应做到准确、严谨，不能出现疏漏和误解，更不能出现错误。例如，“紧急人道主义援助”和“紧急人道主义现汇援助”在范围上有所不同，“发挥积极作用”和“发挥建设性作用”在侧重点上有所不同，“深表赞赏”和“表示赞赏”在程度上有所不同。“优买贷款”和“优卖贷款”在类型上有所不同，等等。

4. 针对性

有时一场政治沟通活动仅就某一个问题进行深入探讨，交换看

① 《习近平同巴勒斯坦国总统阿巴斯通电话》，外交部网站，https：//www.fmprc.gov.cn/web/zyxw/t1799122.shtml，2020 年 7 月 20 日。

法，形成共识。例如，2020 年 7 月 24 日，国务委员王毅同埃及外长舒克里专门就利比亚问题通电话，阐述中方在利比亚问题上的立场和主张。2020 年 6 月 24 日，王毅出席联合国安理会巴勒斯坦问题视频公开会，专门就巴勒斯坦问题阐述中方立场。

5. 时效性

对于许多突发性政治事件的应对有很高的时效性要求，拖一段时间再做反应会使工作效果大打折扣。例如，2019 年，毛里塔尼亚新任总统加兹瓦尼当选后，习近平主席第一时间致电祝贺，习主席特使、全国人大常委会副委员长王东明赴毛出席总统就职仪式。2020 年 8 月 5 日，黎巴嫩贝鲁特发生重大爆炸，习主席第一时间向黎总统奥恩致慰问电，并宣布向黎提供紧急援助，取得了良好效果。

（二）对中阿政治类译员的要求

1. 政治立场坚定，政治觉悟高

由于政治类翻译本身有极强的政治性，而政治类译员往往又处于政治交往的第一线，所以这对其本身的政治立场和觉悟提出了很高的要求。周恩来总理要求外交人员首先要“站稳立场”，对于政治译员来说也同样如此。作为中阿政治类译员，首先要做到的是熟悉中阿双方的政治体制、大政方针和外交政策，并时刻保持高度的政治敏感性。双方在交谈中由于对彼此不熟悉而做出的一些错误表述，应在翻译时自行改正。如“阿联酋王储穆罕默德”应按实际情况译为“ولي عهد أبوظبي محمد بن زايد”（阿联酋阿布扎比王储穆罕默德）。阿拉伯国家和伊朗就“海湾”的说法有争议，阿拉伯国家将其称为“阿拉伯湾”（الخليج العربي），伊朗方面将其称为“波斯湾”（الخليج الفارسي），在阿译中时，最好统一译为“海湾”，在中译阿时，若中方有“波斯湾”的表述，最好在译文中处理为“الخليج”，避免引发争议。

2. 业务素质过硬，中阿文互译熟练

政治领域有自成体系的表述方式，政治类译员应熟练掌握相关内容的中阿文表述方式，并能做到在两种文字中熟练切换。高级别译员应具有更高的稳定性和准确性，并能够在“达意”的基础上做

到“传神”。

3. 熟稔时政新闻，了解各领域知识

翻译要成为一名“杂家”，中阿政治类译员也不例外。除了时刻跟踪国内和地区热点新闻外，译员还要了解经济、文化、科技、宗教等各领域知识，在政治领域做到“专精”，在其他领域做到“博闻”。

4. 心理状态稳定，遵守外交礼仪

外交无小事。政治类译员要严格做到准点守时、衣着得体，在翻译过程中应语速适中，情绪平稳，能够驾驭大场面，同时也要做到不喧宾夺主，不要有过多肢体动作，注意躲避镜头，在保证翻译质量的前提下尽量使影像画面更加干净。

三、政治类翻译能力的培养

政治类翻译有其特殊性，也有其固有的套路和常用的模式。对于初尝政治类翻译的译员来说，或许还有许多不适应之处。随着从事大量的政治类翻译实践，译员的能力也会不断提高。其中需要注意的有以下几点：

第一，译文应符合政治交往的特点。政治外交类文书有自身的行文规范和语言特点，要求庄重、严肃。举例如下：

例 1：

如蒙贵方将中方上述建议转告有关部门，并尽早就会议主题和时间向中方做出反馈，中方不胜感激。

译文 1：

إذا نقل جانبكم الموقر الاقتراح الصيني المذكور أعلاه إلى الجهة المعنية، وأحاطه بالرد حول موضوع الاجتماع وموعده في أقرب وقت ممكن، سيشكر الجانب الصيني جانبكم شكرا جزيرا.

上述译法从语法和达意的角度来看并无不妥，但如作为正式外交文书，则显得有些随意，不够庄重严肃。现试改译如下：

译文 2：

سيغدو الجانب الصيني ممتنا لو تكرم جانبكم الموقر بنقل الاقتراح الصيني المذكور أعلاه إلى الجهة المعنية وموافاته بالرد حول موضوع الاجتماع وموعده في أقرب وقت ممكن.

该译法采用了阿语外交文书中的惯用表述，使整句的“格调”进行了“升级”，显得更为正式，更为符合政治类翻译的语言特点。

例 2：

يسرني أن أعرب لكم باسمي وباسم شعب وحكومة بلادنا عن أصدق التهاني بمناسبة الذكرى الثلاثين لإقامة العلاقات الدبلوماسية بين البلدين، كما أود بهذه المناسبة الإشادة بما شهدته العلاقات الثنائية من تطور كبير على كافة الأصعدة مما يؤكد على عمق أواصر الصداقة والعلاقات الاستراتيجية بين بلدينا.

译文 1：

我很高兴地代表我自己、我们国家的人民和政府，在两国建交30周年的时候向您表示最诚挚的祝贺。同时我也要强调，我赞赏双边关系在各领域取得的巨大发展，强调两国深厚的友谊和战略关系。

上述译法能够做到“达意”，但作为正式的建交贺电，中文译文不够正式和严肃，现试改译如下：

译文 2：

我谨代表我国政府和人民，并以我个人名义，就两国建交30周年向您致以最诚挚的祝贺。借此机会，我谨对两国各领域关系取得的巨大发展表示赞赏，这体现了两国的深厚友谊和战略关系。

该译文的行文更加严谨和正式，更加符合政治类文书的行文风格，比译文1更加符合政治类翻译的要求。

第二，固有表述不应随意更改。在政治类翻译中，有些相对固定的表达长期沿用，中文和阿文已被各方熟知和接受，若对其进行变更，可能会引起不必要的猜测和误解。例如：

两国方案、土地换和平原则、阿拉伯和平倡议

حل الدولتين، مبدأ الأرض مقابل السلام، مبادرة السلام العربية

“一带一路”倡议、2030 愿景

مبادرة "الحزام والطريق"، رؤية 2030

第三，应注意部分中文词汇在阿文译法上有所区别。有些词语在翻译成阿文时可以有多种不同的翻译方式，其中有些在政治意义上有所不同，应注意区分，例如：

中文的“问题”一词指代范围可大可小，程度可轻可重，但在阿文译文中需要予以区分：

——中方高度重视巴勒斯坦问题。（指重大、原则性的问题，各方在其中有自身利益）

يولي الجانب الصيني اهتماما بالغا للقضية الفلسطينية.

——这只不过是时间问题。（指一般性的问题，重要程度略低）

إن ذلك ليس سوى مسألة وقت.

——我们要一起解决男女比例失衡的问题。（需要解决的具体的问题，一般是负面的）

يجب علينا العمل سويا على حل مشكلة عدم التوازن من حيث الجنس.

——埃及总统和埃塞总理讨论了复兴大坝问题。（相对中立的需要处理的事务性问题，没有褒贬的含义）

تباحث الرئيس المصري ورئيس الوزراء الإثيوبي ملف سد النهضة.

中文中的“积极作用”在不同语境中表达的含义有细微差别，在阿文译文中应予以区分：

——美国应该在国际事务中发挥积极作用，不要逆历史潮流而动。（这里的“积极”与“消极”相对应，重点突出“正面的”“好的”

意味）

يجب أن تلعب الولايات المتحدة دورا إيجابيا في الشؤون الدولية، بدلا من معارضة تيار التاريخ.

——我们愿在推动利比亚危机解决的过程中发挥积极作用。（这里的“积极”有“积极主动”的意味，突出动作的主动性）

نحرص على الدور الفاعل في تسوية الأزمة الليبية.

——疫苗为维护公共健康体系发挥了积极作用。（这里的“积极”有“积极有效”的意味，突出主语的有效性）

لعبت اللقاحات دورا فعّالا في صيانة أنظمة الصحة العمومية.

“矛盾”一词在阿文中有理论层面和实际层面的区别，在使用时应予以注意：

——特朗普对华政策是散乱的，有时是自相矛盾和犹豫不决的。（政策、观点、理论上的自相矛盾，更偏向理论层面）

سياسات ترامب تجاه الصين تدار بطريقة مجزأة، وأحيانا بطرق متناقضة ومترددة.

——他们竭力挑起民族矛盾。（实际上的矛盾，更偏向实践层面。）

لا يدخر جهدهم لإثارة المنازعات/الخلافات القومية.

第四，褒贬含义的区分。有些中文表达，在阿文中有褒义、中性和贬义的区别，在使用中应注意区分和体会，避免引发不必要的误解。

“美国人”，“الأمريكيون”是中性的表达，“الأمريكان”是带有贬义的表达，含有“美国佬”的意味。

“在……的时刻”，“بمناسبة”后面一般接值得庆祝的事情，如“值此建交20周年之际”“值此新年之际”等，但一般不用于不好的事情。“值此艰难时刻”可使用“في هذا الوقت الصعب/ في هذه اللحظة الحرجة”等表述。

第五，中式新词汇的译法。在政治类表述中，很多中文的新提法、新表述高度凝练，含义丰富，使用广泛。因此需要译者反复思量，选定相对固定的译法。

“人类命运共同体”，这是中国“各美其美，美人之美，美美与共，天下大同”的文化自信在国际关系上的生动体现。但在涉及对外宣传时，“命运”一词对应的英文和阿文分别为“destiny”和“مصير”，这两个词均含有一定的宗教意味，有一种“命运天定”的宿命论成分，因而英文和阿文可转译为“A community with a shared future for mankind”和“مجتمع المستقبل المشترك للبشرية”，以更好地体现中文表述中“命运与共，共创未来”的含义。

“正确的义利观”，这是习近平在2013年3月访问非洲期间首次提出的，即在政治上要遵守国际法和国际关系基本原则，秉持公道正义，坚持平等相待，在经济上要立足全局、放眼长远，坚持互利共赢、共同发展。按照这一含义，我们可将“正确的义利观”译为“المفهوم الصحيح للمسؤولية الأخلاقية والمصلحة”或“وجهة النظر الصحيحة للعدالة والمنفعة”。

中国对非洲“真实亲诚理念”。2013年3月，习近平担任国家主席后首访非洲，首次提出真实亲诚对非政策理念：“对待非洲朋友，我们讲一个‘真’字；开展对非合作，我们讲一个‘实’字；加强中非友好，我们讲一个‘亲’字；解决合作中的问题，我们讲一个‘诚’字。”根据上述含义，我们可以将“真实亲诚理念”译为“سياسة الشفافية والعملية والحميمية والصدق تجاه إفريقيا”。

第六，译文应符合中阿文的表达习惯。阿语中广泛使用定语从句和介词，导致长句较多，意思层层嵌套，这在政治类文件中体现得尤为明显。而中文的特点是多以递进或转折的短句表达含义，过多使用长句可能导致语义不清，臃肿累赘，在政治类文件中尤其需要避免出现这种情况。因而译者需要在两种语言习惯中进行转换，使译文更符合各自语言的特点。示例如下：

承蒙你代表阿拉伯驻华使节委员会来信，就中阿关系发展及中阿双方团结抗疫表示赞赏和支持，表达阿拉伯驻华使节的友好情谊，谨致以诚挚谢意。

试译为：

يطيب لي أن أتقدم لسعادتكم بخالص الشكر على رسالتكم التي أعربتم فيها باسم مجلس السفراء العرب ببجين عن التقدير والدعم لتطور العلاقات الصينية العربية والتضامن الصيني العربي في مكافحة الجائحة، وعن المشاعر الودية التي يكنها السفراء العرب لدى الصين تجاه الصين.

该阿语译文将中文几个分句整合为一个长句，更符合阿语的表达习惯。

لقد تلقيت ببالغ الشكر والتقدير رسالتكم التي تفضلتم بتوجيهها لي وأعلنتم فيها عن مبادرة الحكومة الصينية بتخصيص مساعدة طبية موجهة لفائدة النساء والأطفال والشباب في إفريقيا لمجابهة وباء "كوفيد 19".

试译为：

很高兴收到您向我发来的信函。您在信中宣布，中国政府决定向非洲捐赠一批医疗物资，用于帮助非洲国家的妇女、儿童和青年抗击新冠肺炎疫情，我对此深表赞赏和感谢。

该译文将阿语的一个长句拆分成几个中文的短句，更符合中文的表达习惯。

四、政治类翻译能力的提升路径

外语学习是门苦功夫，没有捷径，学无止境。中阿文翻译更是如此，只有将功夫用在平时，在实战中才能顺利过关。要提高中阿政治类翻译能力，可以从以下几方面入手：

第一，中外文的朗读和表达能力是基础。译者是沟通双方的媒介，译者的中外文发音是否标准、规范，语音语调是否平稳、流畅是评判一场口译活动质量高低的基本标准。中阿文语言习惯差异大，要在达意的前提下保障语言的流畅性和平稳性，对译者，尤其是政治类口译工作者提出了很高的要求。译者可在平时多朗读中外文政治类的报刊，熟悉两种语言的语感，为翻译工作打好基础。

第二，厘清中外文的逻辑关系和抓住核心词汇是关键。在翻译一个意群时，弄清该意群的逻辑关系是能否将该段意思成功译出的关键所在，而要厘清逻辑关系就要抓住意群中的核心词汇。一般来说，阿文意群中的动词最为关键，其中可能包含时态、人称和单复数等多个要素。此外，阿文意群中表示因果、递进和转折等关系的虚词也是翻译时应注意的重点。对于中文意群来说，句子之间并没有明确的逻辑虚词进行连接，但在译成阿文时应予以补足。如“中方愿同埃方拓展各领域合作，造福两国人民”，该句子隐含的逻辑是“中埃之间拓展合作，以此造福两国人民”，因此可试译为“يحرص الجانب الصيني على توسيع التعاون مع الجانب المصري في كافة المجالات، بما يخدم الشعبين.”。

第三，平日大量的积累和活动前精心的准备是保障。政治类翻译的细分领域十分庞杂，每个细分领域对专业知识也有较高的要求，如果不熟悉相关领域业务，翻译时便会感到力不从心。这就需要译员平日进行大量广泛的阅读，对各个领域均有所了解。此外，在进行翻译活动前，译员应对活动涉及的领域进行突击准备，尽可能多地掌握背景资料，熟悉中阿文的实用表达。

五、结　语

在 2020 年 7 月 6 日召开的中阿合作论坛部长级会议上，中阿双方一致同意适时召开中阿峰会，这标志着中阿合作水平将迈上一个新台阶。随着今后中阿交往的不断拓展，对合格的中阿政治类译员的需求将会不断增多。中阿政治类译员要总结提炼政治类翻译的特点，掌握中阿文政治术语的固定套路，揣摩符合政治表述规范的翻译途径，不断加强自身能力建设，为深化发展的中阿关系贡献力量。

【参考资料】

[1] 郁建兴，何子英 . 政治交往：一种政治沟通的新分析路径 [J]. 社会科学辑刊，2009（4）.

[2] 刘开古，朱威烈 . 阿拉伯语汉语翻译教程 [M]. 上海：上海外语教育出版社，1991.

《习近平谈治国理政》多语版进范文研读课学生反馈与感悟

徐志青[①]

【摘要】《习近平谈治国理政》多语版进阿拉伯语范文研读课是2019—2020学年纳入课程安排的创新教学尝试。本文基于学生学后实际感受，分析了《习近平谈治国理政》多语版进范文研读课的可行性及其对于外语教学和国际传播的意义与作用，并结合教学实例印证所述观点。《习近平谈治国理政》多语版与范文研读课契合度高，《习近平谈治国理政》多语版进范文研读课作为外语教学的有益补充，有助于提升学生语言能力和个人素养，也有助于提升中国的国际传播力，且拥有较大的创新空间。

【关键词】外语教学；阿拉伯语；《习近平谈治国理政》多语版

一、《习近平谈治国理政》多语版进范文研读课的可行性分析

《习近平谈治国理政》多语版进范文研读课的前提条件是，前者的特点符合后者的要求，二者可以通过搭配结合彼此增益。

具体来说，一方面，范文研读是阿语专业学生在本科三年级这一阶段的多门课程之一，那么《习近平谈治国理政》多语版为什么进这一阶段、进这一门课，而非进另一阶段、进另一门课，一定是由于范文研读课自身的某些特点，使其与《习近平谈治国理政》多

---

① 徐志青，北京外国语大学阿拉伯学院2017级本科生。

语版有更高的相容性，结合后的二者可整合为更好的一门课，而非仅仅简单并列为各不相干的两门课。

另一方面，《习近平谈治国理政》多语版进范文研读课是出于二者彼此的需要，后者是前者的合适载体，前者也丰富了后者的内容和效果，这是这一实践的意义所在。

下文从材料形式、思想内涵和语言学习三个方面简析《习近平谈治国理政》阿语版与范文研读课的相容性及其二者如何通过搭配结合彼此增益。

（一）材料形式

《习近平谈治国理政》与范文研读课文在材料形式上具备一致性。

升入本科三年级，课程对于学生语言运用能力的训练要求有所提升。范文研读是大三年级的“精读”课，与大三之前的精读课相比，除了依旧注重词汇、语法等基础性语言知识之外，对文本完整性的重视大大提升，注重提升学生对篇章结构、文本主旨的分析理解与整体把握。因此，范文研读所选用的课文，一般来说都配合了上述训练要求和培养需求，内容完整、结构丰满。

一方面，《习近平谈治国理政》具备文本的完整性。它由数十篇相对独立、各自完整、富有层次感的文本篇章构成，单独拿出一篇，都可以开展拆分结构、整体概述、把握主旨等多种练习，其多语版不仅是学习语言词汇表达的可靠材料，也有条件成为训练学生用外语对文本进行综合处理的教学工具。

另一方面，《习近平谈治国理政》多语版学习可操作性强。它的篇章内容易于理解、规范性强，内容、结构和表达方式中规中矩；横向来看，有众多篇目可以灵活选择。这不仅适用于各能力层次的学生，且与各种教学与练习手段的适配度高，便于教师灵活安排教学，也便于教学机构对其进行规范化的教学管理。

总之，《习近平谈治国理政》具备篇章的完整性、较高的内容统合度，方便与范文研读的一般课文相融合，也具有较高的可操作性和较大的操作空间。

（二）思想内涵

《习近平谈治国理政》与范文研读课文在思想内涵的广度和深度上具有可比性。

随着年级的升高，课程内容的思想深度和丰富度会有所增加，大三年级的范文研读课文，其主题涉及历史和社会生活的不同方面，如阿拉伯古代文明成就、近现代社会状况、科教文卫、思想潮流等，在内涵和主旨上具有理论的可挖掘性和背景知识的可延展性。

在广度上,《习近平谈治国理政》的题材遍及经济、政治、文化、社会、历史、自然等，广泛而全面，因而任一主题的范文研读课文，都可以找到话题与之相关、相近的《习近平谈治国理政》文本，“海阔凭鱼跃”，在二者的统筹安排上存在着充实的选择空间。

在深度上,《习近平谈治国理政》的说理虽读来清楚易懂，但其视野开阔、情怀远大，作为一部官方指定的理论著作，承载了可以发挥思潮引领作用的广阔意涵。“天高任鸟飞”，学生可以深挖《习近平谈治国理政》和范文研读课文二者的内容所包含的思想，在意义深处寻找中外思想的相通点和契合之处。

（三）语言学习

《习近平谈治国理政》与范文研读课文在语言学习上具有互补性。

在各门课程中，范文研读相对更加注重提升学生对于阿拉伯语语言本身的把握能力，投入较多精力帮助学生准确理解词汇、练习遣词造句、打磨翻译素养。语言水平的提升是范文研读的一个教学重点。

《习近平谈治国理政》多语版受到国家重视，由语言专家、从业者精心编译审定，提供了学习外语的现成材料。其译法平实易懂，学生的自学能力一般足以完成对照阅读，从而提升语言积累。

《习近平谈治国理政》多语版提供的外语知识是当代外语专业

学生所需要的，然而从语言学习角度，如果单独学习，其内容繁杂而量大，容易失去焦点，缺乏针对性，学习效果有限，因而最好的方式就是使之与现有课程结合编排，范文研读便是良好的载体。

在语言学习上，以北京外国语大学阿拉伯学院本科 17 级 1 班的范文研读课为例，在一个学期的实践中，叶良英老师尝试让学生在《习近平谈治国理政》中文原版和阿语版对照阅读的基础上，站得更高、看得更远，阅读英文版，三语参照，并鼓励学生从译法上给出自己的修改意见。这样的交叉对照既有利于学生更准确、更深入、更立体地理解原文内涵，认识语言在异文化语境下客观存在的细致差别，还锻炼了学生的思维能力，调动了运用语言的积极性。《习近平谈治国理政》提供的多语种对照资源，为学生提供了学习语言与思考语言的难得机会。

综合以上三方面，《习近平谈治国理政》与范文研读课在材料形式上具有一致性，在思想内涵的广度和深度上具有可比性，在语言学习上具有互补性，从中可以发现二者的结合是现有教学框架中的优选，二者的特点相容将促进它们彼此助益，使这一实践成为当下教学的有益尝试。

二、《习近平谈治国理政》多语版进范文研读课的具体案例

为反映《习近平谈治国理政》多语版进范文研读课的实践情况，为该问题的分析讨论提供现实依据，避免泛泛空谈，本部分以纪伯伦阿拉伯语散文诗《我的亲人死了》与《习近平谈治国理政》篇目《不断提高运用中国特色社会主义制度有效治理国家的能力》（阿拉伯语）搭配学习为案例，基于本文第一部分可行性分析的论述框架，从实操意义更大的思想内涵、语言学习两方面，详细分析教学实践方法。

（一）思想内涵的结合方式

纪伯伦散文诗《我的亲人死了》是外研社《新编阿拉伯语》第五册第七课课文，创作背景是第一次世界大战期间黎巴嫩遭遇的严重饥荒，以及 19 世纪末 20 世纪初黎巴嫩居民的移民热潮，该散文诗运用高超的文学技巧抒发丰沛而深沉的情绪，体现了纪伯伦对于祖国和同胞的深沉关切与热爱，以及面对重洋之外的祖国所处的水深火热而在内心产生的痛苦和不安。文章富于感染力，使读者对人类文明的灾难留下深刻印象，同时激发了读者对于人民安居乐业的和乐家园的追索与向往。

与之搭配学习的《不断提高运用中国特色社会主义制度有效治理国家的能力》是“全面深化改革”主题下的结语篇，也是《习近平谈治国理政》全书的点题篇之一，详细论述了“国家治理”这一具有中国特色与优势的重要概念，具有现代性，切中时代脉搏。其核心观点是，通过改革提升国家治理能力与体系，是符合现代化和人民福祉的时代使命。它提出了一个国家与人民良性互动的理想化目标及其实现路径。

纪伯伦的这篇散文诗和《习近平谈治国理政》中的这篇论述，前者面向一个世纪以前的黎巴嫩，刻画了政府失败、社会失序的悲惨景象，后者立足当代中国，勾勒了政府有效、治理有序的社会蓝图，在学习本课时恰处于国内新冠疫情仍严峻残酷而全社会全力以赴对抗疫情的阶段，所有这些相互照应，极大地触动了学生的思维与情感。一方面加深了他们对百年前黎巴嫩人民所遭受苦难的感受与认识，实现了对课文内容、主旨及其表达方式的良好学习效果；另一方面增强了学生投入当今时代潮流，建设国家、服务人民的信念感与热情，在实现智育目标的同时也实现了德育的目标。

（二）语言学习的方法与角度

除了以上所述在思想层面的相互增益，《不断提高运用中国特色社会主义制度有效治理国家的能力》是本班学习《习近平谈治国理政》多语版的第一篇，学生经过学习思考，在词汇量和翻译技巧上获得了提升，也对于《习近平谈治国理政》多语版的学习方法有所认识。

首先可以从词汇入手，分类学习。“治理体系”“治理能力”“现代化总进程”“制度自信”“全面深化改革”等，都是讲述中国时绕不开的政治语汇，说法的规范性、统一性，是《习近平谈治国理政》多语版的学习重点。“规范化”“全局性”“必然要求”“联动和集成”等，都是阐述理论、事理的说理性词汇，这类词汇是语言中帮助人们表达观点、深入讨论、进行学术研究的重要组成部分。“长治久安”“海纳百川”“断章取义”等词汇包含了更多的文化意义和文化属性，有些植根于中国历史文化，有些则基于人类文明的共通情感，可以找到跨语言的对应和共鸣，需要更多的揣摩和探究。

其次可以从句子段落入手学习翻译。在本班实践中，学生先优选某一段落尝试独立翻译，再对照《习近平谈治国理政》阿拉伯语版参考译文对照修改。一方面，它是良好的翻译练习材料，言之有物、自带语境，可以帮助学生细化对词语的理解，且可以考查学生组词成句的衔接意识，锻炼其翻译的简练度和流畅度，超越“正确”而进一步追求“自然”；另一方面，学生在对照参考译文修改练习时，可能会面临改或者不改的选择，《习近平谈治国理政》在译法上提供了足够的开放性，选择接受参考译文还是坚持自己的译法，重要的不是结果，而在于思考过程。

除此之外，《习近平谈治国理政》多语版进范文研读课的教学安排中还包含了口头表达、小组合作等常用的外语教学方法，都有着较好的实践效果。

综合以上两方面可以看出，《习近平谈治国理政》多语版进范文研读课在具体课程的设计中有较为广阔的考量与实践空间，其中关键在于紧密结合每一份文本的自身特点，深入挖掘、敢于联想，从这个意义上说，随着每一课所学文本的变化，《习近平谈治国理政》多语版进范文研读课灵活性高、创新空间大，也适合集思广益、发挥学生的主观能动性和小组合作的优势，充分释放二者活力。

三、《习近平谈治国理政》多语版进范文研读课的作用和意义

基于《习近平谈治国理政》多语版进范文研读课的可行性分析和现实案例，我们可以从课程、学生、国家三个环节归纳这一实践的作用和意义，课程、学生、国家可以形成这一教学实践实现正面效果的逻辑闭环，外语专业学生通过课程提升自己，在将来的工作实践中助力国家对外宣传与传播。前两环可基于实际情况分析得出，第三环则是基于二者的固有属性和实践情况，对远景效果做出的判断和预测。

（一）提升传统课程的学习效果

《习近平谈治国理政》多语版与范文研读课契合点多，丰富了范文研读课的教学材料，辅助了范文研读课培养目标的实现。

从学生学习角度，《习近平谈治国理政》多语版不仅在范文研读的每一课与原有课文构成呼应和对照，可以在比较学习中帮助学生加深对课文的理解和印象，而且丰富了范文研读的训练材料，通过词汇学习以及篇章的结构拆分、整体概述、主旨分析等练习方法，提升学生对语言的把握和运用能力，从而实现范文研读的既定培养目标。

从教学和管理角度，《习近平谈治国理政》具备篇章完整性、较高的内容统合度，方便教师灵活优化范文研读课程安排，提升课堂的思想厚度，其内容的规范和透明也方便教学机构统筹评估管理，合力提升范文研读课程的质量与效果。

（二）提升学生个人素养

在当今时代，人才的养成不仅需要知识，还需要更高层次的“素养”，即思维、品德、理想信念等全方位的提升。

一方面，通过学习《习近平谈治国理政》多语版，学生可以对当今中国与世界的社会发展和时代趋势具备大致了解，增加语言学习者所必备的各类背景知识，扩展学生的认知广度；另一方面，更

重要的是，《习近平谈治国理政》多语版站位高，可借此将语言人才的培养与时代发展和国家需要相结合，提升学生的思想觉悟和先进意识，为正处于三观养成重要阶段的大学生提供理性客观的认识基础，从而向视野开阔、胸怀博大、品性良好、理想崇高的目标靠拢，在成就自己的同时更好地用专业服务国家和社会。

（三）提升中国的国际传播力

语言和思想的传播尤其是跨文化传播，除了有可能遭遇来自被传播语境的误解和排异反应，仅仅在传播的过程环节中便有可能由于传播媒介自身特点各异，分化出分散不统一的认知和说法，这在很大程度上削弱了传播力。如今最热门的国际传播词汇之一“一带一路”，在国际上也并非一开始就有统一的说法，而是经历了较为复杂的过程才最终实现约定俗成。语言的约定俗成代表着相似的认知基础，有利于推进讨论，增进交往。

从这个意义上，《习近平谈治国理政》多语版可以说是外语从业者的传播字典。它有利于中国的外语学习者在关键概念上相互靠拢、彼此统一，在国际舆论场形成合力，节省了语言在自然状态下从分散走向约定俗成的曲折道路，从而增强当代中国与世界迫切需要的“中国声音”的音量。

外语专业的大学生会在将来成为国家对外传播的中坚力量，对绝大多数语种来说，本科阶段一般就是启蒙教育，对于学生有着深远影响，《习近平谈治国理政》多语版进本科课堂，会从远景上有助于中国的外语人才走向世界、传播中国。

综合以上三方面，《习近平谈治国理政》多语版进范文研读课找准了时代契机，对接当今时代人才养成和高等教育教学的需求与短板，对教师与学生、学校与社会等多方形成共赢局面，其正面效果既有短时的直接体现，又有远景的长效释放。作为实践时间不长的创新尝试，其意义不局限于本文所述，仍有待教师与学生在实践中广泛挖掘总结。

四、结　语

《习近平谈治国理政》多语版进范文研读课不仅有益于学生阿拉伯语语言水平的提升与能力的习得，也是践行“课程思政”教育理念的创新尝试。近年来，国家重视提升高等教育思想政治教育水准，创新性地尝试在思想政治理论课以外的课程中融入思想政治教育，使思政教育不单行，“使各类课程与思想政治理论课同向同行，形成协同效应”。从这个意义上，《习近平谈治国理政》多语版进范文研读课的教学尝试，在践行课程思政的同时，又超越了课程思政，因为《习近平谈治国理政》多语版在发挥思想指引、价值培养的思政教材作用之时，也是范文研读课开展阿拉伯语教学的必备文本素材。二者结合得自然而不生硬、紧密而不松散，是有益于阿拉伯语教学和践行课程思政的双效尝试。

本文基于教学实操和学生实感，简析《习近平谈治国理政》多语版进范文研读课的可行性及其对于外语教学培养和国际传播的意义与作用，并结合教学实例印证所述观点。本文的核心论点可以归纳为以下四点：一是在各门课目中，《习近平谈治国理政》多语版进范文研读课具有较高可行性；二是二者的结合有助于提升既有范文研读课的教学质量与效果；三是二者的结合有助于满足外语人才的多元培养需求，提升其综合素质；四是这一实践预期可实现助力中国对外传播事业的长远效益。本文期望能够对有关教学方面的工作形成有益支撑与启示，推动阿拉伯语专业培养出更多学养厚实、素质全面、理想崇高的外语人才，服务于国家与社会。

《习近平谈治国理政》与三年级范文研读课程结合学习成效分析

崔舒洋[①]

【摘要】 为更好地将立德树人理念融入外语专业教学，帮助学生在理解课文内容的同时，提高思想站位，北京外国语大学阿拉伯学院将《习近平谈治国理政》多语版引入三年级范文研读课程教学。本文从思想站位与理论认知、语言应用与翻译能力、知识拓展与逻辑养成三方面分析《习近平谈治国理政》与三年级范文研读课程结合学习的优势与成效，阐述结合学习的可行性，并给出一种可行的结合学习模式和若干实施建议。

【关键词】 阿拉伯语；高年级教学;《习近平谈治国理政》多语版

引　言

外语专业高年级教学在帮助学生巩固语言基本功、提升语言实践能力的同时，还应注重引导学生明确外语学习者定位，提高政治敏锐性，积累各领域知识，提升逻辑思维能力。范文研读课程是北外阿拉伯语专业三年级的主干课程。三年级所授课文篇幅加长，难度增大，主题深刻，学生理解起来存在一定难度。为提升教学效果、提高学生学习效率，教师可以考虑引入相关的政治外交类文本作为辅助，帮助学生学习巩固语言点，加深对文章主题的理解。《习近平谈治国理政》收录了党和国家的最高领导人围绕治国理政发表的大量讲话文件，涵盖政治、外交、经济、社会、教育等专门领域，且

---

① 崔舒洋，北京外国语大学阿拉伯学院 2017 级本科生。

存在多语译本，适合作为结合学习的补充材料，帮助学生实现思想、语言的全方位提升。

一、思想站位与理论认知

（一）明确外语学习者定位，提高理论认识

语言是沟通与交流的工具。外语学习者不应仅仅局限于语言学习本身，而应着眼于服务国家发展战略，成为讲述中国故事，传递中国声音的使者。无论是走向政治外交岗位，还是进入企事业单位工作，外语学习者始终发挥着实现不同国家、民族与文明之间信息交流和跨文化沟通的职能。随着我国与其他国家交流、交往不断深化，在国际舞台上发声日益频繁，外语学习者也得以更多地为我国参与国际事务发挥作用。具备坚定的理想信念与较高的理论素养，坚守政治站位与爱国底线，成为针对外语学习者的必然要求。外语学习者还应广泛涉猎各种知识，在夯实语言基本功的同时，提升综合能力。

当前，北外各语言类专业对学生的培养大多集中在语言基础教学本身，无法满足多元化外语人才培养的需求。相较于制定综合全面的培养方案，从改革课程教学模式上入手则更为容易，且见效显著、灵活性强。以阿拉伯语专业为例，近年来，中国与阿拉伯国家交流交往显著升温，国家对稳站位、广学识、高质量的阿拉伯语人才的需求不断增加，思政教学也成为阿拉伯语专业教学中不可或缺的内容。以习近平新时代中国特色社会主义思想为指导，在高校课堂教学全过程、全方位、全员之中贯彻立德树人理念，在传授课程知识的基础上使学生牢固树立并践行社会主义核心价值观[①]，是当前北外课程设计的必然要求。精读课是北外阿拉伯语专业的主干课程，将思想理论教学纳入精读课课程设计中，更能潜移默化地作用于学生，帮助其坚定理想信念，树立正确的价值观，更高效地开展思政教学实践。

① 参见《北京外国语大学课程教学大纲（2019 ~ 2020 学年）》。

（二）学习领导人讲话精神，增强政治敏锐性

《习近平谈治国理政》收录了中国国家领导人围绕治国理政发表的大量讲话文件，集中展示了中共新一届中央领导集体的治国理念和执政方略。研读《习近平谈治国理政》中的相关内容，有助于学生熟悉政治类文本的话语模式和行文逻辑，掌握各领域术语，了解我国内外发展的相关政策与最新动态，领悟领导人讲话精神，培养学生的政治敏锐性；范文研读课程与《习近平谈治国理政》研读的结合，有助于学生深入体会中阿世界的异同，提高思想水平、政治觉悟、道德品质与文化素养，成为德才兼备、全面发展的外语人才。

二、语言应用与翻译能力

《习近平谈治国理政》学习分为中文研读、段落中译阿、对比研读、思想内容概括、反思评价五部分。开展笔译练习，旨在引导学生应用所学，积累中国特色词汇表达，了解常用翻译手法，理解翻译的文体适应性。对比自译译文与出版译文、英文和阿文译文、外交部翻译室等其他来源的译文，旨在引导学生体会阿、汉、英三种语言在语序、句法结构等方面的异同。开展思想内容概括练习，有助于学生领会国家领导人就相关主题所做讲话、阐述的思想内涵，提高文本概述能力。反思评价环节旨在鼓励学生尝试对照英文版译文修改阿文译文，提高阿语批评鉴赏能力与翻译水平。

（一）着眼细节辨析词义，提升遣词造句能力

中阿翻译实践需要关照两种语言的差异。一方面，阿语和中文中存在含义完全对应的词汇，但更多的是中文一义对应阿语多词、阿文一词对应中文多义的情况；另一方面，阿语和中文的逻辑表达存在较大差别，阿语十分注重关联词的使用，通过关联词表达语群之间的逻辑联系，而中文则少用关联词，语群之间的逻辑联系一般存在于文本内容之中。《习近平谈治国理政》具有政治外交类文本的

突出特点，适合作为深化中阿语言差异性认知的训练材料。在开展段落中译阿翻译练习时，学生可以在自译和对比反思环节重点关注选词、句子结构等影响意思表达的细节，提高选词准确性，提升组句能力。

（二）思辨研读参考译文，形成中阿翻译策略

学生在《习近平谈治国理政》部分的翻译学习中，可以遵循以下模式，形成自己的翻译策略：

第一，通读中文原文，结合教师建议，节选段落进行翻译。

第二，通读阿文参考译文，总结短语、句型和固定表达。

第三，对照自译与参考译文，从选词、句子结构、段落连接等方面分析、推敲文本；对照外交部翻译室、中阿合作论坛等渠道对相同文本的译文，思考不同翻译方式的隐含逻辑；对照阿文与英文参考译文，进一步修改阿文译文。

第四，回顾翻译文本，在不参考分析的情况下重新翻译，修改错误，加深记忆。

学生通常会经历从完全忠实到合理质疑，再到修改参考译文的转变。翻译练习初期，学生大多将参考译文视作标准翻译，直接依照参考译文，不加思考地乱改一气，最终导致译文通篇红色批注，不易于辨认和复习，难以达到翻译练习的目的。学生在完成《习近平谈治国理政》系列作业时，应关注以下三条重要原则：

第一，翻译的正确性。翻译本身并没有标准答案。对于误译、漏译等影响表意，或使译文未能准确达意的错误，需要坚决修改；而诸如选词、表达习惯、句式选择、段落结构等方面则有着更大的灵活性，在未产生歧义、未影响读者理解的前提下，可作适当变通。

第二，修改的策略性。修改翻译文本不应拘泥于对照参考译文逐字逐句地修改，还应跳出字句层面，从整体把握参考译文在段落含义、逻辑联系、句子衔接等方面的处理。修改字句应具体问题具体分析，将参考译文奉为圭臬的“笨功夫”不可取。

第三，文本的多样性。参考译文针对同一术语往往有多种翻译方式，译文中也经常出现与不一致的译法，有的是在选词、句子结构方面的灵活处理，有的则是漏译、错译、重复等错误。学生应辩证对待参考译文，主动修改其中不妥当的翻译方式。

研读《习近平谈治国理政》与开展笔译练习，有助于引导学生从以下几方面思考翻译策略：

第一，忠实与达意。翻译可以忠实原文，也可以重在达意。但过分拘泥于原文会削弱段落整体的连贯性，而过分转译则会丢失关键信息，导致译文和原文含义之间出现较大偏差。译者应当同时兼顾二者，该忠实的地方忠实，该达意的地方达意。

第二，拘泥与灵活。政治外交类文本敏感性高，某个细小的选词或句式都可能改变整段文本的内在含义，影响文本的立场、态度，如和平“发展”或“崛起”，“倡议”或“战略”“支持”（دعم أو تأييد）的选词等。但关注选词、推敲句式并不意味着就要死板地拘泥于原文。译文应该尽可能贴近受众的表达习惯，而非成为“披着阿语外衣的汉语”。

第三，自我与他者。政治外交类文本翻译大多是对外的，会涉及认知“自我”与“他者”的问题：

一是对中阿文明文化的认知。中国和阿拉伯虽同属东方文明，但在宗教、文化等方面存在很大差异，译者必须照顾到受众的文明、文化背景，讲他们爱听的，避他们忌讳的，尤其是在翻译涉及伊斯兰教的相关内容时，需同时具备政治和宗教敏锐性。

二是对中阿话语语境的认知。对外传播必然涉及对其他国家话语语境中不存在的中国特色发展理念的诠释。如在介绍“生态文明建设”时，其他国家很可能不理解什么是“生态文明”，它和“工业文明”“可持续发展”是什么关系，比传统概念高在哪里。译者可以释当解释其背景、含义，便于受众理解。

三是对中阿表达习惯的认知。以格言谚语的翻译为例。一方面，含义相近的可以直接用阿语文本替换，有助于建立与受众的情感联系。另一方面，也可以抽离谚语的字面含义。比如“兵来将挡，水来土掩”，如果直接翻译成“士兵来了，用将士阻挡；大水来了，用泥土掩盖”，受众就会产生疑问，不知“士兵”“水”所云。这句话的本质含义就是“根据具体情况，采取灵活的应对办法”，这也是翻译时应当采取的策略。

三、知识拓展与逻辑养成

（一）积累专门领域知识，拓宽语言应用领域

本学期《习近平谈治国理政》共设计 15 教学周的内容，主题如表 1 所示，涵盖国家政策、党政建设、外交方针、文化事业、社会发展、生态环境等内容。研读《习近平谈治国理政》，有助于学生了解政治、外交、经贸、文化、教育等多方面、多领域的专业知识，通过积累词汇表达、发言话术，掌握主题思想，拓宽语言应用领域，提升语言应用与实践能力。

表 1　《习近平谈治国理政》主题教学安排

<table>
<tr><th>模块</th><th>主　题</th><th>标　题</th><th>教学周</th></tr>
<tr><td rowspan="4">国家政策</td><td>实现中华民族伟大复兴的中国梦</td><td>在实现中国梦的生动实践中放飞青春梦想</td><td>8</td></tr>
<tr><td rowspan="2">全面深化改革</td><td>不断提高运用中国特色社会主义制度有效治理国家的能力</td><td>1</td></tr>
<tr><td>改革再难也要向前推进</td><td>10</td></tr>
<tr><td>建设法治中国</td><td>促进社会公平正义，保障人民安居乐业</td><td>11</td></tr>
<tr><td rowspan="2">党政建设</td><td>密切党同人民群众联系</td><td>树立和发扬“三严三实”的作风</td><td>14</td></tr>
<tr><td>提高党的领导水平</td><td>依靠学习走向未来</td><td>4</td></tr>
</table>

续表

模块	主　题	标　题	教学周
外交方针	走和平发展道路	文明因交流而多彩，文明因互鉴而丰富	15
	做好周边外交工作	共同建设“丝绸之路经济带”	12
		坚持亲、诚、惠、容的周边外交理念	13
	加强与发展中国家团结合作	弘扬丝路精神，深化中阿合作	7
文化事业	建设社会主义文化强国	青年要自觉践行社会主义核心价值观	3
		提高国家文化软实力	5
社会发展	推进社会事业和社会管理改革发展	努力把我国建设成为网络强国	2
		切实维护国家安全和社会安定	9
生态环境	建设生态文明	努力走向社会主义生态文明新时代	6

（二）强化逻辑思维能力，提升语言表达效用

开展《习近平谈治国理政》笔译与文本概括练习，有助于强化学生的逻辑思维能力，提升其语言表达的逻辑性与连贯性。学生可以充分利用互联网资源与思维导图软件，查阅背景资料，按照段落、文章部分、篇章整体的顺序梳理文本内容；还可对比分析同一主题下的多篇讲话，加深对范文研读课程所学课文与相关主题讲话的理解。以《共同建设“丝绸之路经济带”》为例，可以列出以下一种开展逻辑分析的模式，学生在进行逻辑分析练习时不需要面面俱到地形成文本表达方式，或是制作十分详尽的思维导图，只要理清段落关系即可：

讲话采用“总—分”或“总—分—总”的叙述逻辑，将“和平合作、开放包容、互学互鉴、互利共赢”的丝路精神融入丝绸之路历史沿革部分；将“政策沟通、设施联通、贸易畅通、资金融通、民心相通”的“一带一路”主要建设内容融入发展成果回顾部分；将“和平之路、繁荣之路、开放之路、创新之路、文明之路”的建

设理念融入建设意见部分，系统阐述建设“一带一路”的历史基础、现实需求与未来展望。

四、结合学习成效分析

（一）结合学习可行性

提升学习效果方面，三年级范文研读课程以《新编阿拉伯语》第五、第六册课文为主，其文本多为较长篇幅的议论文和说明文，并辅以散文、戏剧等经典作品。在教学周课时有所压缩的情况下，学生消化语言点、理解课文主题思想有一定困难。《习近平谈治国理政》文本主题清晰，内容精练，且具备中阿对照语料。结合研读《习近平谈治国理政》，旨在引导学生自主消化当周所学，开展结合思考，提升对课文主题的认知，升华主旨理解。

文本主题方面，《新编阿拉伯语》在课文选择上具有鲜明的时代导向，注重增加培养思想道德素质、文化素质和心理素质的内容，加大相关社会文化知识和基本科学常识的篇幅。[①]《习近平谈治国理政》是对国家治理经验的综合论述，主题明确，涉及面广，与教材课文具有较高的相似性和契合度。选择将《习近平谈治国理政》纳入范文研读课程教学，具有较高的可行性。以本学期范文研读课程课文主题为例，对于结合学习可行性的分析如下。各教学周范文研读课程文章主题与所选《习近平谈治国理政》文本主题如表 2 所示。

表 2　各教学周范文研读课程文章主题与所选《习近平谈治国理政》文本主题

教学周	课文篇目	《习近平谈治国理政》研读篇目
1	我的亲人死了（5.7） （مات أهلي）	不断提高运用中国特色社会主义制度有效治理国家的能力 （الرفع المتواصل لقدرة الحوكمة الفعالة للدولة عبر نظام الاشتراكية ذات الخصائص الصينية）

① 张洪仪、李宁：《新编阿拉伯语（第五册）》，前言 1 页，北京，外语教学与研究出版社，2010。

续表

教学周	课文篇目	《习近平谈治国理政》研读篇目
2	数字技术与新媒体（5.6）（التكنولوجيا الرقمية والإعلام الجديد）	努力把我国建设成为网络强国（بذل جهود لتحويل الصين إلى دولة قوية في مجال الإنترنت）
3	足球文化（5.8）（ثقافة كرة القدم）	青年要自觉践行社会主义核心价值观（الشباب يتوجب عليهم تطبيق القيم الاشتراكية الجوهرية）
4	我酷爱读书（5.9）（لماذا هويت القراءة）	依靠学习走向未来（الدراسة من أجل مستقبل مشرق）
5	电影有未来吗?（5.10）（هل للسينما مستقبل؟）	提高国家文化软实力（تعزيز القوة الناعمة الثقافية للبلاد）
6	环境问题（5.12）（مشكلة البيئة العالمية）	努力走向社会主义生态文明新时代（المضي قدما نحو عصر جديد للحضارة الإيكولوجية الاشتراكية）
7	智慧宫——文明对话的象征（5.11）（بيت الحكمة - رمز للحوار بين الحضارات）	弘扬丝路精神，深化中阿合作（تطوير روح طريق الحرير، وتعميق التعاون الصيني - العربي）
8	交通警察（5.13）（شرطي المرور）	在实现中国梦的生动实践中放飞青春梦想（إطلاق حلم الشباب في الممارسة الحيوية لتحقيق حلم الصين）
9	后人类主义（5.14）（الطريق إلى ما بعد الإنسانية）	切实维护国家安全和社会安定（حماية الأمن الوطني والاستقرار الاجتماعي على نحو فعال）
10	大象……伟大的国王（戏剧）（الفيل يا ملك الزمان）	改革再难也要向前推进（لا بد من دفع الإصلاح إلى الأمام مهما كانت صعوبته）
11	伟大的医者（6.1）（أحد أعظم أطباء الإنسانية）	促进社会公平正义，保障人民安居乐业（تعزيز الإنصاف والعدالة الاجتماعيين، ضمان أن يعيش الشعب بطمأنينة ويعمل بارتياح）

续表

教学周	课文篇目	《习近平谈治国理政》研读篇目
12	舶来思想（说理散文） （الأفكار المستوردة）	共同建设“丝绸之路经济带” （بناء «الحزام الاقتصادي لطريق الحرير» معا）
13	与人相处的艺术（6.2） （التعامل مع الشخصيات الصعبة）	坚持亲、诚、惠、容的周边外交理念 （التمسك بالمفهوم الدبلوماسي المتمثل في العلاقة الحميمة، والصدق، والمنفعة، والتسامح تجاه الدول المجاورة）
14	推荐信（6.3） （بطاقة توصية）	树立和发扬“三严三实”的作风 （تبني ونشر أسلوب «الصرامة في ثلاثة مجالات والصدق في ثلاث نواح»）
15	主即是爱（6.5） （الله محبة）	文明因交流而多彩，文明因互鉴而丰富 （الحضارات ملونة بالتبادلات، وغنية بالاستفادة المتبادلة）

注：以括号标注的数字表示册别与课节，如“5.6”表示对应《新编阿拉伯语》第五册第六课。

课文涵盖说明文、议论文、散文诗、说理散文、戏剧等多种体裁，涉及科技发展、体育运动、文明文化、环境保护、青年梦想、社会民生、名人传记等话题，将《习近平谈治国理政》文本和课文结合学习，有助于引导学生从课文内容上升到个人和国家层面展开思考。例如，第 8 周课文内容为小说《交通警察》。小说讲述了青年哈姆岱如何克服自身的缺陷，坚持梦想，最终成为一名交通警察的故事。哈姆岱的乐观自信、坚持梦想、勇敢坚韧和顽强的意志力都是他实现梦想的关键要素。《习近平谈治国理政》“实现中华民族伟大复兴的中国梦”专题中《在实现中国梦的生动实践中放飞青春梦想》一文，强调青年要勇敢肩负起时代赋予的重任，坚定理想信念，练就过硬本领，勇于创新创造，矢志艰苦奋斗，锤炼高尚品格。引入本文内容，旨在帮助学生更好地把握哈姆岱的性格特点，结合自身的青年身份，理解青年的时代担当与责任，鼓励学生在为实现自身青春梦想努力奋斗的同时，积极投身国家与社会发展，为将中国建成富强、民主、文明和谐的社会主义现代化国家贡献力量。

（二）结合学习模式方法

《习近平谈治国理政》文本呈现出内容丰富、文字量大、逻辑性强等特点。学习《习近平谈治国理政》不能像学习精读课课文、小说散文等文学作品一样局限在文字分析层面，更重要的是采取概括性纵览的方式，整体把握文章内容，了解讲话、文件逻辑，梳理政治外交话术。图 1 给出了《习近平谈治国理政》的一种学习模式。

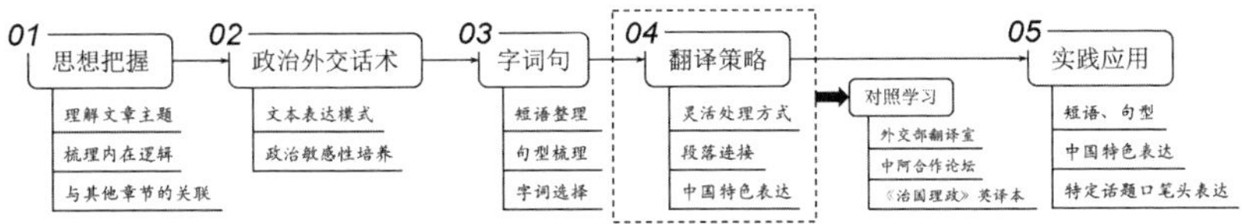

图 1 《习近平谈治国理政》的一种学习模式

1. 思想把握

《习近平谈治国理政》在编排时有意按照国家发展的各个方面进行了专题分类。学生可以按照书籍的分类，在政治外交的总框架下集中学习相似内容的文本；学习单篇文本时，可以结合某个话题的总体逻辑把握整体内容，之后梳理内在逻辑（如总分关系、含义分段等）。

2. 政治外交话术

学生应关注政治外交文本的表达模式，例如，对于某一问题或特定领域的陈述方式，对于各种关系的表述，对于政治、经济、文化、社会发展的规划，对于国际话语权、“一带一路”倡议、人类命运共同体的表述，对于国际热点问题的立场态度等，以建立政治外交表述思维与底线意识。

3. 字词句

学生应关注整理中国特色短语、表达。短语部分，可以按课分类整理，例如，对于涉及具体领域的内容，可以按照“经济发展”“社会民生”“生态文明建设”等来收录。句子部分，应重点关注中文原文中整齐句、常用句的翻译方式，如“过去……，未来也将……”“实现政策沟通、道路联通、贸易畅通、货币流通、民心相通”等。

《习近平谈治国理政》文章普遍较长，每周节选 400 ~ 500 字进行精翻，其余内容作对照阅读是较为高效的学习方式。对于较短的文章，可以选择核心内容进行翻译；对于较长的文章，可选取每一层的核心段落进行翻译，尽可能涉及文章的各个部分。

4. 翻译策略

《习近平谈治国理政》阿文译文的翻译风格整体更偏向忠实原文与保守详尽，这样就可能牺牲语言上的简洁与灵活性。学生应持辩证态度阅读参考译文，从选词、句子结构、段落连接、翻译错误四方面修改自译，同时主要关注段落连接（参考译文对逻辑关系的处理方式，如 حيث、بحيث、حيث أن，إذ、إذ أن，بما、فيما、حينما、بينما、مما\الأمر الذي 等连词，وفقا、حسب、دون、بالرغم、主动名词作状态状语，以及原因目的状语和强调语）和中国特色表达（包括中国特色的字词句、谚语与格言、涉及历史文化的表达，思考阿拉伯人能否理解）。

5. 整理与实践

学生可以在阅读全文或完成翻译分析后开展概述练习，并定期复习整理的短语和句型，将中国特色表达运用到平日的政治外交口译、笔译练习中。

（三）结合学习实施建议

第一，鼓励小组合作，实现共同进步。《习近平谈治国理政》文本较长，内容繁杂，开展小组合作可以减轻学习负担。学生可组建 4～5 人规模的学习小组，班级层面每周轮换一次，由一组负责整理当周文本的词汇、句型与特色表达，供全体同学学习；小组层面每周可分工开展翻译任务，或共享翻译结果，对比学习各自译文的长处，成倍提高学习收益；组内还可就当周范文研读所授文本展开讨论，帮助理解课文主旨。

第二，扩大结合范围，提升学习效率。可以通过口头、笔头作业等形式鼓励学生就结合学习发表心得感想，例如，可以在目前要求学生分别概括当周课文和《习近平谈治国理政》文本的基础上，鼓励学生就二者在主题思想上的异同发表评论。考虑到三年级写作训练大幅减少，还可以要求学生每两周撰写一次结合学习的评论，或对比主题思想的短文，着重提升学生利用所学词汇、句型进行口笔头表达的能力。

第三，完善学习材料，倡导主观自觉。以电子版形式下发《习近平谈治国理政》材料，有助于锻炼学生的资料查阅能力，提高学习自觉性，但也存在两方面问题。一是扫描的阿文文本无法编辑、查找，这会降低学生的学习效率；二是目前《习近平谈治国理政》的阿文文本只有第一卷，为提高学习时效性和全面性，可通过扫描、录入等方式及时更新第二卷、第三卷。

第四，联动其他课程，减少重复劳动。三年级下学期开设有政治外交笔译、口译两门翻译类课程。笔译课程每周都会设置《习近平谈治国理政》笔译作业，其中涵盖词汇总结、自选段落翻译、译文分析等三个环节；口译课程则会涉及《习近平谈治国理政》中部分讲话的翻译。为最大程度减轻学生课业负担，减少重复劳动，可以将范文研读课程和笔译课程关于《习近平谈治国理政》的作业进行整合，尽可能避免材料重合、主题近似等情况的出现。

结 语

《习近平谈治国理政》与三年级范文研读课程结合学习，可行性高，效果优良。结合学习最终旨在超越语言学习层面，激发学生自主学习、思考、表达的主观能动性，培养学生的政治自觉、求知自觉和运用自觉。随着《习近平谈治国理政》多语版资源的持续完善与教学模式的不断改革，结合学习模式经过进一步优化可以逐步下放到阿拉伯语专业基础阶段的教学中，以扩大思政教学的实践范围，取得更好的教学效果；更可将这一模式推广到其他开设阿拉伯语专业的高校，推出系列教材与教学资源，作为高校阿拉伯语专业思政课程建设、“金课”建设与“双一流”专业建设的有效抓手，丰富阿拉伯语专业思政教学实践。

【参考文献】

[1] 习近平 . 习近平谈治国理政（第一卷）[M]. 北京：外文出版社，2018.

[2] 习近平 . 习近平谈治国理政（第二卷）[M]. 北京：外文出版社，2017.

[3] 习近平著，阿拉伯文翻译组译 . 习近平谈治国理政（第一卷）阿拉伯文版 [M]. 北京：外文出版社，2018.

[4] 习近平著，阿拉伯文翻译组译 . 习近平谈治国理政（第二卷）阿拉伯文版 [M]. 北京：外文出版社，2018.

[5] 叶良英 .《习近平谈治国理政》多语版学习目标与要求 [Z]. 北京：北京外国语大学阿拉伯学院，2020.

[6] 叶良英 .《习近平谈治国理政》与精读课结合实施方案 [Z]. 北京：北京外国语大学阿拉伯学院，2020.

[7] 张洪仪，李宁 . 新编阿拉伯语（第五册）[M]. 北京：外语教学与研究出版社，2010.

[8] 张洪仪，李宁 . 新编阿拉伯语（第六册）[M]. 北京：外语教学与研究出版社，2015.

第三部分

课程设计

《初级阿语Ⅱ》在线智慧教学研究

——以《网上来信》为例

马　伟[①]

【摘要】智慧教学集智慧教学工具、先进教学理念于一体，打造高质高效的教学课堂。在《初级阿语Ⅱ》在线智慧教学探索与研究中，教师以前沿的教学思想为指导，针对学生不同基础、学习需求等进行个性化教学，实现整个课前引导、课中教授、课后指导教学过程全部在线。本文以18课《网上来信》为例，基于“雨课堂”、腾讯课堂、作业登记簿等智慧教学工具，初探《初级阿语Ⅱ》在线智慧教学。

【关键词】《初级阿语Ⅱ》；在线智慧教学

前　言

在快速发展的信息时代，“雨课堂”、慕课等先进的教学工具给阿拉伯语线上教学提供了沃土；翻转课堂、任务驱动等灵活的教学方式，推动了阿拉伯语基础教学的良性发展；课程思政化、延展式教学等前沿的教学理念，丰富了阿拉伯语基础教学的指导思想。在线课程教学可以打破时间与空间的限制，将碎片化时间、分散式空间整合利用，使学生通过网络自主进行预习、学习、复习；通过灵活、便捷、新颖的教学资源和教学方式，提高学生的学习兴趣，更好地提升学生的阿拉伯语学习效率以及综合运用能力。综上所述，阿拉伯语教师亦可运用高端网络教学工具，以前沿教学思想为指导

---

① 马伟，北京第二外国语学院中东学院讲师，北京外国语大学阿拉伯学院博士研究生。

设计个性化、高质量的在线课堂，实现阿拉伯语教学智慧化。

《初级阿语Ⅱ》是针对阿拉伯语专业一年级学生开设的必修课程之一，教学对应的是外语教学与研究出版社出版的《新编阿拉伯语》第一册后半部分和第二册前半部分的主要内容，是阿拉伯语专业学生夯实基础、积累文化的重要阶段，因此结合在线教学优化该阶段的基础教学课程，是顺应教育信息化发展的必然要求，也是推动阿拉伯语教学快速发展的最终结果。

针对《初级阿语Ⅱ》在线智慧教学，本文从课程教学工具设计、课程教学过程设计以及课程教学管理设计三方面进行阐述。

一、课程教学工具设计

笔者选用"雨课堂"、腾讯课堂、作业登记簿为主要教学工具，将三者有机结合，实践课程的在线教学，形成"智慧教学工具"（如图 1 所示）。

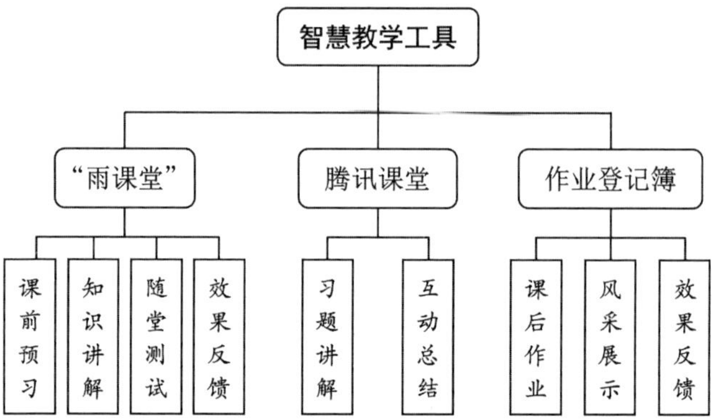

图 1　"智慧教学工具"示意图

（一）主课教学工具——"雨课堂"

"雨课堂"是基于互联网和微信的教学软件，其全部功能依托 PPT 和微信，操作简便，功能多样。"雨课堂"主要运用于课前预习和知识点讲解、制作 PPT 课件的过程中，可以插入知识点测查项目，设有客观题、主观题、判断题、投票调查等（如图 2 所示）。学生可在学习每个知识点后及时检查其对该知识点的熟悉和掌握情况，若有不懂可以及时查看答案详解，进一步查漏补缺，从而加强对每一个知识点的掌握与运用。

图 2　“雨课堂”设题选项

图 3 是“雨课堂”发布预习课件的班级整体完成情况，教师可以查看班级所有同学的完成情况和答题情况。点击“查看详情”，可以进入每一位学生的具体情况页面（如图 4 所示），在这里可看到学生的学习时长、各项答题和得分情况。因此，进入“雨课堂”后台，教师既可以掌握班级学生学习的整体情况，又可以了解每一位学生的学习趋势。

图 3　预习课件

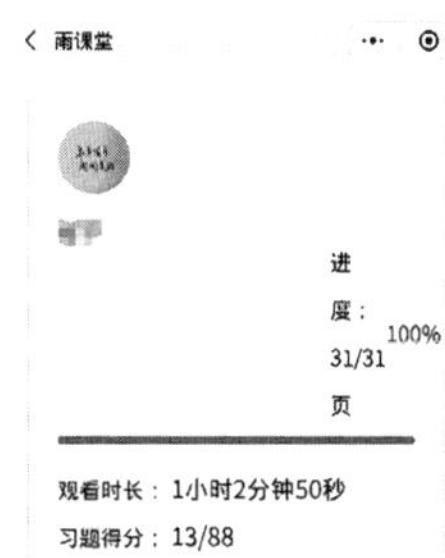

图 4　个人完成详情

系统地了解学生对预习课件和知识点课件的掌握情况后，教师可对接下来的授课和知识点设置进行进一步完善。

（二）互动教学工具——腾讯课堂

腾讯课堂是一种在线互动直播教学的教学工具。通过邀请学生进入教师课堂，师生共在一个虚拟教室，可以实现 PPT 演示、屏幕分享、现实签到、点名答题、白板笔记、问题调查等功能。在《初级阿语Ⅱ》的在线智慧教学建设中，腾讯课堂是一个有力的教学辅助手段，借助该平台可以实现朗读抽查、习题讲解、课程总结的互动教学。习题与作业讲解，主要依托在线直播课堂，学生可以及时提出疑问，教师可以迅速有效地帮助学生答疑解惑。问题调查功能可以由教师主动发起，调查学生整体对重要知识点的掌握程度。点名回答问题是互动的主要形式，可以增加学生的学习紧张感和受关注感，有助于提高学生上课注意力及其对课程的重视。

腾讯课堂具有课后查看回放功能，学生可以借助回放复习或查找自己未能掌握的知识点，反复观看直至明白。教师也可以根据后台数据了解学生的学习效果和集中出现的问题。

（三）课后教学工具——作业登记簿

微信小程序“作业登记簿”是作业提交神器，有利于教师发布、管理和统计作业的情况，主要用于课后作业发布和批改、学生风采作业展示、学习效果反馈。通过作业登记簿，教师可以实现一对一作业反馈，并保留所有作业痕迹和批改记录；可以实时查看某项作业的查看、提交、批改情况，也可以查看某一学生的所有作业情况。这不仅有利于作业管理与统计，也有助于教师对本课内容易错点进行统计和分析。此外，教师可以发布打卡作业、群组讨论等，培养学生的复习习惯，亦可以分享学生的视频作品，共同讨论。

二、课程教学过程设计

课程教学过程是教学的核心，科学合理的教学过程设计不仅可以提高教学质量，亦有利于学生高效地学习和运用重要知识点。《初级阿语Ⅱ》的在线智慧教学过程主要包括课前预习、知识点讲解和课后反馈三部分，以实现充分调动学生的学习积极性，完整地引导学生进行在线学习的目的。

（一）课前预习是学好在线课程内容的前提保障

在授课前两天，教师发布《网上来信》的课前预习课件，其中主要包括本课生词及其扩展、本课涉及的阿拉伯文化（以图片或视频方式展现）；学生应预习需要完成的朗读以及重点表达的翻译等（见图 5）。

同根词联想

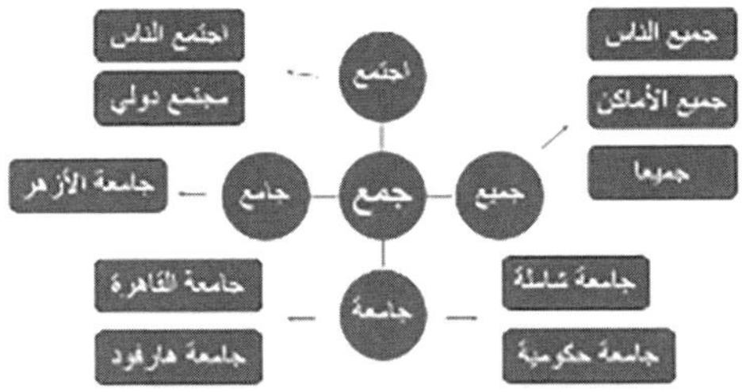

主观题 10分

请将对话1中
"قرأت شيئا عن تاريخها وأحوالها الحاضرة على الإنترنت."
翻译成中文，并尝试模仿三个句子。

主观题 10分

请上传对话1的朗读录音
要求：朗读流畅、咬词清晰，注意长音、短音、叠音、冠词的读法。

图 5 预习作业

学生可以通过上传的预习课件系统地学习本课重点生词并且提前背记；对于课文的朗读和理解，教师可以提前根据学生上传的音频以及图片进行预习检查并提出指导意见。如果学生对于课件或是本课内容有不理解的地方，可以反复查看或做出标记，教师可以在“雨课堂”后台查看集中问题，以便在课上着重讲解。课前课件的自主学习，可以让学生对于本课内容的重点、难点、脉络有一个系统的了解，并做好上课学习的准备。学生的预习反馈可以为教师制作教学课件提供参考和支撑。

（二）知识点讲解是学好课程内容的基石

知识点授课课件及其附带讲解以阿文为主，以期通过潜移默化培养一年级学生的阿文思维。知识点课件根据课程内容大致分为4个部分：对话、课文、句型以及课后习题，基于“雨课堂”教学工具的设计主要涉及前三个部分。教师在设计知识点内容时，主要以“知识点思政化”“延展式教学”为主要教学指导思想。《网上来信》

包括两篇对话和一篇课文，知识点课件共分为四部分，每两课时教授一部分。下面以对话 1 及其中一个知识点为例进行知识点讲解设计。

对话1的主题为“你与家人如何联系”，主要涉及2个表达（مرّة كل أسبوع، أحيانا وأحيانا أخرى）、8个主要动词（اتصل ب، راسل، تحدث، عرف، أكمل، طالع، استعار، سرّ）以及一些短语、习惯用语、文化知识等。动词部分需要教师根据教学大纲选择重点进行讲解与训练，以 عرف الشيء 为例，教师首先应引导学生对 عرف 的词性以及意义进行认识，明白 عرف كذا 表示“知道，懂得，认识……”，而对话中的 عرف شيئا عن كذا 表示“对于……有所了解”。两者意思不同，学生应注意区分。其次师生对本课句型进行延展式学习和训练，由浅入深，由简入繁，中阿互译，尽可能多地使例句内容带有文化和时代信息。

第一步，从例句最原本的形式 عرف شيئا عن كذا 出发，训练中阿互译。

عرفت شيئا عن تاريخ العالم العربي. 我对阿拉伯国家历史有所了解。

عرفت شيئا عن تاريخ العالم العربي؟ 你们对使者穆罕默德有所了解吗？

هل تعرفون شيئا عن الرسول محمّدٍ؟ 你对阿拉伯国家及其语言有了解吗？

هل تعرفين شيئا عن البلدان العربية ولغتِها. 我们通过互联网对新型冠状病毒有些了解。

第二步，引导学生自己造出类似的句子。在这一部分，教师要根据学生的实际情况帮助学生对自己造的句子进行修正。

第三步，通过前两步的训练，学生可基本掌握该词的用法。接着教师可引导学生进行第一次延展学习——替换宾语，从 عرف شيئا عن كذا 到 عرف أشياء قليلةً أو كثيرةً عن كذا \ عرف بعض الأشياء عن كذا，进行画线部分替换训练，循序渐进地引导学生学会“稍有了解”“了解甚多”“有些了解”等更多的表达方式。

إنّنا نعرف أشياءَ قليلةً عن الأدب العربي القديم.

فعلا إنّنا نعرف أشياءَ قليلةً عن الهاتف الذَّكِيِّ.

نعرف أشياءَ كثيرةً عن البلاد الصين وعن أحوالها الحاضرة.

قرأت الأخبار لمعرفة بعض الأشياء عن حضور الدروس على شبكة الإنترنت.

第四步，引导学生进行第二次延展学习——更换动词。عن شيء 还可以与其他动词进行搭配，如：

قرأت شيئا عن الأخبار الدولية في صحيفة شباب بكين.

تحدّثنا شيئا عن إمكانيّة العودة إلى الجامعة في هذه المرحلة الحاسمة.

كتبنا شيئا عن تحياتنا وآمالنا نحو أهل مدينة ووهان بالخطّ العربي أو الصيني.

通过上述四步的引导和训练，从原始句型出发，延展式地扩充更多的句型表达，可以让学生对该动词知识点有较为全面的掌握。例句的选取结合阿拉伯文化、实时热点（新型冠状病毒、线上课程、返校返工的可能性等），不仅能增加学生对阿拉伯国家及其文化的了解，更能引导学生将阿拉伯语学习与时政热点相结合，培养学生用阿拉伯语“讲中国”的意识。

教师将设计好的课件上传至“雨课堂”平台，进而在手机上对PPT逐页进行辅助录音讲解，最终上传至班级课件，学生可以根据自己的学习情况和水平进行自主学习和答题。

（三）课后反馈是学好课程内容的有益补充

学而时习之，温故而知新。在进行了一系列的学习后，完成作业和提出问题是必不可少的学习过程。因此，课后反馈主要包括两点：一是课后作业，二是定时答疑。

课后作业以课后笔头练习为主，口头练习为辅。笔头练习包括完成句子、造句、翻译以及以适当的词汇填空；口头练习主要包括自述、情景对话、影片制作等。以上作业基本以作业登记簿为依托平台。

定时答疑以“微信课程群”为平台，每天课后定时集中答疑半个小时。学生可以在课程群进行提问，教师可在群里以音频、图片、分享等多种方式进行解答。通过答疑，学生可以对当天课程进行及时反馈，“微信课程群”可以实现问题与解答共享，以减少重复答疑，提高效率（见图6）。

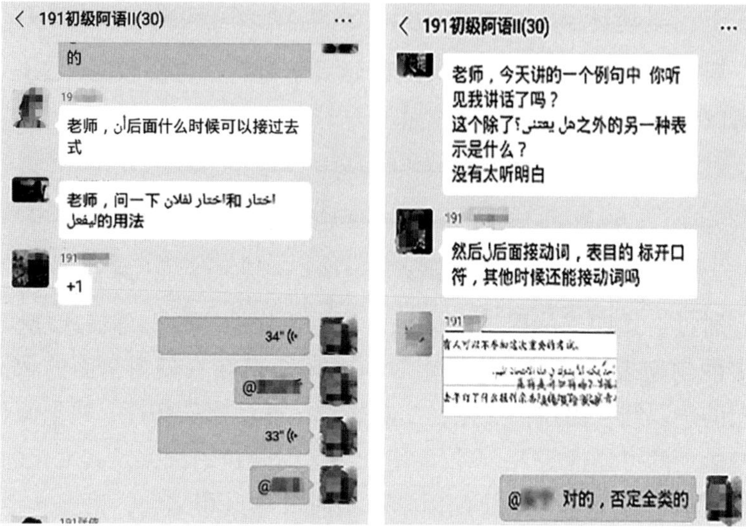

图 6　“微信课程群”答疑共享

从预习到学习再到复习的循环式在线智慧教学，可以帮助学生科学完整地对本课主要内容进行学习和应用。从发现问题到学习解决办法再到找到解决办法，最终对问题进行反思的学习过程，有助于激发学生自主思考、学习的能力。因此，以先进的教学指导思想为指导，以合适的智慧教学工具为依托的在线课程教学过程设计涵盖课前、课中、课后，可以多方面提高学生的综合成长能力。

三、课程教学管理设计

在线智慧教学不仅要高质量地完成教学过程，更需要保持对课程的高度关注和持续更新，课程管理就是完善、更新课程教学的后续保障。课程管理主要依托“雨课堂”、腾讯课堂、作业登记簿等教学工具，通过考勤、测试、作业三个维度，对学生完成学习的情况和需要跟进的知识点进行统计和分析。

（一）考勤设计

考勤是监督学生进行课程学习的基本手段，因此严格、系统的考勤制度是在线智慧教学建设的必要手段。《初级阿语Ⅱ》在线智慧教学的考勤设计主要体现在“雨课堂”和腾讯课堂两个教学工具之中，从签到、学习时长、观看回放时长三个方面设置成绩等级。考勤部分的表现成绩占学生平时成绩的20%。

“雨课堂”的学习是主课程学习，为每个PPT课件设定最短学习时长、学习截止时间等。教师可以通过学生的完成情况检查学生的学习时长情况。因此教师通过设定，可以保证学生的在线学习时长和时效，督促学生按时保质地完成学习。

腾讯课堂在开课时可以设置签到功能，要求学生30秒内完成签到，教师可即时查看在线学生。课程结束后，教师可在后台查看学生在线总时长和观看课程回放时长。通过两者设定和查看，教师可以确保学生的在线学习时长。

上述两种教学工具的考勤记录可以通过后台直接导出，系统地统计出学生的上课时长、上课起止时间，节省教师大量的考勤记录时间，方便省时。

（二）测试设计

测试是直接检验教学和学习效果的有力手段。《初级阿语Ⅱ》在线课程的测试设计主要分为随堂测试和课后测试两类。该部分表现成绩占学生平时成绩的40%。

随堂测试包含在“雨课堂”的PPT课件里。教师在设计课件时，每遇到一个本课重要知识点，在讲解结束后，就会设计一两个相关题目，学生作答并提交后，方可看到答案及解析，再进行下一页内容的学习。此部分测试设计的标准为整个PPT测试之和的满分为一百分。

课后测试主要包括每课一测、每个大知识点一测等，设置有单项选择题、主观题等，记录学生的平时测试表现。该测试设定在每周末，设定截止时间，教师批阅后，系统会直接反馈出错误集中的知识点，方便教师统计并设置新的课件知识讲解。

（三）作业设计

作业是学生巩固和消化所学知识并将其转化，灵活运用所学的后续保障。因此，每学完一课或重要知识点，完成作业都是必不可少的学习过程。《初级阿语Ⅱ》在线智慧教学的作业设计包括思考题、笔头作业（包括写作练习）、口头表达或表演作业三大类。根据学生的完成情况和表现进行等级设置，该部分表现成绩占学生平时成绩的 40%。

思考题引导学生对学过的零散知识点进行归纳分类、概括总结。以《网上来信》中的 لعل 为例，教师在讲解完该词的用法后，引导学生思考两个问题：一是与该词用法相同的词还有哪些，举例说明并分析语法；二是其与 كان 的用法（主要从语法分析方面入手）有何异同，与 كان 用法相同的词还有哪些。通过这两个思考题的引导，学生可以学会自主地总结相似知识点的异同，并归纳同类用法表达。

笔头作业主要是每课课后习题、写作练习以及针对本课句型的附加翻译练习。这部分作业形式多样，可以多方位考察学生对所学知识点的掌握情况。

口头表达或表演是语言学习输出的重要途径，因此每课学完都要设定相关主题要求学生做口头表达，达到学以致用的目的。

综上所述，借助智慧教学工具和教学理念，《初级阿语Ⅱ》课程可以完全实现课程的在线教学和管理。该尝试不仅可以提升学生的学习兴趣和学习效果，有助于开发使学生受益终生的自主学习能力；亦有利于促进教师高质量教学发展，提升个人教学素养成长。

结　语

基于“雨课堂”、腾讯课堂、作业登记簿三大智慧教学工具的《网上来信》在线智慧教学设计将教学、自学、互动与反馈紧密地结合起来，将课前预习、课中操练、课后作业反馈有机整合，形成了立体交互的教学与学习模式，不仅打破了时间和空间的限制，也促进了学生“我要学”的意识，学生录制视频展示更是极大地调动了学生的学习热情。此外，智慧教学工具后台的数据分析和教学记录，更是学生学习的动态性过程评价依据，可以纳入学生平时考核体系，以完善学生该门课程的综合评价。因此《网上来信》在线智慧教学设计实践是实现《初级阿语Ⅱ》在线智慧教学的初步尝试和有益探索。

《初级阿语Ⅱ》在线智慧教学研究中，网络是依托，学生自主学习能力是关键，教师对智慧教学工具和先进教学理念的高水平运用是保障。因此若想完全实现《初级阿语Ⅱ》的高质量在线智慧教学，我们仍需在客观条件和主观能动性两方面进行不懈的努力和不断的探索。

“i + 1”理论下的中学阿拉伯语课程设计研究

——以北外附中阿拉伯语班“倒装名词句”教学设计为例

黄　超　鞠　怀[①]

【摘要】目前以选修课或必修课形式开设阿拉伯语课程的中学不断增加，随着中学阿拉伯语教育规模逐步扩大，学校对完善阿拉伯语教学体系的诉求愈发迫切。但目前中学阿拉伯语教师的教学水平往往难以满足该诉求。因为中学阿拉伯语教师均无中学阶段学习阿拉伯语的经历，在教学过程中没有相关经验参考，所以多数教师只能参考大学的授课方式，导致教学效果不理想。根据克拉申（Krashen）“i＋1”理论范式，教学效果不理想可部分归因于课程设计不合理，即教师在课程设计时没有摸透学生的知识储备，且课程目标设置过高，让学生失去信心，导致情感因素的过滤层加厚，使得输出输入难以通过，语言习得机制无法将其内化处理，最终导致学习失败。本文结合北外附中阿拉伯语教师3年的教学实践，根据理论，分析基于大学阿拉伯语教学经验的中学教学实践中的失误及原因，并指出正确的做法。

【关键词】中学阿拉伯语；倒装名词句；课程设计；i＋1

① 黄超，博士，北京外国语大学阿拉伯学院讲师。
鞠怀，北京外国语大学阿拉伯学院2019级硕士研究生。

一、设计符合中学生特征的阿拉伯语课程的可能性与必要性

北京外国语大学附属中学自 2017 年起，以"1 + 3"实验班的形式从海淀区初二招收阿拉伯语项目学生，从初三年级开始学习阿拉伯语。目前已招生 3 届，每届人数为 5～9 人，班型较小。由于附中的阿拉伯语课为必修课，因此每个教学周开设 6 课时阿拉伯语课，每课时 40 分钟。目前，阿拉伯语不是北京市高考的可选外语，国家也尚未颁布中学阶段的"阿拉伯语教学大纲"。附中阿拉伯语教育的有利条件在于：班型较小，适合互动与操练；课时较多，足以完成多样化的教学设计；上课不用"赶进度"，教师可以根据学生的实际状况灵活把握进度。总而言之，教师的自主权较高，教学条件较好，有可能设计出合理、高效的教学规则，并保证实施。

然而，附中的阿拉伯语教学也存在多种挑战。第一，学生年龄较小，语法意识薄弱，因为初中阶段无论是英语课还是语文课，侧重点都不在语法上，所以他们缺乏语法学习的必要知识储备。但是阿拉伯语基础阶段学习强调语法，教学目标之一就是给学生打下扎实的语法基础。因此，语法教学存在难度。第二，没有专用的中学阿拉伯语教材，教师一般以《新编阿拉伯语（第一册）》为基础进行授课。但该教材的原本受众群体为大专和高校阿拉伯语专业学生，学习者通常已有了一定的英语语法基础，因此在"正迁移"的影响下，通过阅读教材，或在教师的简单指导下，可自主理解与英语语法相似的阿拉伯语语法。在此基础上，教师可以通过讲解课本上的语法规则和例句，让学生理解较难的语法。但初三年级的中学生由于缺乏语法知识储备，而教材中的语法规则讲解存在缺省信息，因此教材无法直接使用，教师必须花更多精力"补齐"缺省信息，才能让学生理解。第三，中学生的理解能力、自制力比成年人差，且容易产生畏难情绪，因此教师更加需要耐心，必须合理地拆分大学课堂上一气呵成教授的内容。

由于中学生知识储备不足、各方面素质与成年人存在差距，采

用大学的阿拉伯语教学思路和教材教授中学阿拉伯语课程效果不理想。因此，教师必须根据中学生的特点，从课程内容设计、教学形式和考核设计等方面重新设计中学阿拉伯语课程。该做法符合克拉申“输入假设”理论下“i + 1”范式的内涵。他曾指出：“人类习得语言的唯一途径就是获得可理解的处于 i + 1 水平的语言输入。只有这种略高于学习者现有水平的语言输入才能使学习者获得理想的学习效果。”[①] 根据理论，运用大学授课思维教授中学生外语效果不理想是必然的。这一方面可归因于教师高估了学生的可输入理解能力，讲授语法时过快、过粗，产出了不可理解输入；另一方面，教师不自觉地参照大学的教学目标制订中学教学目标，向学生输入的语言知识远大于其现有的水平，出现“i + 2”甚至“i + 3”，导致学生产生焦虑情绪，甚至失去信心。上述两方面原因共同导致所授内容无法被语言习得机制内化处理，使得学习效果不理想。

综上所述，中学阿拉伯语教学应制订一套符合中学生特征的课程设计，且在北外附中目前的教学形式下，完全有条件制订这样的课程设计。下文将从“课程内容设计”“授课与考核形式设计”两个方面分析中学阿拉伯语课程设计中常见的失误，并根据经验提供参考方案。

二、课程内容设计

“倒装名词”的概念是在《新编阿拉伯语（第一册）》第十课中提出的。教材结合例句，言简意赅地将“倒装名词句”解释为：“以上句子叫做倒装名词句，表示‘有’‘存在’之意，前面的介词短语或方位词组叫提前的述语，后面的泛指名词叫退后的起语。倒装名词和一般名词句不同，倒装名词句表示‘有’‘存在’，而一般名词句表示‘在那里’。”[②] 讲解简单的原因有两方面：一方面，第八、第

---

① Krashen, S. D., *The Input Hypothesis: Issues and Implications*, London: Longman, 1985, p.2.

② 邹兰芳:《新编阿拉伯语（第一册）》，87 页，北京，外语教育与研究出版社，2002。

九课在内容设置上给第十课做了充分铺垫。第八课内容涉及含介词短语或方位词组的普通名词句；第九课涉及倒装名词句，但没有将其作为语法点讲解，而是作为"ماذا＋介词短语或方位词组？"这一问句的答句，让学生通过大量的操练，获得充足的语料，从而感性地认识该语法。另一方面，由于教材原本的受众群体是大专和高校学生，他们在高中阶段，已经基本掌握了英语的"倒装"知识，可以通过正迁移，较轻松地理解阿拉伯语中"倒装名词句"概念，并"举一反三"。因此，教授大学生该语法点时，鉴于学生自身的知识储备和对第八、第九课知识的掌握，教师对该语法定义的阐释可一带而过，并补充强调"起语是泛指名词，而述语是介词短语或方位词组时，句子必须倒装"这条规则，随后结合本课句型"ل的介词短语＋名词（谁有什么）"对"倒装名词句"进行大量操练，一般都能取得较好的效果。

但这种课程内容设计在中学阶段往往无法取得理想的教学效果。根据每年不同的教学进度，北外附中的阿拉伯语班学生一般在初三第一学期末或第二学期初学习此语法点。此时学生对"倒装"概念十分陌生，虽然中学的文言文涉及过倒装句式，但汉语文言文和阿拉伯语句子结构相差较大，所以借鉴意义不大。而阿拉伯语中"倒装名词句"概念和英语中"完全倒装"相似，但后者属于高二年级的知识，学生此时尚未学习。因此，学生在学习"倒装名词句"时，对"倒装"概念的熟悉程度远低于大学生，对术语的理解能力明显弱于大学生。因此，教材中对"倒装名词句"的解释方式对中学生来讲就是难以理解的，因为这种讲解方式远高于初中学生的理解能力，存在"概念套概念"的现象。如"介词短语和方位词组""（包含介词短语和方位词组的）普通名词句"就是两个额外的概念，第一个概念是句子倒装的条件之一，第二个概念则是"倒装"概念的参照系，如果没有这一类句子，那么也就谈不上"倒装"。

笔者在教授倒装名词句时，曾要求每位 19 级学生分别写一个倒装名词句和一个普通名词句，通过对比加深对倒装名词句的理解。收集结果如下：

学生1：一般 هذه الصورة جميلة. ；倒装 في الغرفة كتاب جديد.

学生2：一般 تلفون على الدرج. ；倒装 على الدرج تلفون.

学生 1 所做的对比没有意义，因为第一句虽然是普通名词句，但不包含介词短语和方位词组，这种名词句不存在“倒装”。显然学生没理解“倒装名词句”的参照系，没有理解与“倒装”相对的“一般”的定义。学生 2 直接将倒装名词句的起语放到句首，第一句虽然结构上是含有介词短语和方位词组的普通名词句，但存在语法错误，因为起语必须确指，否则必须倒装。

通过和全班学生交流得知，他们对“介词短语和方位词组”概念存在不同程度的理解困难；由于长期灌输“倒装名词句”概念，他们虽然能整体记住其结构，但无法对整体结构进行拆分。因此，虽然倒装名词句都能写对，但学生 1 所造普通名词句中不含介词短语或方位词组，而学生 2 为了绕开不可理解的概念，直接将倒装“还原”，产生了错误。总而言之，他们没能真正理解“倒装名词句”，因为无法拆分该句型的整体结构，导致学生无法完成倒装名词句和一般名词句的转化，因此也就无法根据表达的需要使用意义和语法都正确的句型。

由此可见，必须把与“倒装名词句”相关联的所有定义都解释清楚，学生才有可能真正理解“倒装名词句”。根据克拉申的“i+1”理论，想要提高学习者的语言水平，必须满足“语言必须是可理解的”这一前提。对于相关概念的解释，可以把不可理解语言输入转化成可理解输入。如果不这样做，学生将无法学会该语法点，水平无法提高。但在此问题上，中学教师的课程内容设计容易出现失误。他们在进行内容设计时，由于参照了大学教学经验，一般会结合例句，用20～25分钟介绍“倒装名词句”概念，随后利用其余时间操练。但这样容易导致学生吃不透该语法点，举一反三的能力差，且容易出现“石化现象”，在实践过程中，不能区分倒装名词句和一般名词句，即无论用“ماذا”还是“أين”提问，学生都以倒装名词句回答。

克拉申认为：“给学生提供可理解性语言输入是一个优秀外语教

师的主要职能。"[①] 在设计中学课程内容时，教师可通过"循序渐进"的方式，逐步拆分"倒装名词句"的语法概念，分为几步把它讲清楚。步骤如下：

第一步，从倒装名词句存在的前提要素——介词短语和方位词组开始，用1课时的时间。讲解时，教师要告诉学生"介词短语"和"方位词组"的异同。汉语和英语中的"介词短语"，相当于阿拉伯语中的"介词短语和方位词组"，学生从未听过"方位词组"这一概念，往往难以理解。因此，教师应阐明"في""على"等是介词，而"بين""قرب""وراء""أمام"等是方位名词。但考虑到学生难以理解"介词"和"方位名词"的区别，为不造成情感过滤困境，教师可以考虑将"介词"和"方位名词"概念合并，在现阶段不加以区分，从而得到"'这类词'+名词属格"的短语。因为学生容易理解"这类词"的集合概念，但是难以区分其中两个类别，而现阶段恰好也没必要区分。概念讲清后，教师可以利用剩下的时间进行该短语的操练，让学生吃透。

第二步，将"'这类词'+名词属格"短语带入名词句，进而讲解一般名词句，用1课时。由于学生之前对该类普通名词句有了感性认识，因此本次讲解属于复习，过程中教师要更强调"语法意识"。先告知学生这是"普通名词句"，然后强调，如果存在介词短语或方位词组做述语，起语必须确指，否则就必须倒装。之后，通过讲解普通名词句"在那里"的表意功能，让学生思考何时该使用一般名词句，并根据该表意功能解释为什么起语必须确指，即描述一个不确定的名词的位置没有实际意义。概念讲清后，教师利用剩下的时间进行该句型操练，过程中要让学生明白使用一般名词句能达到何种表达目的，可以结合"أين"疑问句的对应关系，强化他们对这类句型的意义的理解。此外，教师还要通过判断、改错的方式训练学生对这种句型成立条件的把握，即起语必须确指。

第三步，结合"一般名词句"这一参照系，讲解"倒装名词句"，

① Krashen, S. D., *Principles and Practice in Second Language Acquisition*, Oxford: Pergamon, 1982, p.64.

用1课时。由于学生之前已经明白了“普通名词句”，通过对比它和“倒装名词句”的区别，就能很容易明白“倒装”的概念，因为能直观地看出“哪里颠倒了”。随后，教师应强调倒装名词句起语的规则，即既可以泛指也可以确指。然后，通过和普通名词句的意思对比，强调倒装名词句“存在”“有”的意义，并通过它与“ماذا”疑问句的对应关系，强化理解该句式的意义。剩下的时间可以用来练习该句型。过程中，教师可以训练学生转化倒装名词句和普通名词句，强调要给起语补冠词，通过比对两种句式的意义异同之处，深化学生对倒装名词的理解。此外，还可以以“ماذا”提问，让学生通过回答，理解何时该使用倒装名词句。

总而言之，改良过的课程内容设计将原本 1 课时的内容拆分成 3 课时，循序渐进地进行讲解。该做法为学生提供了“i + 1”理论下语言水平提高的条件。第一，通过概念拆分和回顾之前学过的内容，让输入语言的难度降为“i”或“i—1”，从而将不可理解性输入转化成可理解性输入。此外，学生接触过学过的知识，可以增加自信，自信可抵消掉部分对语法的畏难情绪，使情感过滤更容易通过，提高习得机制的内化成功率。第二，延长讲授课时可以大大增加语言输入的量，有助于帮助学生度过“沉默期（silent period）”。否则，按照错误的方式，在讲解 20 分钟左右后就直接操练，学生语言输入不够而无法成功交际，导致操练效率很低。克拉申也曾强调，不要急于训练，训练之前应有大量的语言输入。[①] 第三，通过不断比对普通名词句和倒装名词句的意义异同和使用方法，可将输入转化成“非语法程序安排”，大大提升学生的学习兴趣。因为“以语法为基础的（grammatically-based）输入势必降低可理解性输入的质量，破坏交际的焦点（communicative focus），是枯燥无味的语言输入”[②]。而意义的比对和回答“لماذا”“أين”的提问，能够更加凸显语言的交际作用，

① Brown, H., *Principles of Language Learning and Teaching*, New York: Longman, 2000, pp. 276-278.

② Krashen, S. D., *Principles and Practice in Second Language Acquisition*, Oxford: Pergamon, 1982, p.64.

增加趣味性，使学生更易于接受。

三、授课与考核形式设计

大学阿拉伯语教学的传统流程大致可以归纳为：课前学生预习所要掌握的基础词汇和基础语法，发现无法理解的问题并记录下来；课上教师则利用有限的时间通过与学生面对面交流来解决学生遇到的问题，传递更多知识与信息；课后学生完成作业，并在教师讲解的基础上自行对所学知识进行内化吸收。然而经过实践发现，大学所通行的教学模式在中学外语教学中并没有取得较好的效果，其原因是授课形式不利于学生的情感过滤。

以下几个因素导致了语言学习过程中的情感过滤障碍。第一，阿拉伯语课程对中学生的"非必要性"导致对困难容忍的阈值下降，情感因素的过滤层更容易加厚。虽然阿拉伯语课程对北外附中"1 + 3"复语实验班的学生来说是核心课而非选修课，但由于阿拉伯语不是北京市高考外语之一，学生即便熟练掌握阿拉伯语也对高考无益。与此同时，学生还要学习六门高考科目，面临巨大的升学压力。因此，他们主观上不愿在阿拉伯语学习中投入过多精力。第二，中学生对知识的接受能力有限，教学过程中容易产生不可理解信息，导致学生信心受挫。中学生的学习能力仍在形成中，与大学生在知识的理解和记忆能力上存在较大差距，对知识的掌握经常出现反复。第三，中学生学习阿拉伯语时间有限，教学进度缓慢，容易导致学生失去耐心。以《新编阿拉伯语（第一册）》第十课为例，在现行的课时量基础上，考虑到学生的接受与理解能力，需要 2 ~ 3 周才能完成本课教学，拖长的学习周期和缓慢的学习进度容易让学生失去信心和耐心，日积月累对阿拉伯语的学习兴趣越来越低。

为解决学生的情感过滤困境，教师可以从以下三方面改善授课与考核形式：

第一，要"课上增负、课下减负"。将学生课下的预习作业分流到教师课上的导入环节。对于外语教学来讲，预习是必要的，它可以培养学生的自我学习能力、独立思维能力，提高学习效率，是外语教学中重要的一环。大学阿拉伯语教师在开始新课之前通常会要求学生利用课余时间自主预习阿拉伯语的基础词汇和语法，与其他同学交流心得。但中学生预习工作往往做不到位：从主观上讲，他们不愿在阿拉伯语学习上投入过多精力；从客观上讲，大学课本难度较大，难以预先自学。因此，教师按照大学授课的方法充分备课后将要预习的内容布置给学生，但学生往往不认真完成，学习效果大打折扣。以第十课倒装名词句为例，课前教师布置了生词和句型的预习，在课上提问本课句型倒装名词句与之前学过的句型是否有所不同时，同学们普遍回答不出来，这说明学生们并不重视预习，不会主动发现问题。教师在课堂上讲一点，学生被动地记一点，听课效率低下，久而久之学习积极性越来越差。针对学生普遍不做预习的现状，教师应提前了解学生的学习重点和难点，利用课上的前几分钟引导学生找到问题，提出疑问，以此了解学生的初始语言水平，避免基于学生充分预习的假设而高估 i 值。接着教师与学生共同讨论问题来解答疑问，细化知识点，最大程度上避免“填鸭式”“满堂灌式”的单向输出知识，尽量帮助学生成为学习过程中的主动者。

第二，将主干知识点学习留在课堂。大学传统的授课模式是教师在课上传递信息，学生在课下内化吸收。由于大学生具有一定的自主学习能力，能够依靠自己的努力和钻研在课下获取知识，因此当课时量紧张时，教师会把课上没有讲完的内容安排成任务让同学们课下完成，或者把讲不完的作业以下发答案让学生自己对照的方式完成教学任务，往往也能取得不错的成效。但这种形式并不适用于中学外语教学。首先，上阿拉伯语课本身就已经占据了学生们的课余时间，学生基本没有时间在课下继续学习；其次，按照克拉申的“i + 1”理论，没有讲过的内容远远超出了学生现有的自认内化能力，对中学生来说是不可理解的“i + 2”材料，这样的输入没有意义，甚至可能对学生知识能力的提高起到消极作用；最后，中学生自我管理能力较弱，大量的笔头翻译作业对中学生来说较为枯燥，超出了学生的实际能力。综上，教师不应期待学生会在课下完成额外学习任务，而是应提高课堂的有效性，在课上及时给予学生有效辅导来促进知识的掌握内化过程，重难点反复讲解，不实用的内容适当舍弃，保证学生在有限的课堂时间尽可能学到更多实用的知识。同时作业宜“精”不宜多，“精”即指要有趣味性并能与所学知识有所关联，这样能够在理解输入的基础上激发学生的学习兴趣。得益于中学阿拉伯语实验班采取小班授课的模式，教师在课上集中讲解学生作业中出现的共性问题后，完全有条件对所有同学的作业完成情况依次讲评来解决个性问题，做到留多少讲多少，及时对症下药能够提高学生的自信心，减轻由于知识难以理解而带来的焦虑感，增强学生的学习动力。

第三，加强对话性互动。阿拉伯语语法繁复，这是阿拉伯语学习过程中的难点，也是大学阿拉伯语基础教学阶段强调的重点。但对初中生来说，许多语法现象并不常用，想要全面掌握语法也需要花费较多的时间，因此中学教师应尽量降低语法难度，讲解完必要的基础语法规则和知识后，应将更多精力用于进行大量对话练习。克拉申“输入假设”理论认为，掌握语言大多是在交际活动中使用语言的结果，而不是单纯训练语言技能和学习语言知识的结果，因此提供“i + 1”的基本条件之一就是语言必须大量输入，通过不断的练习来提高可理解输入的质量，最终实现输出。大量的对话问答能够提高实践交流的能力，帮助学生尽早摆脱被动接受教材内容的困境，以便早日能够在日常生活中运用阿拉伯语交际。但是，此处要注意“讲”和“练”的关系，即讲透后再练，练习是必要的，但要建立在精讲的基础上，不能急于求成。

第四，优化考核方式。这从一方面讲，是要降低考试难度。中学阿拉伯语的学习要求不宜参照大学生的要求，而是要参照中学英语的要求。中学英语的考查以客观题为主，对识词的要求高于拼写单词，且较少有直接考查语法知识的题目。但大学的阿拉伯语精读考试，绝大多数题型为主观题，这对学生的单词拼写、语法应用等都提出了更高的要求，这是中学生难以达到的。因此，教师在命题时应尽量增加客观题的比重，减少主观题的比重；侧重对识词的要求，减少对拼写的要求；增强对语法规范的判断考查，减少对语法操作的考查。这样可以避免低分的出现。从另一方面讲，要增加过程性评价，即期末考试在总评中只占一定比重，而平时表现（如作业、互动情况）占一定比重，以此督促学生持续保持良好的学习态度。

结　语

中学阿拉伯语教学设计需要符合中学生的特征，且对于多数开设阿拉伯语项目班的中学来讲，由于课时有保证，设计出符合中学生特征的课程是可能的。从课程内容设计的角度看，使用大学教材授课的中学教师应该设法拆分教材上的知识点。一方面，把知识点讲解中的缺省信息补齐；另一方面，把概念中嵌套的概念都挑出来并分别讲清。所以教师应适当增加课时，不宜按照大学的教学进度和目标设计中学课程，而应该在循序渐进地把知识点讲明白后再操练。从授课形式设计的角度看，鉴于中学生课业压力重和阿拉伯语非高考科目等实际原因，学生对阿拉伯语的学习积极性不高，教师因尽量把教学任务放在课堂上以面授的方法完成，尽量不要让学生过多自习。因为学生可能由于懒惰不完成自习，或由于自习内容难度过高导致学生无法自习，这两种情况都会导致教师基于学生自习成果而设计的课程收效较差。此外，还要增加授课的互动性、作业的趣味性。在考核上，一方面要降低考试难度，转变试卷结构和题型设计；另一方面要引入“过程性评价”，让学生保持一贯良好的学习态度。

【参考文献】

[1] 宫学军 . 克拉申第二语言习得理论引论 [J]. 大连海事大学学报（社会科学版），2007（3）.

[2] 李炯英，戴秀珍 . 从 i + 1 理论谈大学英语分级教学的语言输入 [J]. 山东外语教学，2001（1）.

[3] 邹兰芳,《新编阿拉伯语（第一册）》[M]. 北京：外语教育与研究出版社，2002.

[4] Brown，H. Principles of Language Learning and Teaching[M]. New York：Longman，2000.

[5] Krashen，S. D. The Input Hypothesis: Issues and Implications[M]. London：Longman，1985.

[6] Krashen，S. D. Principles and Practice in Second Language Acquisition[M]. Oxford：Pergamon，1982.

“PBL 教学模式”应用于《基础阿拉伯语》会话课程的可行性探析

康雨莎[①]

【摘要】“PBL 教学模式”是一套以问题驱动为主的教学模式，该模式重视发挥学习者的主观能动性，改革传统“填鸭式”教学。近年来，该模式也逐渐应用到我国外语教学的课堂中。而《基础阿拉伯语》会话课程属于我国阿拉伯语专业基础教学阶段重要的专业核心课程之一，课程设置最基本的目标在于培养学生的口语表达能力，配合《基础阿拉伯语》精读课程教学任务，培养听、说、读、写、译全面发展的阿拉伯语专业人才。本文将结合“PBL 教学模式”理论概述，在分析我国《基础阿拉伯语》会话课程现存问题的基础上，结合笔者具体实践，探索“PBL 教学模式”在《基础阿拉伯语》会话课程中的应用可行性。

【关键词】阿拉伯语会话；PBL 模式；学生参与

一、“PBL 教学模式”理论概述

“PBL 教学模式”（全称为 Problem-based Learning），即一套主要以问题驱动的教学模式。这一模式基于杜威所提出的实用主义教学思想，最初产生于 20 世纪后半期的西方高校医学院。在我国，该模式最早在各大高校的理工专业课程中得以运用。由于这一模式重视发挥学习者的主观能动性，改革传统“填鸭式”教学，也逐渐应用到外语教学的课堂中。

① 康雨莎，北京外国语大学阿拉伯学院博士研究生。

"PBL 教学模式"是一种鼓励学习者通过参与实际问题来学习的方法。这一模式要求学习者提出问题，并在一个真实的环境中对问题进行研究，在研究中寻找解决问题的方法，从而形成一个科学的研究思路。通过这一过程的学习与研究，学习者能够掌握学习技巧，提高发现问题、分析问题和解决问题的能力，成为自主学习型人才。

"PBL 教学模式"主要具有以下几个特点：

真实的问题：这一模式下，学习者的学习内容以问题研究开始。学习者在具体情境中发现问题，并根据此问题展开思考和讨论，寻找解决问题的方案，最终归纳总结。问题的解决方案不是教师提前布置的，也不是固定的。

学习者协作：这一模式的实施过程以学习者小组合作的形式完成。组内成员通过相互交流和沟通，共同探索所提问题的解决方案。这在提高学习者学习效率的同时，也能够提高学习者的主观能动性和团队协作性。

教师协助性指导：与传统的教学模式相比，教师在这一模式中的作用更多是积极的协助者，即既不是主导者、内容专家，也不是被动的观察者。

共同的学习：在"PBL 教学模式"中，学习者和教师在设计、实施和解决问题的过程中将成为共同的学习者、共同的计划者、共同的制作者和共同的评估者。

由此可见，这一模式重视开发学生的智能，注意培养他们的自学能力，由学生扮演教学实践主体的角色。这一模式既可达到教学目标要求，也可提高学生分析、归纳和概括的能力，推动其成为全面型人才。

二、《基础阿拉伯语》会话课程现存问题分析

《高等学校阿拉伯语专业基础阶段阿拉伯语教学大纲》就阿拉伯语专业学生基础阶段的听、说、读、写能力提出了具体要求。其

中指出，学生在基础阶段阿拉伯语“说”能力的四级要求为：能复述课文大意，并能略述感受；能就读懂的材料进行讨论；能就一般日常性题材，同阿拉伯人士交谈，能正确表达思想，无重大语法错误；能就熟悉的题材，经 10 分钟准备，做大约 5 分钟的连贯叙述，语速约为 50 词 / 分钟，语音正确、语调自然，无重大语法错误。

但就具体实践而言，只有少数学校的部分学生能够真正达到这一标准。结合笔者授课经验，目前，《基础阿拉伯语》会话课程的教学主要存在以下几个问题。

（一）课程教学应试性明显

为测试阿拉伯语专业学生经过基础学习阶段后听、说、读、写、译等各项能力，检验各高校阿拉伯语教学水平和教学质量，阿拉伯语专业大二年级学生需参加由高等学校外语教学指导委员会阿拉伯语分委员会组织的全国阿拉伯语专业四级考试（以下简称为阿语专四）。作为阿拉伯语专业目前为止唯一一个全国性专业测试，该测试一直以来都是各高校开展基础教育工作的重心所在。

但由于阿语专四不包含口语测试，所以众多高校在《基础阿拉伯语》课程教学过程中往往忽略学生的口语和会话能力，将教学重心集中在阿语专四涉及的“听力、词汇、阅读、语法”等内容上。这直接导致授课教师在《基础阿拉伯语》会话课程的课程设计上趋向于应试性。

1. 授课形式单一

受应试心态影响，教师在教授《基础阿拉伯语》会话课程时，授课形式单一，趋向“精读化”。对于教材中所给对话文本，教师往往仅停留在对文本逐字逐句地进行词义、句式和语法层面的解读。老师在这一教学模式中仍是知识的灌输者。这一以语言讲解形式为主的单一授课方式对于学生而言，如同另一种形式的精读课，很难成为一堂生动的会话课程。为改善这一问题，诸多教师会要求学生以小组形式进行对话演示。这在一定程度上虽能调节课堂氛围，改善授课形式单一的情况，但成效并不显著。

2. 授课内容单薄

教师授课内容往往停留于课本中的对话文本。《基础阿拉伯语》教材中会话部分是旨在提升学习者口语表达能力的。因此，其文本难度较低，口语性强。但授课教师将这些文本以精读课形式讲解，有"小材大用"之感，反而浪费了课堂时间。受"精读式"教学形式影响，授课难以脱离教材内容，缺少对这些内容的深度挖掘，导致授课内容较为浅显，缺乏厚度和多样性。除此之外，教材中部分会话课内容陈旧，很多话题已然同社会现实脱节。

（二）学生参与意愿较弱

教学过程是一个双向互动的过程。学生在《基础阿拉伯语》会话课堂上的参与意愿往往较弱。从教学层面来看，造成这一现象的原因有以下三个方面。

1. 授课形式不符合学生心理

学生对于会话课程的学习目的不清晰，往往将其当作基础课程的一部分，学习目的只停留在看懂、理解、分析语法的层面；同样，受应试心理影响，学生在基础阶段更加重视听力、词汇、语法等方面的学习，忽略"说"这一技能的学习。

2. 授课内容与学生心理距离遥远

部分教材主题内容较为陈旧，学生难以产生共鸣。加之，教师在这一课程中对于教材内容也未能够进行深度挖掘。学生是喜欢思考的，但是教师往往在引导学生思考的工作上有所缺失，导致课程缺少厚度，学生兴趣降低，参与意愿相应降低。

3. 尚未建立合适的针对学生参与课程后的反馈、评价体系

目前，各高校在《基础阿拉伯语》会话课程中普遍增加的一个教学环节是要求学生针对某一课教材内容进行对话演示。虽然这为学生参与课堂活动创造了机会，但就实践而言，学生完成度较低。对话质量从内容、形式上而言，缺乏创新性、思想性、趣味性、实用性。对话演示有时成为组内成员的"背诵展示"，因此这一教学环节往往成效有限。其中，造成这一现象的一个很重要的原因就在于

学生参与课堂活动的评价、反馈体系未建立。以“对话演示”这一教学环节为例，部分教师与学生之间没能形成有效的“默契”，双方在对话主题的选择、内容的呈现以及展示形式等方面缺少沟通和统一，导致这一教学环节质量难以得到保证。而“对话演示”结束后，很多教师只是针对对话内容中的一些语法错误进行纠正，对学生展示的评价不够具体、完善。这客观上也造成了学生参与意愿的降低。

三、“PBL 教学模式”应用于《基础阿拉伯语》会话课程的可行性

笔者曾在《基础阿拉伯语》会话课程中，尝试运用过一次“PBL 教学模式”。教学内容为《新编阿拉伯语》(第二册)第十六课——“格言和谚语”的对话部分（该部分由两篇对话文本组成，分别为：关于阿拉伯格言和谚语的谈话；就像鸟儿落在他们头上似的）。

首先，笔者提前一周布置作业：要求学生提前预习，并针对对话内容提出问题，问题可以是关于对话主题，也可以是关于语言、表达等各层面，并要求学生当日即提交问题。学生所提问题主要是“中国和阿拉伯谚语区别、格言和谚语区别、阿拉伯语谚语翻译、مثل在句中成分分析”等涉及语言、翻译、文化领域的问题。其次，根据学生所提问题，以及学生学习水平、沟通能力等要素，将班级 20 名同学划分为 5 组，5 组最终需要解决的问题分别为：单词مثل的使用、格言与谚语的区别、阿拉伯语谚语的语言特点、阿拉伯语谚语的翻译方法、阿拉伯语谚语中的意象选择。最后，学生们经过课下小组合作，在一周后的课程中，通过 PPT 展示、对话演示的方式，用阿拉伯语进行了成果展示。通过学生反馈，笔者发现学生们参与热情很高，教学效果较好，“PBL 教学模式”应用在《基础阿拉伯语》会话课程教学的可行性强。

（一）“PBL 教学模式”下，学生角色扩大，自主性更强

“PBL 教学模式”下，学生在最初提出问题，解决问题的路径

设计、研究、得出结论等整个过程中，均由最初的被动学习者和被动执行者转变为主动学习者。学生可以依据自身兴趣或是自身遇到的切实问题，依据其现实情况，结合教材所给文本自主提出问题。然后以小组协作方式，通过成员间彼此帮助、分工合作、及时探讨、共同努力来解决这一问题。最终学生在课堂上用阿拉伯语展示个人及其小组的具体学习成果，展示形式也由学生自主确立。在这种模式下，学生在课堂中的角色发生了转变，能动性加强，能够更加积极地参与到学习过程中。

（二）“PBL 教学模式”下，教师同学生联系加强，距离变近

在这一模式下，教师就像是“导演”，无须亲自参与课堂，但在它的每一个环节中都必不可少，起着引领全局的作用。在问题确立环节中，问题由学生提出，但是教师需要保障学生问题与课程教学目标相契合，确保问题的可操作性；在班级学生分组环节，教师需结合组内成员学习能力、专业基础、水平差异、性格特征等因素合理划分，以保障每个小组都是一个优势互补的团队；在问题解决过程中，教师需要同学生保持联系，充分了解各个小组的学习进度，在不影响学生自主探究的前提下，提供指导性意见；在最后的成果展示环节，教师需要做最终的陈述者，将各个小组的成果进行对比，与学生共同探讨每个小组表现的优点和缺点，以此加深学生对所学内容的印象，引导学生进行归纳和总结。

（三）“PBL 教学模式”下，多重评价体制有利于全面型阿拉伯语人才的培养

“PBL 模式”重视培养学生各方面能力，与之相配套的是多重评价体制。这一评价体制既包含了对最终成果的评估，也包含了对学生的参与热情、学习态度、解决问题各个环节的表现、团队合作能力等多个方面的总体评价。这一评价也并非仅由教师决定，而是由小组内部评价、各组相互评价和教师评价共同决定。这样的评价互动，既可以得到一个较为客观的结果，也是一个反思的过程，有助于帮助学生及时总结和反思，取得更大的进步。

结 语

综上所述，“PBL 教学模式”是可以运用到《基础阿拉伯语》会话课程之中的。这一模式能够促进教师和学生之间的良性互动，改善当前会话课堂“精读化”的问题。这一模式鼓励学生用阿拉伯语进行提问、解答和展示，在增强其口语表达能力的同时，一定程度上也能促进学生思考、研究和与人沟通的能力。由于笔者经验不足，还未能具体系统地开展“PBL 教学模式”实践，因此本文仅从理论层面和个人的一次尝试，得出以上结论，该模式的具体应用可行性仍然需要更多的尝试和实践。

【参考文献】

[1] John R. Savery, “Overview of Problem-based Learning: Definitions and Distinctions,” in *The Interdisciplinary Journal of Problem-based Learning*, 2006.

[2] Cindy E. Hmelo-Silver, “Goals and Strategies of a Problem-based Learning Facilitator,” in *The Interdisciplinary Journal of Problem-based Learning*, 2006.

[3] M. Albanes and S. Mitchell, “Problem-based Learning,” in *Academic Medicine*, 1993.

[4] M. Hosseini Bidokht, A. Assareh, “Life-long Learners Through Problem-based And Self-directed Learning,” in *Procedia Computer Science*, 2011.

[5] David Reese, “Project-based Learning and Problem-based Learning: Can They Co-exist?,” in https://www.definedstem.com/blog/project-based-learning-problem-based-learning-can-co-exist/.

[6] 陈宇 . 大学英语教学中 PBL 教学模式的应用 [J]. 辽宁经济职业技术学院 . 辽宁经济管理干部学院学报，2019（5）.

[7] 刘慧 .PBL 模式下提升英语专业学生人文素养的可行性 [J]. 文学教育（下），2019（11）.

[8] 林敏煜 .“互联网＋”背景下 PBL 在大学英语教学中的实践 [J]. 中国多媒体与网络教学学报（上旬刊），2019（6）.

“一带一路”背景下交替传译课程融合教学研究

陈　静[①]

自 2013 年 9 月，习近平主席提出共建“丝绸之路经济带”和“21 世纪海上丝绸之路”（以下简称“一带一路”）重大倡议以来，阿拉伯国家作为“一带一路”的沿线国家，广泛参与、积极响应倡议。中国同阿拉伯国家的交往更加频繁和深入。近年来，各行各业对于阿拉伯语翻译人才的需求越发强烈，阿拉伯语翻译硕士研究生人数也在不断增加。

一、“一带一路”背景下阿拉伯语翻译硕士培养现状

“一带一路”倡议秉持“共商、共建、共享”的原则，不仅有利于中国与阿拉伯国家之间的经济交往，更有利于双方人民之间的民心相通。不论是经济交往，还是文化交往，都需要大量的高级翻译人才。“一带一路”将翻译推到了更明显的前台位置。[②]因此，北京语言大学于 2016 年展开阿拉伯语翻译硕士培养工作。负责培养翻译硕士的高级翻译学院是国际高等翻译院校联合会（CIUTI）成员单位。目前，学校的翻译硕士研究生培养分职业方向硕士（翻译专业硕士，MTI）和研究方向硕士（翻译学硕士，MA）两种。阿拉伯语翻译硕士既包括翻译专业硕士，也包括翻译学硕士。

---

① 陈静，北京语言大学中东学院讲师。

② 参见黄友义:《“一带一路”和中国翻译——变革指向应用的方向》，载《上海翻译》，2017（3）。

在“一带一路”倡议的扶持下，每年来中国攻读阿拉伯语翻译硕士的阿拉伯留学生持续增长。2018 年开始，北京语言大学在“一带一路”倡议的相关政策支持下，招收了 6 名阿拉伯留学生，就读于阿拉伯语口译专业，形成了中阿学生同堂上课的新情况。阿拉伯留学生加入翻译硕士的课堂，意味着学生主体的改变，也为中阿翻译硕士的培养工作提出了迫切的改变需求和全新的挑战。这些留学生分别来自埃及、突尼斯、摩洛哥等国，是“一带一路”倡议最直接的受益者，将来也会成为“一带一路”倡议年轻的建设者。

中阿留学生尽管国籍不同，但具有共同的奋斗目标——毕业后从事中阿翻译相关工作，提供翻译和语言服务。因此，不论是中国学生还是阿拉伯学生，都应当具有务实的语言和翻译能力，具有为“一带一路”倡议服务的意识，熟悉中阿双方相关政策，关注中阿经济发展，了解并热爱中华文明和阿拉伯文明。只有这样，才能够打造政治互信、经济融合、文化包容的利益共同体，使民心相通，成为“一带一路”建设的社会根基。

二、交替传译课程中的融合教学实践

面对中阿学生同堂的新情况，翻译硕士的培养工作应当相应地有所转变，积极采用中、外学生融合教学的模式，充分发挥中、外学生在语言、文化方面的互补优势，提高课堂语言教学质量，增强中外学生的互动学习效果。阿拉伯语翻译硕士课程设计主要由翻译理论与相关知识、翻译技能训练、实践与实习三个模块构成。其中，交替传译课程是翻译技能训练模块的重要组成部分。

交替传译（consecutive interpreting），又称交替口译、逐步口译等，一般是指口译人员在发言人说完一句话、一段话甚至一整篇话后，由译员在现场立即译给听众的口译方式。[①] 在翻译技巧的训练中，交替传译课程具有高度针对性，将实际的翻译任务融入课题教学环节，展开问题讨论，提高学生的翻译能力，是翻译硕士必修课程之

① 参见刘和平：《口译理论与教学》，77 页，北京，中国对外翻译出版公司，2005。

一。对于交替传译课程，我国学者一般将其看作口译课程的一部分，从教学大纲、教学方法、教学理念、教学内容、教学测试等多个方面进行理论研究和课程设计。比如我国学者鲍刚的《口译理论概述》、刘和平的《口译理论与教学》、杨承淑的《口译教学研究理论与实践》、仲伟合的《口译研究方法论》等著作都从理论和实践的角度对口译和口译教学进行了较为深入的研究。在这些研究过程中，我国的口译教学也借鉴了一些来自西方的翻译和教学理论，比如释意学派、功能主义目的论、动态翻译理论等。

阿拉伯语交替传译课分为上下两个学期，本文主要讨论第一学期的课堂教学。在这个阶段中，学生翻译基础较弱，经验较少，教学目标是训练随从传译和联络传译能力。交替传译的课堂主体以学生为主要导向，充分发挥学生的主观能动性，在课堂的实践练习中，教师主要扮演引导者的作用。

交替传译课程包括课前预习、课上讲解练习及课后实践等环节。课前预习环节中，教师应当至少提前一周发下课件，为学生预习课件留好充足的准备时间。课件主要包括课堂预热讨论话题、交替传译讲解文本、讲解部分词汇与句型、扩展词汇、翻译技巧、情景模拟练习要求、课后作业练习等部分。课件按照不同的主题，每周更新。教师在制作课件时，应提前向学生说明预习方式和预习重点。比如，对于课堂预热讨论话题，学生可以提前准备要点，对于讲解文本，学生应当预习出现的生词和表达方式，对于翻译技巧部分，学生应提前阅读等。学生只有在熟悉和掌握教材的基础上，才能充分利用课堂时间，提高课堂效率。

在学生充分预习课件的基础上，交替传译课上讲解环节练习一般按照以下四个步骤开展：

第一步，课堂预热讨论。该步骤是指中国学生及阿拉伯学生分别用非母语进行某话题的讨论。话题由教师在课前一周提前布置，每名学生的发言控制在 3～5 分钟。讨论话题应当具有一定的价值导向，对中国学生及阿拉伯学生了解对象国国情、熟悉中华文明和阿拉伯文明、关心社会当下时政话题具有一定的积极导向作用。话题表述不是课堂的主要部分，仅是课堂的预热和导入环节。话题的价值不仅在于语言的表述，更在于活跃学生思绪，帮助学生进行口译热身和语感培养，使学生带着思考走入课堂。比如，该学期讨论了“中国人／阿拉伯人的性格特点是什么？”“你认为这个世界 50 年后会变成什么样？”“你眼中的完美生活是什么？”等。话题应尽量贴近学生的生活和重大时事话题，力图引起学生共鸣，启发学生对于自身生活和未来道路选择的积极探索。表述结束后，进行学生讨论和二次修正。学生讨论由中国学生和阿拉伯学生共同完成。比如，一名埃及留学生用中文进行某话题的表述之后，中国学生对话题中表述的语言错误进行纠正，反之亦然。学生在讨论过程中，教师可以不进行过多干涉，在学生持有不同观点时，教师可以引导学生进行辩论。

讨论结束后，教师再进行二次修正，除了语言层面的纠错和修饰外，更重要的是在价值观和视野上对学生进行正面影响和拔高。比如，在“你认为这个世界 50 年后会变成什么样？”的表述中，有的学生对未来展现了悲观的情绪，认为 50 年后人工智能会取代人类，社会问题会更加频发。此时，教师应当引导学生正确认识自我价值，引导学生从积极和正面的角度思考问题。就该话题而言，教师可以帮助学生从马克思主义历史观的角度进行思考，如何体现人类奋斗的价值，使学生认识到自身的努力可以构建更美好的未来，避免悲观情绪。通过交替传译课堂预热话题，教师除了帮助学生进行练习语言和提高翻译技巧之外，正如习近平主席所指出的，还应当“用高尚的人格感染学生、赢得学生……用真理的力量感召学生，以深厚的理论功底赢得学生”①。

第二步，交替传译练习与讲解。学生预习课件过程中的重点是交替传译讲解文本部分。这部分讲解内容按照不同场景进行划分，如第一单元“迎接”、第二单元“送别”、第三单元“商议行程”等。学生熟悉课件内容后，由母语学生进行朗读，非母语学生进行现场

① 习近平:《思政课是落实立德树人根本任务的关键课程》，16 页，北京，人民出版社，2020。

记录并翻译。根据学生对课堂的熟悉程度，可以邀请学生两两走上讲台进行练习。在这一环节中，段落翻译结束之后，教师会进行翻译要点难点、翻译技巧、补充词汇和材料的集中讲解。要注意的是，正如刘和平教授在《口译方法论》中所指出的，口译不应当上成高级口语课。随从传译的培养过程当中，学生很容易将翻译进行得过于口语化，特别是当学生翻译非母语至母语时，由于对语言非常熟悉，所以很容易曲解或者偏离原来的意思，进行过于口语化的理解和表达，甚至出现大量的缩译、漏译。比如在交替传译“辞行”讲解中，翻译“虽然三年的时间并不长，但是我们大家都获益匪浅。一是我们与埃及人民打成一片，二是按照设计要求齐心协力提前完成了工程。对此，我们应当向埃及负责单位表示感谢，也感谢工作人员的配合”，这个中翻阿段落翻译信息量比较大，中国学生在记忆的时候，基本能够将原文信息还原，但是阿拉伯学生在理解和记忆过程中有一定的困难。在信息获取不足的情况下，阿拉伯学生倾向于将段落中的信息，用最简单直白的语言表达出来。比如，阿拉伯学生往往会将上述段落简单处理为“三年来，埃及人帮助我们很多，感谢你们”这样简单的句子。甚至为了实现翻译的流畅，阿拉伯学生会过度使用口语中的简便说法。此时，教师的指导和纠正就显得极为重要，在这个过程当中教师应当强调翻译扮演的是“传声筒”的角色，要求学生忠实于原文，在此基础上再进行流畅的翻译。

教师在讲解过程中，除了纠正学生在翻译过程中用词、语法的错误外，还可以结合翻译技巧和词汇拓展部分的课件，为学生提供更好的翻译方式。讲解段落部分，教师应在课件中为学生提供中阿文参考译文，并将译文中能够体现翻译技巧的句子和段落进行拆分讲解及补充。

第三步，交替传译练习与讨论。教师对某一场景交替传译段落进行讲解后，再提供 2 ~ 3 段该场景下可能发生的对话或段落交替传译练习文本，并要求学生进行翻译。与讲解部分不同的是，练习部分不提供译文，教师也不对学生的选词和翻译做过多纠正。在学生进行翻译的过程中，先请学生相互就翻译效果进行评价，再邀请其他同学，尤其是母语同学，就翻译文本进行讨论。在这一过程中，学生的朗读能力、听译以及笔记记录能力，都能够得到极大的锻炼和提高，并且也避免了过多视译练习、直接听领导人讲话、看会议视频等超越学生实际翻译能力的教学方式。需要强调的是，在翻译讨论的过程当中，如果其他学生有不同意见，教师应当给予学生充分的表达机会。翻译除了强化训练之外，也需要学生进行充分的自我思考和选择，有意识地选择翻译方式。作为教师，否定或赞成某种翻译方式，都不利于学生养成具有个人特色的翻译风格和习惯。

第四步，全真模拟互译练习。该环节对学生融入性要求较高，也具有较强的创新性和互动性。在全真模拟互译练习环节，教师将学生每四人划分为一个小组，四人小组中又分为 a 组和 b 组，分别由中国学生和阿拉伯学生构成。在这个练习环节开始前，教师会给出一些模拟场景和必须提到的要点。比如，第一单元“迎接”的练习当中，教师设定该场景为机场迎接，并假定参与人为中方和阿方。中方为中国文物局外联处负责人某主任，阿方为沙特文物局文物大臣法赫德。学生应当完成的要点为：①阿方感谢此次能在中国举办沙特文物展；②阿方带来 50 件文物，均完好无缺，没有在运输途中损失或破碎；③阿方要求尽快给手机充电及兑换外币；④由于中方最新财务规定，原来商议好的五星级宾馆换成四星级宾馆，请阿方谅解。在完成上述要点的基础上，学生 a 小组和 b 小组分别编纂两段对话。对话编纂时间控制在 8 分钟以内，对话长度控制在 5 分钟以内。对话完成之后，由 a 小组进行对话，b 小组 2 名同学担当 a 组的随从翻译，进行完全真实的现场翻译练习。随后 a、b 两组进行交换，a 组对话，b 组随从翻译。在对话和翻译过程当中，要求学生现场记录，教师同时进行记录要点。翻译结束后，由教师针对对话当中出现的翻译难点和翻译技巧等进行讲解。

模拟练习环节的特点是具有较强的真实性、灵活性和突发性。对学生的听力、记录、表述等技能都具有较大的挑战。比如，在要点“阿方要求尽快给手机充电及兑换外币”中，学生的对话可能出现“我们的手机充电插头型号不匹配”“我这里有随身充电宝”“中国的共享经济现在很发达，我可以带您去扫码换一个充电宝"等具有现实意义的翻译内容。这些内容是教师课件不可能完全覆盖，却又最贴近生活的随从翻译表述。这些内容对学生的临场翻译能力具有极大的挑战，既能激发学生的互动性，又能补充大量充实的翻译表达，在全真的模拟情境中，为学生创造翻译必需的紧张感和现实感。目前从教学效果来看，模拟练习环节加入课堂之后，已经成为中外学生参与度最高、实践效果最好、掌握最快的一个环节。

经过四个环节的训练，中阿学生在交替传译的课堂中，基本能够在尽量还原真实场景的前提下，带着思考进行翻译。尤其在阿拉伯留学生加入课堂之后，中阿学生之间融合互动的优势得以充分发挥，学生对于翻译练习的畏惧和抵触情绪得到了极大的改善。强烈的现场感和紧张感，有助于增强翻译记忆的力度和效果，促进翻译技能的提高。对于教师和中阿学生，这都是非常有益的尝试。

三、阿拉伯语翻译硕士交替传译课程特点及建议

随着"一带一路"倡议的提出与顺利实施，阿拉伯语翻译人才的需求越来越旺盛。可以说，"一带一路"倡议既为阿拉伯语翻译人才的培养带来了机遇，也提出了许多新的挑战。因此，我们更应当重视基础翻译课程的教学方式与方法。通过课程中的观察与实践，阿拉伯语交替传译课程主要有如下特点。

（一）中外学生翻译各具优势，应发挥中外学生翻译优势，实现中外学生互补

在中外学生同堂上课的交替传译课程实践中，中国学生与阿拉伯学生对于同样的文本，展现出了完全不同的翻译风格。中国学生对于翻译的内容更加谨慎，字斟句酌，往往信息量更为丰富。但如果遇到生词或者难点，容易在词句上卡壳，导致整体翻译不够流畅。与中国学生相比，阿拉伯学生在翻译时流畅度很高，具备足够的翻译自信，但往往信息不够全面，容易忽视翻译细节。根据课堂观察，

阿拉伯学生的翻译风格会显著地影响中国学生在翻译过程中的处理方式。为了追随阿拉伯学生看似流畅的翻译，中国学生也会出现简略翻译、一带而过的现象。中外学生展现出的翻译特点，主要是由于中阿语言教学过程中运用的教学方式不同。中国高校在进行阿拉伯语教学时，主要还是采取以教师为主体的讲解式教学，注重生词的背诵和语法的学习。而阿拉伯国家在进行翻译教学时，往往鼓励学生培养语感，注重学生说话时的态度和自信，有时不免难以顾及信息的全面性。

从教学效果来看，中阿学生同堂能够有效地活跃课堂气氛，提高教学效率。中外学生能互相观察到对方的翻译优势，不仅翻译问题能够在现场得到迅速的解决，充分发挥母语学生的现场即时修正作用，还能帮助学生了解阿拉伯语学习中较为困难的语言习惯、情感色彩、文化背景等知识，为翻译学习带来良好的体验和现实感。

（二）中外学生文化背景差异大，应注重文化培养，促进民心相通

翻译是一项语言转换的活动，但其实从更深层次来讲，也是不同文化、不同历史背景的交流，这一点一定要在教师的引导下在交替传译的课堂中有所体现。留学生在中国学习期间，往往对中国文化充满渴望。他们对很多中国国情不够了解，甚至有所误解，中国学生对于阿拉伯文化的了解也有部分误区。因此，在教师制作课件、选定讨论话题、设置全真模拟翻译练习时，要引入中国与阿拉伯国家年轻一代在学习中互相帮助、共同成长的场景，切实履行“一带一路”倡议“深化沿线国家间人才交流合作”。教师应鼓励年轻译者实现自身的价值，将中国的方方面面介绍给全世界，同时将多元文化介绍给中国。这不仅是翻译课堂具有的使命，也是翻译活动最终的目的。

（三）中外学生翻译实践应用能力较弱，课后应开放教育资源，推广实践项目

除了交替传译课堂上的中阿融合教学之外，在课后的实践环节

中，教师也应当多鼓励中阿学生共同参与交替传译实践项目。除了教师布置的大量翻译练习之外，走向真实的翻译市场是中阿学生最迫切的需求。尤其是阿拉伯留学生初到中国，对中国翻译市场不了解，导致其翻译实践机会比中国学生更少。对于这种情况，教师要充分发挥课下引导和帮助的功能，在力所能及的范围内帮助学生寻找能够锻炼翻译能力的实践项目。北京语言大学在这方面具有独特的优势，比如2018年与中国文化译研网、中国文物局等多家单位合作，完成了多个翻译项目。

“一带一路”倡议为中国和阿拉伯国家之间的互相交流和合作提供了更广阔的空间，从而凸显了翻译工作的重要性，为中阿翻译硕士提供了更为广泛的社会需求。语言相通是“互联互通”的先行准备，人才培养是倡议推进的重中之重。具体到交替传译课堂中，教师应当采取更加积极主动的态度，响应阿拉伯国家人民，特别是青年人渴望了解中国的迫切愿望，利用现有优良教学资源，指导学生发挥主观能动性，使中国青年和阿拉伯青年在课堂中融为一体，使中阿互译的教学工作成为联系中国与阿拉伯国家青年人才交往、文化相互理解、民心相通的一座桥梁，助力“一带一路”，展现和平合作、开放包容、互学互鉴、互利共赢的丝路精神。

【参考文献】

[1] 高黎．翻译硕士培养研究：环境与结果 [M]. 北京：中国社会科学出版社，2018.

[2] 黄友义．“一带一路”和中国翻译——变革指向应用的方向 [J]. 上海翻译，2017（3）.

[3] 焦丹．口译教育研究：理论与实证 [M]. 北京：科学出版社，2017.

[4] 刘和平．口译理论与教学 [M]. 北京：中国对外翻译出版公司，2005.

[5] 魏晖．“一带一路”与语言互通 [J]. 云南师范大学学报（哲学社会科学版），2015，47（4）.

对阿拉伯语基础写作教学的反思

——以北京外国语大学大二基础写作课为例

韩　誉[①]

【摘要】阿拉伯语写作是阿拉伯语专业学生需掌握的基本技能之一。阿拉伯语基础写作的教学同时承担着传授文法和巩固语法等不同的任务。本文通过分析、比照北京外国语大学大二基础写作课的教学设计和实际问题，试图寻找现有教学中的不足之处，并指出可能的改进方向。

【关键词】阿拉伯语；写作；大二

引　言

书面表达能力是外语专业学生需要掌握的基本技能之一。对基础阶段的阿拉伯语专业学生而言，学习阿拉伯语写作是培养阿拉伯语交际能力的重要一环。写作的能力除了直接与工作、生活相关之外，还与口头表达、阅读理解的能力相辅相成，也是培养翻译等专业技能的前提条件。因此，高校阿拉伯语基础阶段教学大纲及阿拉伯语专业四级考试都对学生的阿拉伯语写作能力提出了要求。

阿拉伯语基础写作课程一般在本科二年级开设，例如，北京外国语大学阿拉伯学院的基础写作课目前开设在大二下学期。本学年，笔者在北京外国语大学阿拉伯学院担任大二下基础写作课教师，在教学过程中既能感到学生的进步，也能感到教学仍有许多不尽如人意之处，通常表现为：学生的作业表现滞后于教学内容，教学中相

---

① 韩誉，北京外国语大学阿拉伯学院博士研究生。

当多的精力不得不用于解决简单的语法错误。究其原因，或是教学内容不够合理，或是教学方法不够合理，这需要理性的反思。

反思的途径是比照。例如，通过试验比较不同教法的效果优劣，寻找最佳方法，这种反思的意义主要在于过程中以及事后评估。要想前瞻性地找出改进的方向，则需要在以往教学的各个环节之间进行比照，寻找问题所在。但这种反思需要比照许多因素，如学生现状和未来需求、教学方法和学生心理、课程设计和实际效果，等等。

规划教学的总体思路是：根据学生既有的能力、素质，结合学生、社会的需求以及课程的特点、课时安排、教学工具等，制订教学目标、教学内容，再结合学生的心理特点采取恰当的教学方法。其中教学目标和教学的基本内容已经由基础阶段教学大纲奠定了基调，而讲授的具体内容以及教学的方法则很大程度上取决于教师对学生的能力、需求、心理的认识。而青年教师在任教初期往往缺乏这方面的认识，这在生活方式日新月异的当代尤为常见，教学中最容易出现问题的点也在于此。

由此，笔者试图通过分析、比照本学期基础写作课的课程设计和教学实践，梳理教学中出现的问题、矛盾，并针对一些问题列举可能有效的解决方案。

一、课程设计

高校阿拉伯语基础教学大纲将基础阶段学生应掌握的写作技能分解为若干分项技能，从最基本的正字法，到语法、篇章，乃至特定文体的写作技巧，都有所要求。大二基础写作课的侧重点无疑在于篇章、文体的训练，同时由于阿拉伯语是零基础教学，而且入门难度较大，因而基础写作又不免与同阶段的精读、语法等科目有所重合。这奠定了阿拉伯语基础写作课的大方向。

（一）教学目标、教学内容

大二下学期基础写作课的教学目标、教学内容基本延续了往年的设定。

其中教学目标很大程度上由基础阶段教学大纲框定，可以概括为：强化学生对阿拉伯语语言基本特点的应用意识，提高学生书面表达的准确性、速度、连贯性，培养阿拉伯语标点的正确使用习惯，使学生可以书写基本达意、内容连贯、语言基本通顺、无重大语法错误的片段、日常应用文、摘要及短文，并培养学生查阅工具书、自主学习的能力，引导学生养成自主学习、善于观察、积极思考的好习惯。

基于教学目标与课时安排，大二下学期基础写作课共分八次，双周上课。前三次话题分别为写人、记叙、书信。第四、第五次学习阿拉伯语应用文，以便学生对专业四级考试的应用文写作题型有一定的把握，并培养阿拉伯语语体的意识。第六、第七次分别讲授语段缩写、改写及演讲稿写作。第八次为课程小结，用于梳理课程要点、难点，引导学生总结得失。总体来说，基础写作课程课时较少，且几乎每次课都涉及不同的专题，因而讲和练的机会都很珍贵。

每次课程的内容，始于讲评作业、总结常见错误、介绍优秀学生作品，随后是对新学文体的简要讲解以及例文分析，此外在部分课中安排有一些专门话题，如阿拉伯语标点符号、句际衔接用语汇总、应用文常用表达，等等。

（二）教学方法、要求与考核方式

本学期基础写作课的主要教学方法是课上讲授，讲授的内容如前文所述，并结合教师提问，引导学生在听课时进行思考、反馈。对于某些学生比较有把握的内容，安排有随堂练习及讲评，如在介绍写人技巧之后组织学生当堂试写短文，描写一位同学，或在应用文课上组织简单的随堂演练。此外，针对个别话题，如阿拉伯文标点符号，采取翻转课堂的形式，要求学生预习并在课上讲解知识点，再由教师作补充。由于是大班上课，后几种手段的作用往往会受到一定的限制，因而实质上最主要的教学方法还是讲授法。

课下实践对于写作课程的意义不亚于课上传授，因此课程对学生提出了两点额外要求：第一，学生需保证一定的阿拉伯语文献阅读量，并做段落摘抄、积累原文表达，教师在期中、期末检查学生摘抄完成情况；第二，除应用文外，一次习作批改完成后，学生需根据教师批改意见完成习作的修改版，并与下一次习作一同提交，由教师再次批改。

教师批改作业时首先应着眼于拼写、语法问题，标出错处、疑点，在有必要的情况下附上文字批注，如说明究竟错在何处、如何改正，或给出更好的说法供学生参考。其次评价习作的构思、风格。批改后教师总结当次作业中出现较多的问题，在下一次课上统一讲解或练习，并选出较好的习作进行表扬，鼓励学生学习其中的优点，并分析其中仍存在的问题，以期继续改进。

八次课大多是每次针对一个话题，但应用文部分例外。这一部分难度较大、内容较杂，而且与专业四级考试的应用文写作题型直接相关，因而用两次课来讲解。第一次课介绍常见的应用文文体，并分析例文，初步讲授其格式、语体、常用表达，课后要求学生以小组形式拟写六篇不同体裁的应用文，涉及讲座通知、请假条、请柬、寻物启事、邀请函及复函，以此督促学生再次细读课上讲授的内容。第二次课上教师针对学生在作业中反映出来的问题再作讲解、说明，并形成范文模板，随后再以讲、练结合的方式带领学生当堂试做往年真题，此次课后不留作业，前一次作业也不需提交修改版，只要求学生对应用文模板和常用表达加以整理。

关于考核方式，本学期设定期末考试成绩权重为 60%，习作完成情况、修改情况占 20%，摘抄完成情况占 10%，考勤及课堂表现占 10%。

二、教学实践中的主要问题

教学实践中体现出的问题可以分为以下四个层次，问题的成因各不相同，也需要以不同的方式来应对。

（一）疫情期间居家上课的挑战

出于防控新冠疫情的需要，本学期学生需居家上课，基础写作课只得采取线上教学的方式。线上教学平台选用了钉钉视频会议，基本上可以满足大班上课的需求并支持师生语音互动，作业则使用电子版提交。由此，教学依然可行，但不便之处也很明显。例如，为保证节奏流畅，上课时通常只有教师有画面和声音，学生不受监控；在多种需要学生发言的情况下，学生的反馈效率低，有些学生由于各种原因无法发言，导致节奏缓慢；部分学生无法听课，常常需要单独在微信上补讲；由于作业用电脑输入，因而错字增加；原计划的检查摘抄几乎无法实行。这种条件对两类学生影响最大，其一是网络条件不好的学生，其二是学习动力不足、容易偷懒的学生。前者的困难尚可通过其他途径补讲课程加以应对，而后者的问题要解决起来则较为复杂。

（二）学习态度问题

学生的态度是否认真，在线上教学中难以观察。但在学生作业中往往可以发现一些问题，主要体现为低级错误，如打字错误，起语、述语性数不一致，被修饰语、修饰语不一致，正偏组合紊乱，动词变位错误，等等。低级错误所反映的，是作业缺乏检查、订正。基本功扎实的学生固然能在第一稿中尽可能规避低级错误，但低级错误对于教师甚至作家来说也是难免的。因而文字工作者需要养成初稿后检查的习惯，而敬业的文字工作者检查稿件更是不少于两次。在第二次课上讲评第一次作业时，笔者要求学生完成初稿后检查，并仔细修改之前的作业，第二次作业中的低级错误果然明显减少，说明学生普遍地开始检查自己的作业。但是在第三次、第五次（第六次课后）作业中，低级错误的数量又有所回升，说明一些学生仍未养成检查、订正的习惯。基于这种现象，检查、订正需要在历次课上反复强调，甚至作为初次课上导学的重要话题加以论述。

另一个问题在于电子词典、翻译软件的使用。现今这类工具非常普遍，在基础阶段初期即可上手，而且省时省力，使得一些学生对此形成依赖，因而对传统词典一直热情不高。基础写作作业中，常有学生为表达某些未曾学过的意思而使用电子词典，但有时词不达意，极端案例中甚至有人不加甄别地使用生词，如用“تتحرك السيارة”来表示“动车”，还有人查得的词语可用，但用法不正确。要解决这种问题，本可以查阅纸质词典，或者上网搜索语料，结合自身语法知识加以确认，或者开动脑筋，尽可能用已掌握的词汇表达各种意思。若只是通过电子词典查到新词，在连标符都不明确的情况下草率使用，则无益于学生的任何能力、素质。在这个问题上，教师同样需要晓之以理，并提出具体要求。

（三）语言技能问题

与粗心大意造成的低级错误相比，写作练习中学生因语言技能生疏而出现的错误更多，也更难以即刻解决。积累语言知识、培养语感是一个长期的过程。虽然学生通过一年多的学习已经接触过现代阿拉伯语的许多语言现象，但并非所有人都建立起了条理清晰的语言知识体系，在实际运用中这些语言知识又会有所折扣。写作对学生语言基本功的要求很高，能够集中暴露出其语言能力的问题，而强化对阿拉伯语基本特点的应用意识、提高书面表达准确度本就是基础写作课的主要目标之一。因此基础写作课在讲解文体、篇章之余仍需关注词汇、语法，只不过较精读、语法等课程更加注重实用。解决语言问题的具体手段有在课上设置语言技巧专题、批注作业、讲评作业，等等。

学生在尝试不同话题、不同文体的写作时暴露出的问题有所不同。例如，在第一次描写人物的习作中，最普遍的问题在于句间衔接，尤其是名词句的衔接；而在记叙文写作上，学生最普遍的问题在于句式（名词句、动词句）的选择、时态的选择。另外还有一些问题或零散或频繁地出现在历次作业之中。以下是本学期基础写作作业中最有代表性的几类问题。

1. 句法问题。如：

病　句	问　题
لكن بعد أن حصلوا على النقود، هؤلاء الأطفال لم يصحبوني.	半个句子之后不能直接使用名词句。
من المظهر، هو يبدو شخصاً صارماً وصامتاً.	
أما تحديد وسائل المواصلات، تنازعنا وقتا طويلا.	“أما”后要用“ف”来呼应，且前后半句应该构成一个完整的句子。
غربت الشمس والضوء الخافت للشمس سقط في الغرفة.	“و”前后的句子不对称，后句又不构成前句的状态状语。
هل هذا مقدَّرٌ على السوريين أن يعيشوا وَسط عواصفِ العُنف الشاغمة؟	存在一前一后两个起语，句式杂糅。

句式、衔接问题实际上是一个大类，很难用少量例子概括。其中学生常犯的错误有：名词句滥用，缺乏必要的连接词，连词前后不对称，对句子的主要成分、次要成分分辨不清。

2. 时态问题。如：

病　句	问　题
ولكنهما أرسلا المال إلى حامد كل يوم ...	这时宜使用“كانا يرسلان”。
في ذلك الوقت （السنة الماضية）، سنشارك معا ...	这时宜使用“كنّا سنشارك”。
ساعدني المدرب على ارتداء معدات القفز بالمظلات الخاصة ونحن انتظرنا في القاعة.	学生意在“و”后用名词句充当状态状语，但动词时态宜用现在时。

虽然阿拉伯语动词通常只有现在、过去两套变位，但实际操作中常常借助“كان”等残缺动词、虚词“سوف”“قد”与完全动词搭配，产生类似于英语过去进行时、过去完成时、过去将来时、将来完成时等复杂时态的效果，或使用主动名词表示现在进行时、使用“كان”配合主动名词表示过去进行时。从学生习作来看，部分学生缺乏使用复杂时态的意识，尤其是对于残缺动词“كان”的用法掌握不全，导致写作时使用的时态不恰当。

在句子状态状语中出现的动词，其时态未必与主句一致。由于句子状态状语的规则对初学者而言稍显复杂，大二学生中基础较弱者往往不能分辨句子状态状语的动词和主句的动词，这使得基础写作中动词时态的问题更加复杂。

3. 词语用法问题。如：

病　句	问　题
سمعت صوت...، مما عرفتُ بأن أبي عاد.	“مما”之后的动词句以前述的情况为主语，人称为第三人称阳性单数。
... كلما تبتسم	“كلما”之后用过去式动词句。
جعلاه إلى محلٍّ للملابس الجاهزة.	动词“جعل”及两物，此处与动词“حوّل”混淆。

词语用法不合规范，往往是因为学生对精读课知识点掌握不足，又或是因为遗忘。基础写作课在此可起到一个查漏补缺的作用，帮助学生巩固语言基本功。

4. 词意辨析问题。如：

病　句	问　题
على الرغم من أن عمله مشغول ...	常见错误，在阿语多个不同的词语都可翻译为汉语同一词语的情况下尤其频发。
قامته غير طويلة فلا أشعر بضغط القامة معه.	试图表达“身高压力”，但在阿语语境中需要解释。
كأنني أستحمّ في ريح الربيع ...	粗暴翻译了“如沐春风”一词。

此类问题往往是语言迁移的一种表现。鉴于某些句法错误的根本原因也在于语言迁移，教师可以将这些问题一并处理，设置专题讨论阿拉伯语与汉语、英语的异同，提醒学生规避汉语、英语思维对阿拉伯语学习的负面影响。

此外，还有许多难以归类或是偶发的错误。这类错误往往是由多种因素共同作用而成，甚至其成因本身都是偶然的，它们既很难普遍发生在学生身上，又难以通过理论概括来解决，因此主要由教师在批改中加以解决，在课上则不便过分强调。

（四）写作构思问题

大学生经过多年的基础教育，具备一定的中文写作能力和思辨能力。在阿拉伯语写作中，若能做到态度认真、语言顺畅，那么构思上也往往不会有严重瑕疵。

本学期基础写作课中一次关于构思的典型问题出现在第三次习作中。此次习作的文体是书信，几名学生仍延续了第二次作业中记叙文的写作方式，其习作的主干部分均在叙述作者与收信人相识、相处的过程，缺乏书信更应具备的抒情、问候色彩，只是套用了第二人称，以及书信的抬头、结尾。这并非因为学生能力不足或态度不端正，其原因或许在于教师在课上未能充分强调各种文体的特点，导致一些学生产生了“记叙文代表一切”的误解。

其他涉及构思的问题均属偶发，但也值得思考。个别习作构思草率，内容荒诞或无聊，又有习作行文艰涩而不知所云，还有一些习作语言浮夸，辞藻华丽但言不由衷。这些问题往往是学生性格、思想的写照，同时也反映出一些学生对写作课的教学目标认识不足，或是对阿拉伯文化中关于文章的审美认识不足。

三、基础写作教学的改进方向

基于对基础写作教学情况的反思，并结合一些论文带来的启示，笔者认为基础写作的教学在未来可以尝试向以下几个方向改进。

（一）增加实用化的教学内容

在教学实践中可以发现，学生学习阿拉伯语写作的首要问题在于语言技能，而这些问题往往要等到教师批改作业、讲评作业时才能够解决，因此较为滞后，在讲评结束、开启新一课的内容后，上一次作业的问题又不易引起足够的重视。同时，教师在讲解文体的要点后分析例文时，应当秉持以例文说明理论的原则，精讲写作要点，不宜过分关注字句的讲解。全篇研读例文的工作，应当作为阅读任务，放在课下，尤其是课前预习部分完成。上课时间可用于讲授、训练语言技能，其话题可以是阿语复杂时态、基本句法、句间连接手段、中阿语言差异等，对语言知识的讲解应当注重简明实用，辅以例句和随堂练习，练习的手段可以是翻译、填空、改错等。

在写作技巧方面，在介绍文体的结构、格式的同时，教师可以考虑更多关注文体的用途、构思、审美标准，使学生在尝试写作时有明确的指导思想，建立起正确的写作动机，从而做到构思合理、言由心生，提高习作的思想水平。

（二）吸收过程教学的方法

所谓写作的过程教学，即教师引导学生从构思开始，经过打草稿、修改、定稿，分多步完成写作，而不是一蹴而就，然后由教师打分，随后就抛进故纸堆。本学期习作批改两次的设定已经有了过程教学的意味，但教师的参与整体滞后，对学生交作业之前的写作过程缺乏管理，教师拿到的往往是漏洞百出的初稿，低级错误分散了教师和学生的注意力，影响了真正重要的知识的传授。在前述鼓励学生重视文章构思的基础上，教师可以再将学生分为 3 人的学习小组，学生的初稿在组内互评、改进后，再将二稿提交给教师进行修改。但在大班教学且学生基本功参差不齐的情况下，如何做到合理分组，分组后如何保证小组活动按教师的期望运行，则又是一个值得思考的问题。

（三）改进考核方式

本学期基础写作课的考核方式有两点可以改进之处。

其一是平时习作占比较低，为 20%。原本的考虑是，由于平时作业只有 6 次，且学生在习作中发挥未必稳定，若分值太高，则容错度不够。但这样设定的弊端在于不足以鼓励学生提升作业质量。若采取措施，使学生在作业中精心构思，并尽可能规避低级错误、减少语言错误，则平时习作在学生成绩中的权重就可以，也应当有所提升。

其二是赋予阅读摘抄 10% 的权重。其本意在于鼓励学生阅读，并积累语料、改进写作表现。然而此举与阅读课要求重复，而阅读积累的语言素材又未必能在短期内遇到用武之地。基于此，阅读摘抄的分值可以考虑降低或取消，或归入考勤、平时表现一项，作为考勤成绩的一项参考。至于鼓励学生阅读，除了用来积累语言素材之外，还应当做适量的精读，查字典、分析语法结构、培养语感。在这个过程中，教师还需要向学生阐明这些活动对写作的好处，尤其是短期内可达到的效果。

结 语

经过分析，本学期基础写作课的教学情况以及学生的特点基本展现了出来，由此提出的几条改进教学的设想还需进一步论证、验证。由于以上内容只出自一学期的教学实践，因此还有很大的扩展、细化空间。随着时代发展，以及教师经验的积累和对专业、课程、学生、社会的理解的加深，新的问题还会不断显现，对教学方法的探索也将继续。

【参考文献】

[1] 基础阿拉伯语教学大纲研订组 . 高等学校阿拉伯语教学大纲 [M]. 北京：北京大学出版社，2000.

[2] 张宏，国少华 . 阿拉伯语写作 [M]. 北京：外语教学与研究出版社，2004.

[3] 杨华 . 高校阿拉伯语写作教学现状研究与改革探索 [J]. 佳木斯教育学院学报，2013（10）.

[4] 马和斌 . 母语负迁移对阿拉伯语写作的影响及解决办法 [J]. 语文学刊，2007（07）.

[5] 龙翔 . 大二阿拉伯语写作课设计探究——以扬州大学 2014 级大二上学期写作课为例 [J]. 科教文汇（下旬刊），2016（02）.

高校小语种教改刍议之中阿谚语比较教学法

熊　倩[①]

【摘要】在我国高校阿拉伯语教学过程中，实行中阿谚语的比较教学法，既有利于加深大学生对阿拉伯文化内涵的理解，更有利于激发他们对本国文化的热爱。笔者对小语种教学的体会是：在教学和教改过程中，为实现双语的融通与升华，应从人文地理的视角选取切入点，从精神寄托的视角选取制高点，从民族心态的视角选取关注点。

【关键词】中阿谚语；比较教学；小语种教改

阿拉伯谚语是指一些在民间广泛流传的言简意赅的固定而生动的语句，常以俗语、成语、歇后语、顺口溜、比喻句等形式表现。其内涵体现着当地劳动人民的思想、情感、道德、经验和智慧。这正如语言学教授萨皮尔（Edward Sapir）所说，“语言的背后是有东西的，而且语言不能离开文化而存在”。

一、从人文地理的视角选取切入点

马克思主义的观点认为，环境造就人，人是环境的产物；并且人既能适应环境又能改造环境。阿拉伯谚语，即是阿拉伯人认识和改造自然及社会的经验和成果。

---

① 熊倩，广东外语外贸大学阿拉伯语系讲师。

阿拉伯民族的祖先过着顺应大自然条件的游牧生活，由于自然条件十分恶劣，其形成了独具一格的沙漠文化和与之相匹配的谚语文化。

1.带有沙漠特色的谚语为数众多，且多包含沙漠中常见的事物如草原、牧场、羊、骆驼、马、椰枣等。如“往巴格达送椰枣”（يحمل التمر إلى بغداد），伊拉克盛产椰枣，“往巴格达送椰枣”这一谚语的含义为“多此一举”。又如“争斗全为饮水”（إنّ العراك في النهل），因为在沙漠中最珍贵的便是水资源。再如，“谁肯奔波，就能找到牧场”（من سعى رعى），其意为汉语中的“功夫不负有心人”。

2.反映生产活动的不少阿拉伯谚语也带有沙漠环境特色，表现了阿拉伯民族的祖先从事的生产活动。如“先哄驼，后挤奶”（الإيناس قبل الإبساس），这是以牧人挤奶的经验为例，说明“欲将取之，必先与之”的道理。“椰枣在井里，在驼背上”（التمر في البئر وعلى ظهر الجمال），是指勤于浇水才能丰收，意即汉语“一分耕耘，一分收获”。“放箭之前先要装满箭袋”（قبل الرماء تملأ الكنائن）与汉语“工欲善其事，必先利其器”同义，反映了游牧民族的能骑善射。

3.有一类谚语的内涵难以为其他文化背景的人所理解，因具有跨越性较大的引申含义。如“它是骆驼蹭痒的树桩”（إنه لجذل حكاك）。在沙漠中，树桩不易见到。一旦出现树桩，很多路过的骆驼便会用它来蹭痒，这段树桩可谓“见多识广”，引申为“他有远见卓识”。又如“这事中既无我的公驼又无我的母驼”，意思是作为说话人代步工具的骆驼没有参与此事，即与他“毫不相干”。

4.在对同一事理的表达上，阿语谚语和汉语谚语也分别带有各自的地理环境特点。如阿语谚语“他知道蘑菇生长的地方”（إنه لعالم بمنابت القصيص），意为“他对情况了如指掌”，与汉语中“胸有成竹”类似。从中可看出阿拉伯草原雨后有蘑菇生长，而中国南方的气候适宜竹子生长。“他在寻找埋在云彩影子下的珍宝”（يفتش عن كنز دفنه تحت ظل سحابة），说的是有人把云彩在沙漠上的投影作为参照物藏宝，日后自然找不到，这与汉语中的“刻舟求剑”有异曲同工之妙。“无火不起烟”（لا دخان بلا نار）与汉语中的“无风不起浪”相对应。这三句谚语既反映了阿、中不同的生态环境，又表达了人类共同的生活感受。

但相比之下，汉语谚语更加绚丽多彩。中华民族的祖先生活劳作的中华大地四季分明，寒暑交替，与阿拉伯世界的自然环境不同。以自然环境为衬托的汉语谚语有很多，如“留得青山在，不愁没柴烧”“不到黄河心不死”等。中国自古以来就是一个农业大国，劳动人民在长期生产实践中积累起来的经验结晶便凝聚成为“农谚”。它们源远流长，短小精练，简洁明快，通过口口相传的方式传承下来，如“谷雨前后，种瓜点豆”“麦锄三遍面充斗，谷锄十遍饿死狗”“弯角黄牛直角猪”“好儿要好娘，种田要好秧”等。

二、从精神寄托的视角选取制高点

宗教是人类精神寄托的重要组成部分，它和哲学一样，都处于人类文化的深层，代表着人类文化的深层结构。中阿传统文化虽有差异，但两者之共性是均需精神寄托。

1.阿拉伯民族信奉的主要宗教为伊斯兰教。这是一种入世的宗教，它不仅仅是一种信仰，而且影响并规范着阿拉伯人生活的方方面面。《古兰经》作为伊斯兰教的经典、法典，也是许多谚语的源泉。因此，阿语中有不少谚语都具有浓厚的宗教色彩，并涉及宗教观念、宗教活动及习俗。比如，“与艰难相伴的是容易——祸福相依”[①]，“真主从不断绝任何人的福分”（ربك لا يقطع نصيب أحد），这两句谚语的含义类似于汉语中的“天无绝人之路”。“真主的清算是神速的”（إن الله سريع الحساب）含义类似于汉语中“人在做，天在看”。这是告诫人们别做坏事，免得在清算日遭到清算。“口在念经，手在杀人”（فم يسبح ويد تذبح），类似于汉语中的“口蜜腹剑”。“骆驼只有陷

① 参见马坚译:《古兰经》开拓章，北京，中国社会科学出版社，2013。

入泥里时才想起真主”（الجمل لا يذكر ربه إلا في الوحل），这与汉语俗语“临时抱佛脚”意思相同。“说魔鬼，魔鬼就现”（تحدث عن الشيطان يظهر في الحال）更是与汉语中的“说曹操，曹操到”含义相近，不过前者带贬义。“有学问的人在临近天国时仍不满足于自己的知识”（لا يشبع عالم من علم حتى يكون منتهاه الجنة），类似于汉语中的“活到老，学到老”。

2.阿拉伯谚语中有一部分是在了解其宗教文化背景的基础上方能理解的。如“易卜劣斯梦想进天国”（حلم الإبليس بالجنة），易卜劣斯是《古兰经》中提到的魔鬼，即撒旦，他想进天国自然是“异想天开”。“他一只眼睛盯着天国，一只眼睛盯着火狱”（عين في الجنة وعين في النار）①，意为“进退两难，犹豫不决”。“完美只属于真主”（الكمال لله وحده）和“只有先知才是无过之人”（لا تكون العصمة إلا للنبي）这两个谚语常被穆斯林用来表述“人孰无过”。因为在伊斯兰教教义中，真主是唯一完美的，穆罕默德是真主的最后使者。

除此之外，阿拉伯谚语的另一个重要来源是四大哈里发之一的阿里，“他说过的大量短语成为伊斯兰大众文化的一部分，在日常生活里常被当作格言及谚语使用。这些语录、信件成为文学作品的准则，被集结成多种语言的出版作品”②。

而中国传统文化的主体由儒、释、道共同构成，其中佛教文化对大量汉语的成语、谚语、歇后语影响显著。部分佛教用语在被吸收到汉语中之后，得到了引申、“汉化”，被赋予了比原来的宗教意义更为广泛的意义。

三、从民族心态的视角选取关注点

中阿两个民族在各自的历史发展中，形成了各自独特的文化传统。不同语言文化在历史传统、价值取向、风俗习惯、宗教信仰及思维方式等方面的差异会使同一词语在不同文化语境中产生不同

---

① مجمع الأمثال، أبي الفضل أحمد بن محمد بن أحمد بن إبراهيم، 1955.

② 参见朱立才:《汉语阿拉伯语语言文化比较研究》，北京，新世界出版社，2004。

的语义，同一事物引起的情感也往往因文化的不同而各异。这种民族心理、文化心态支配着人们的思想、行为，影响着人们对客观事物的认知和评价。谚语作为语言的精华，也反映了两个民族各自的心态。

1. 中阿民族对某些动植物产生了不同的联想和感情，从而让动植物进入了人们的精神和情感世界，人们对动植物寄托的情感反映在语言里，用以表达自己的崇拜、愿望、爱好、仇恨、鄙薄等情绪。在阿、汉两种语言中引起的联想基本一致的动物有：残忍的狼、狡猾的狐狸、温顺的绵羊、笨拙的毛驴、狠毒的蛇、不祥的乌鸦和猫头鹰等。

但与此同时，对于同一种动植物，中阿民族对它的喜爱程度不同，产生的谚语也就有所区别。例如，中阿文化对骆驼的见解存在较大差异。因为阿拉伯大部分地区为沙漠，阿拉伯人民对骆驼的依赖和喜爱程度远远超出以农耕为主的汉民族，如“比骆驼还识路”（أهدى من جمل），而汉语中的同类描述却是“老马识途”。[1] 还有狮与虎，狮子多产于草原，虎多产于山地，因此中阿民族对它们的熟悉程度不一样，阿语用狮子比喻握有权力的统治者、大无畏的英雄和真正的男子汉。如“他赢得了狮子的份额”（فاز بنصيب الأسد），是勇拔头筹的意思；而汉文化对虎十分尊崇，还常与“龙”一起使用，例如“龙腾虎跃”。鹰在中阿人民心中都代表着勇猛、强悍，但在阿拉伯人心中鹰的地位甚至达到了民族保护神的高度，他们喜爱的一项运动便是斗鹰。

2.中阿两民族的审美情趣在不同阶段也会发生变化，如成语“环肥燕瘦”及俗语“齐王好细腰，宫女多饿死”就是一定历史事件在语言中留下的痕迹。阿拉伯民族的传统审美是以胖为美，从一个伊拉克谚语中我们能明确了解这一点：“体胖能遮盖缺陷”（السمن يغطي العيب），类似于中国人的审美情趣“一白遮百丑”。而在时下的中国，人们已普遍认识到肥胖的危害。

① 参见国少华:《阿拉伯—伊斯兰文化研究：文化语言学视角》，北京，时事出版社，2009。

综上所述，中阿谚语文化底蕴尽管在人文地理、精神寄托和民族心态等方面存在较大差异，但人类生活的共性，又使得中阿谚语存在着一定程度的相似性。因此，在高校的小语种教改中，以谚语的比较教学为例，教师应遵循“求同存异”的原则，以“共同点”为基础，“切入点”为依据，“制高点”为统领，“关注点”为轴心，将小语种教改定位在对两种文化内涵的深刻理解与民族心态的融通上。

【参考文献】

[1] 爱德华·萨皮尔著，陆卓之译．语言论 [M]. 北京：商务印书馆，1964.

[2] 马坚译．古兰经 [M]. 北京：中国社会科学出版社，2013.

[3] 朱立才．汉语阿拉伯语语言文化比较研究 [M]. 北京：新世界出版社，2004.

[4] 国少华．阿拉伯—伊斯兰文化研究：文化语言学视角 [M]. 北京：时事出版社，2009.

汉阿近义词在翻译中的辨析

翟明哲[①]

【摘要】汉语和阿拉伯语都是拥有鲜明代表性的语种，也是学术界公认较难掌握的两门语言。近义词作为一种语言现象大量存在于翻译工作中，由于语言背景、词义演变和文化习惯的不同，影响着汉阿翻译的准确性。近义词辨析是翻译工作中的一个难点，为确保翻译的准确性，笔者就如何辨析近义词，简明提出了有关论述。

此文分为四个部分，第一部分简要介绍汉阿近义词的概念、相关研究以及派生词；第二部分主要论述阿拉伯语常见的近义词分类；第三部分分析近义词在翻译过程中容易出现的问题；第四部分总结提出近义词的辨析、使用方法。

【关键词】阿拉伯语；近义词；翻译

一、汉阿近义词的概念

汉语和阿拉伯语是世界公认的两种较难掌握的语言。汉语的多样化使其词汇中存在大量近义词，即同一个意思常常可用不同的词汇表达，在不同的语言环境中，近义词的用法又存在着微妙的差别。

在一般的学习中，对近义词的辨别大多停留在查阅词典上，学习者经常还会将近义词和同义词放在一起研究。一些论著和教材将“同义词”区分为“等义词”和“近义词”，或者区分为“绝对同义词”和“相对同义词”。等义词的意思完全相同，在任何语境中都可以相

① 翟明哲，中国人民解放军 96921 部队翻译。

互替换，所以没有辨析的必要。而广义上的同义词，虽然意义相同，但在不同情境下的使用方式并不完全相等，所以需要辨析。

关于阿拉伯语近义现象的研究早在8世纪就已开始，阿拉伯著名语言学家、阿拉伯语语法之父西伯威在其著作《词语分类》中说："我从他们的言语中知道不同词义的两个不同词壳，不同词壳的一个相同词义，相同词壳的两个不同词义。"此处"壳"的意思来自阿拉伯语中独特的"派生概念"，即由同一个三母简式动词（字母根）派生出众多意义，或者不同的词根可能具有相同的意义。例如，قَعَدَ 和 جَلَسَ 皆可表示"坐"这一动作，而 قعد 同时又有孵化、阻止等多个意思。

圣训中有这样一个典故：穆罕默德手中的短剑掉了，于是他对艾布·海利莱说："ناولني السكين。"（意为"请把短剑给我。"）艾布·海利莱左顾右盼，不知先知想要什么，直到先知又重复了两遍后才问道："تريد المدية؟"（意为"您是想要短剑吗？"）先知答：是。由此也说明近义词的概念古已有之。

二、阿拉伯语常见近义词分类

阿拉伯语词汇丰富，其构词方式主要依靠词根变化，加上不断吸纳融合其他语言中的词汇，使得近义词现象非常常见，有许多"一义多词"的例子，我们可以结合词性的区分来具体论述。

（一）名词

例句 1：

警察的职责就是维护法治，保护民众的安全。

إن وظائف الشرطة هو حفظ سيادة القانون وحماية الناس وجعلهم في أمان وطمأنينة.

历尽千辛万苦后，这个旅行者终于平安回到了家。

عاد المسافر إلى المنزل بالسلامة أخيرا بعد كل المصاعد.

句中的أمان和سلامة都有"安"的意味，但是أمن指"安全、安稳"，多形容社会治安、人身安全；而سلامة为完全、平安，强调"完好、顺利”，如常见表达“مع السلامة”（再见），其本意为“一路平安”。

例句 2：

他今天的出色成绩是他一直以来努力工作的结果。

إن إنجازه المتميز اليوم هو نتيجة عمله الجاد طوال الوقت.

如果这个问题不及时处理，后果将不堪设想。

إذا لم يتم التعامل مع هذه المشكلة في الوقت المناسب ، فستكون العواقب وخيمة.

نتيجة和عاقبة的基本含义均为在一定阶段，事物发展的最后状态，نتيجة意为“结果、结论”，是中性词，其三母词根“نتج”意为生产、产生；“عاقبة”意为“后果、下场”，其三母词根“عقب”意为“在……之后”，含贬义，常用来表达负面的意思。

（二）动词

例句 1：

希望捡到我手表的人将它还给我。

يرجى لمن عثر على ساعتي المفقودة أن ترجعها إلي.

我们应当尊重总理的遗愿。

يجب علينا أن نحترم تطلعات رئيس الوزراء الراحل.

在阿拉伯语中，“رجا”和“طلع”都有“希望、渴望”的意思，但在感情强度上有所区别。“رجا”常译为“希望”，而“طلع”更多译为“渴望、愿望”，表示的情感更加迫切。

例句 2：

跑完全程马拉松，他已经筋疲力竭。

كان منهكا بعد خوض الماراثون بكامله.

一整天繁重的工作让他十分劳累。

العمل الشاق طوال اليوم يجعله متعبًا جدًا.

“أتعب”意为“使劳累”，而“أنهك”意为“使精疲力竭”，意思相近，但“أنهك”表示的劳累程度更高。

（三）副词

例句 1：

好消息纷至沓来。

جاءت الأخبار الجيدة واحدة تلو الأخرى.

工作完成之后他就离开了。

غادر بعد الانتهاء من العمل.

“تلو”和“بعد”都有“在……之后”的意思，但“بعد”更常用，也更口语化，“تلو”相比较而言更有文学色彩，常在正式场合使用。

例句 2：

办公室的墙上挂着一幅世界地图。

خريطة العالم معلقة على حائط المكتب.

在君主制国家，国王享有至高无上的权力。

في بلد الملكية,الملك يتمتع بسلطة ليس فوقها سلطة.

“على”是阿拉伯语中用途非常广泛的介词，其本意为“在……之上”；“فوق”和它意思相近，但多表示不直接接触的上方（可类比英语中“above”和“on”的区别）。

三、使用近义词容易出现的问题

（一）近义词使用对象不准确

对于部分外语学习者来说，词汇的辨析主要借助字典等工具书，记忆单词大多依靠汉语词义，不会主动分辨同义词使用对象的细微差别，从而导致对于这些词语的错误运用。

例句 1：

新冠病毒疫情过后，中国经济日渐恢复。

يتعافى الاقتصاد الصيني تدريجيا بعد الانتصار على محاربة فيروس كورون المستجد.

他已经从病痛中完全恢复过来，并很快返回工作岗位。

شفي من المريض تماما,وعاد إلى وظيفته في أسرع وقت ممكن.

该例句中虽然يتعافى和شفي都有“恢复”的意思，但شفي一般只用于人体健康的恢复，常翻译为“痊愈、康复”，而تعافى多用于描述非生命物体的“恢复”，如价格、经济、工业等方面。

例句 2：

去年 12 月，习主席同特朗普达成一致，共同推进以协调、合作、稳定为基调的中美关系向前发展。

توافق الرئيس الصيني شي مع ترامب في دفع العلاقات الصينية الأمريكية

على أساس التنسيق والتعاون والاستقرار إلى الأمام ديسمبر السنة الماضي.

一席良言如参天大树，根基稳固、枝繁叶茂。(《古兰经》14：24）

كلمة طيبة كشجرة طيبة أصلها ثابت وفرعها في السماء.(《الفرآن》24 ：14)

第一句中的الاستقرار对应汉语中的“稳定”，多用于形容政治、经济、安全局势，其词根قرر本意为安放、放置；而ثابت的本意为牢固、静止，在阿语中常表达坚定、固定、永恒等含义，常用搭配如意志坚定（عزيمة ثابتة）、不褪的颜色（لون ثابت）、固定资产（أصول ثابت）等。

（二）对近义词的内涵和外延理解不到位

由于语言习惯、生活环境、社会文化的不断演变，语言表达的内涵与外延也会产生相应的变化。阿拉伯语的构词法有其独特的规则，每一词基本都有内部词根和派生关系上的复杂变化，通常一个词根可派生出若干甚至数十种不同含义的动词和名词，词语之间也会因为这种变化而产生词义的交叉，阿语译者易因为对词义内涵和外延的理解不到位而产生翻译上的偏差。

例句 1：

坚持走和平发展道路，是中国根据时代发展潮流和国家根本利益做出的战略抉择。

ان التمسك بمسار التنمية السلمية هو الخيار الاستراتيجي الذي اتخذته الصين في ضوء التيارات النمائية الحالية والمصالح الوطنية الأساسية.

整日空想而不付出努力是毫无益处的。

ان التفكير بدون العمل الجدي دائما ليس له أي فائدة.

例句中的صالحة和فائدة都有“利益”之意，但两者的内涵有所区别。صالحة强调重大利益、大恩大惠，而فائدة多指普遍意义上的利益，如个人利益、银行收益等，两者的区分主要体现为实际含义的差别，而不取决于某一确定的对象，如个人的重大利益也可使用صالحة。

例句 2：

在美国，只要孩子取得驾照，家长就会允许孩子使用他的汽车。

في الولاية المتحدة الأمريكية يأذن الأب لابنه أن يستخدم سيارته طالما حصل الابن على رخصة القيادة.

2015 年，中国医药学家屠呦呦获得诺贝尔医学奖。

فازت الطبيبة الصينية تويويو بجائزة نوبل في الطب في عام 2015.

在中国政府的政策扶持下，该公司今年获利巨大。

بفضل دعم السياسات الحكومة الصينية ، كسبت الشركة أرباحًا ضخمة هذا العام.

上述例句中的词均可译为获得，但在阿语中这三个词的使用范围有很大差别。“حصل”一般泛指通俗意义上的“得到、获得”；“فاز”多用于比赛、颁奖，表示“赢得”之意，如获得奖牌、赢得荣誉等；在表示获得利润、赢得信任等获“益”时，常用“كسب”。

（三）对于近义词的感情色彩理解不到位

词语往往含有褒扬、喜爱、厌恶、否定等特定的感情色彩，外语学习者在使用近义词时，往往难以分清词语的褒贬义，易出现词不达意、张冠李戴的现象，从而造成对方的不快，甚至引起严重的外事问题。

例句 1：

作为一名工作二十年的老员工，他拥有这家公司 10% 的股份。

بصفته موظفًا قديمًا عمل لمدة 20 عامًا ، فإنه يمتلك 10٪ من أسهم الشركة.

约旦外长强调，以色列归还被占领的巴勒斯坦土地是巴以和谈的基础。

أكد وزير الخارجية الأردني أن إعادة إسرائيل الأراضي الفلسطينية المحتلة هي أساس محادثات السلام الفلسطينية الإسرائيلية.

例句中的امتلك意为“拥有、领有”，表示一种合理的拥有、占有，常见搭配有知识产权（ملكية　فكرية）、财产（ممتلكات）、所有者（صاحب الملك）等；احتل意为“据有、占领”，一般指非法占有，不具备法理性和正义性，从感情色彩上来讲含贬义。

例句 2：

爱国主义是中国人民最朴素的情感之一。

إن حب الوطن من أبسط مشاعر الشعب الصيني.

国家元首是国家的最高领导，是一国的象征。

رئيس الدولة هو أعلى زعيم للبلاد ورمز للدولة إن

阿语中，“دولة” “بلد” “وطن”均表示“国”，但是“وطن”一般特指“祖国”，具有强烈的感情色彩，其阿语三母词根本意为“定居、落户”，有一定的归属感（类似英语中的motherland）；“بلد”三母词根本意为“村落、乡土”，可引申为行政区划中的村镇，有“家园”之意，具有一定的感情色彩（类似英语中的country）；“دولة”往往为政府层面的国家概念，偏指政权、国家机器，如上文中的“国家元首”即用“رئيس الدولة”（类似英语中的state）。

四、近义词的辨析方法

通过以上的举例可以看出，近义词辨析是汉阿翻译中的难点。如何辨析近义词，并在翻译交流中恰当运用近义词呢？其实最关键的就是平时多积累词汇、多阅读原文材料，学习研究阿拉伯文化背景知识，在具体翻译工作中，还要结合语境和内容对近义词加以辨析。

（一）词语搭配辨析

由于近义词往往在词义、词性上存在一定区别，有些近义词在词语搭配关系上有明显的不同。如“رسوم”和“ضريبة”都有“税”的含义，但都有各自的习惯用法，“رسوم الجمارك”意为关税，“ضريبة الدخل”意为个人所得税。

（二）方言和标准语辨析

当今，有22个国家将阿拉伯语作为官方语言，这些国家分布于西亚北非。由于国家和地区之间有风土人情、文化习俗等方面的差异，阿拉伯语存在大量的“عامية”（方言）。“فصحى”（标准语）是《古兰经》语言，由于阿拉伯人的宗教信仰，“فصحى”一直作为官方用语使用。我们在翻译过程中要区分场合，灵活使用，如表示“没关系”，正式场合可能会说“لا بأس”，但在日常交流中，阿拉伯人更习惯用“معليهش”；“保姆”标准语为“حاضنة”，而在方言中，更常用的是“داده”。

（三）语境背景辨析

在语言表达中，语境的不同是非常重要的考量要素。阿拉伯国家具有浓厚的伊斯兰教和君主制色彩，翻译时需要具体情况具体分析。阿语中的尊称就是值得我们注意的一个问题，对于国王的称呼为“جلالة الملك”，王储为“صاحب السمو الملكي الأمير”，总统为“معالي رئيس الدولة”，部长为“سعادة رئيس الوزراء”，客人为“السيد”，等等。再举一个例子，红十字会在阿语中常用“الهلال الأحمر”（红新月会）来替代，这是历史宗教背景导致的，要根据不同的语境和背景灵活翻译，绝不能直译，以免引起不必要的误会。

【参考文献】

[1]《阿拉伯语修辞》编写组．阿拉伯语修辞 [M]. 北京：外语教学与研究出版社，2002.

[2] 陈中耀．阿拉伯语词汇学 [M]. 上海：上海外语教育出版社，2002.

[3] 关锐. 汉语—阿拉伯语精准翻译初探（تكلم اللغة العربية مثل العرب）[M]. 北京：外文出版社，2008.

[4] 国少华．阿拉伯语词汇学 [M]. 北京：外语教学与研究出版社，1998.

[5] 赵元任．语言问题 [M]. 北京：商务印书馆，1980.

[6] 周烈．阿拉伯语语言学 [M]. 北京：外语教学与研究出版社，1995.

[7] 周文巨．阿拉伯语语言研究 [M]. 上海：上海外语教育出版

社，2002.

[8] 陈中耀 . 阿拉伯语近义词与反义词（下）[J]. 阿拉伯世界，1998（2）.

[9] 汪立荣 . 框架理论与翻译研究 . 国际译联第四届亚洲翻译家论坛论文集 [J]. 北京：外文出版社，2005.

[10] 周文巨 . 阿拉伯语近义词 [J]. 阿拉伯世界，1995（3）.

[11] كتاب فقه اللغة, محمد سالم الكواز,2011.

[12] وليد محمد عامر، فصول في فقه العربية،رسالة دكتوراه غير منشورة، القاهرة، معهد البحوث والدراسات العربية،.2007 ، ص.ص 171-169.

第四部分

学科研究

“9·11”后全球战略视角下美国的阿拉伯语教学发展研究

梁盼盼[①]

【摘要】“9·11”后，美国政府开始重视阿拉伯语教育，颁布政策扩大阿拉伯语专业的招收规模，阿拉伯语教学得到了快速发展。这些措施的背后是美国维护国家安全、维持本国国际地位、向阿拉伯世界传播美国文化与美式民主的野心。外语教学是国家“软实力”的重要组成部分，美国阿拉伯语教育的发展给我国阿语教学带来诸多启示。我们应突破传统教学模式，培养具有全球视野的阿拉伯语人才，向阿拉伯国家讲好中国故事、传播中国好声音。

【关键词】“9·11”；全球战略；阿拉伯语教学；美国

一、“9·11”后美国的语言政策

“9·11”之前，阿拉伯语在美国还是一门相对小众的语言，学习者大多数为学术机构的研究者。“9·11”恐怖袭击的发生让美国政府察觉到，仅靠军事力量与科技发展无法维护美国的安全，“忽视异域文化的思想和价值观念，是造成恐怖袭击事件的重要原因”[②]。美国政府认为，了解阿拉伯文化，进而具备全球视野，对于美国的安全与发展尤为重要。于是政府在2004年、2006年分别颁布《全国语言大会白皮书》与《国家安全语言计划》，目的是培养掌握包括阿

---

① 梁盼盼，浙江工商大学东方语言与哲学学院讲师。

② 张燕军:《美国教育战略研究》，58页，杭州，浙江教育出版社，2013。

拉伯语在内的“关键语言”[①]人才。这两个文件的颁布是“9·11”后美国全球战略的具体体现，旨在提高美国公民的外语技能，了解他国社会文化，使美国继续保持全球霸主地位。前总统布什曾说：“为了表达我们对阿拉伯人的关心，我们必须了解他们的文化。我关心他们，希望他们知道我不仅对他们的说话方式感兴趣，而且对他们的生活方式也感兴趣。”[②]语言政策的提出使美国的阿拉伯语教学发展到了一个新的阶段。

二、“9·11”后美国阿拉伯语教学发展

（一）高校阿拉伯语教学发展

“9·11”事件以前，美国高校阿拉伯语专业招生人数相对较少。1980 年美国高校阿拉伯语专业的招生人数为 3471 人，同年学习俄语与拉丁语的人数分别为 2.3 万、2.5 万人，2001 年之前阿拉伯语仍是“小众”语言。“9·11”后，随着政府出台一系列语言政策，各类高校纷纷建立阿拉伯语系，扩大阿拉伯语专业招生人数，阿拉伯语正式进入了大众的视野。

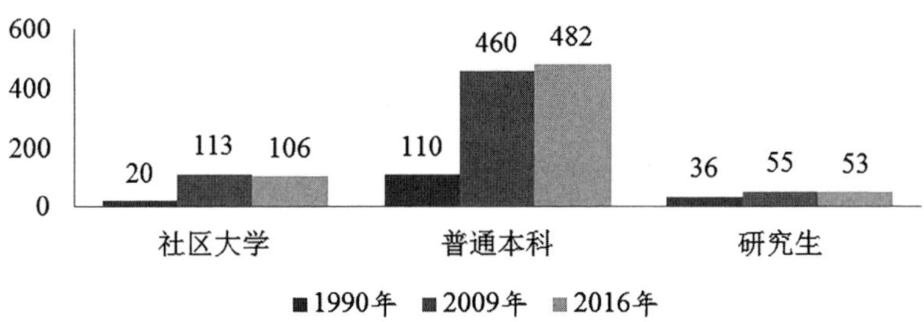

图 1　美国提供阿拉伯语教学的社区大学、普通本科、研究生高校数目变化[③]

① “关键语言”（critical need foreign language）指的是那些除英语、法语、德语和西班牙语之外，学校很少教授，在实际中却又急需，且对美国国家安全有着重大影响的语言，如阿拉伯语、俄语、韩语等。

② Erik Robelen, “Arabic Instruction on Rise in U.S. Schools Since 9/11,” *Education Week*, 2011.

③ Dennis Looney, *Natalia Lusin, Enrollments in Languages Other Than English in United States Institutions of Higher Education, Summer 2016 and Fall 2016: Final Report*, the Modern Language Association of America, 2019.

在 2001 年后的几年中，美国高校阿拉伯语招生人数快速增长，在 2009 年达到 3.5 万人。

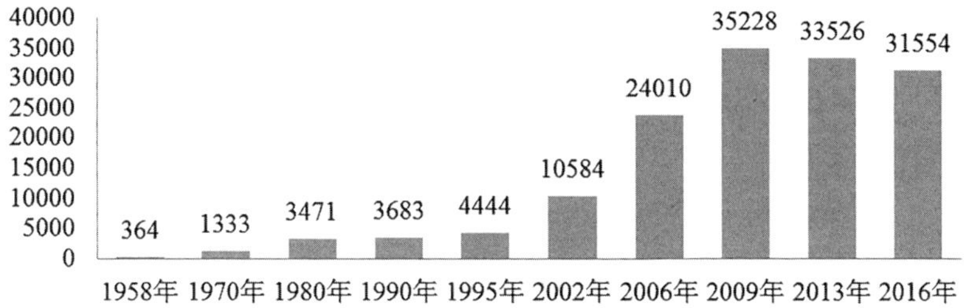

图 2 美国高校历年阿拉伯语专业招生人数变化 [①]

近几年，由于美国高校整体缩减招生人数，外语学习者相应减少，阿拉伯语学习人数稍有下降。然而相较美国学习外语的总人数，阿拉伯语专业学生的占比依然处于缓慢上升趋势，2002 年、2006 年、2016 年在外语学习人数榜单中依次位列第 12 位、第 10 位、第 8 位。这再次证明阿拉伯语教学对美国有着重要的战略意义，受到越来越多人的关注。

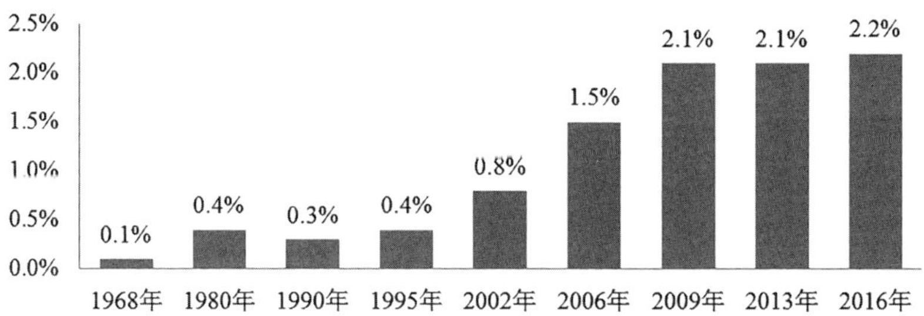

图 3 美国高校阿拉伯语专业学生占 15 种常见语言学习人数 [②] **的百分比变化** [③]

标准阿拉伯语常常被运用于正式场合，而阿拉伯人日常沟通则更多使用方言。为了能够拉近与阿拉伯大众的距离，同他们顺畅交流，

---

① Dennis Looney, *Natalia Lusin*, *Enrollments in Languages Other Than English in United States Institutions of Higher Education*, *Summer 2016 and Fall 2016*: *Final Report*, the Modern Language Association of America, 2019.

② 15 种常见语言为：西班牙语、法语、美国手语、德语、日语、意大利语、中文、阿拉伯语、拉丁语、俄语、韩语、古希腊语、葡萄牙语、古希伯来语、现代希伯来语。

③ Dennis Looney, *Natalia Lusin*, *Enrollments in Languages Other Than English in United States Institutions of Higher Education*, *Summer 2016 and Fall 2016*: *Final Report*, the Modern Language Association of America, 2019.

美国部分高校还提供了阿拉伯语方言的教学，具体情况如下：

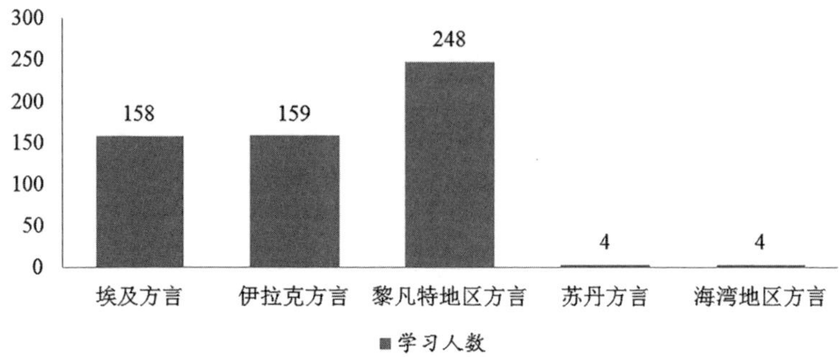

图 4　2013 年美国部分阿拉伯语方言学习人数 [①]

美国教授阿拉伯语的高校数目增加，招生人数大幅增长，此外还提供阿拉伯语方言教学，这些都证实了美国语言政策取得了明显成效，是其全球安全战略的具体体现。

（二）K–12[②] 阶段阿拉伯语教学发展

美国语言专家认为在 K-12 阶段开始学习外语，比从大学开始学更利于学生外语技能的养成。[③] 美国政府鼓励中小学与高校进行合作开展外语教育，以迎接经济全球化给美国带来的巨大挑战。为了提高 K-12 阿拉伯语教师的数量与专业水平，美国政府及各个组织做出了一系列努力，如设置阿拉伯语教师鼓励金计划，推进阿拉伯语教师资格认证，为教师提供专业培训，支持阿拉伯语教学创新等措施。美国政府推出的“美国关键语言教师项目”，内容之一就是让埃及教师通过该项目来到美国中小学，教授阿拉伯语及阿拉伯文化。该项目增进了美国与埃及两国教师的交流，同样也使埃及教师进一步了解美国社会与文化。当前美国阿拉伯语教科书大部分面向大学生，

---

① Dennis Looney, *Natalia Lusin*, *Enrollments in Languages Other Than English in United States Institutions of Higher Education*, *Summer 2016 and Fall 2016*: *Final Report*, the Modern Language Association of America, 2019.

② K-12 教育是美国基础教育的统称。“K-12”中的“K”代表 Kindergarten（幼儿园），“12”代表 12 年级（相当于我国的高三）。“K-12”是指从幼儿园到 12 年级的教育，因此也被国际上用作对基础教育阶段的通称。

③ 罗辉：《从国防安全到全球视野：二战后美国外语教育政策变迁研究》，湖南师范大学博士论文，2017。

而针对 K-12 阶段学生的教材则相对较少。因此教师往往根据自己的授课进程，结合不同教材、网络资源等自行确定授课内容。

美国国际教育委员会 2017 年发布的《全国 K-12 外语招生调查报告》显示，2014—2015 学年美国 K-12 学生约有 5411.1 万名，其中进行外语学习的共有 1063.8 万名，占比 19.66%，阿拉伯语学习者约为 2.6 万，位列所有外语学习人数榜第七。[①] 美国教授阿拉伯语的高中现共有 161 所，这些学校采用现代化教学手段，丰富的授课形式，增强了学生学习语言的兴趣，大大提高了语言教学的质量。

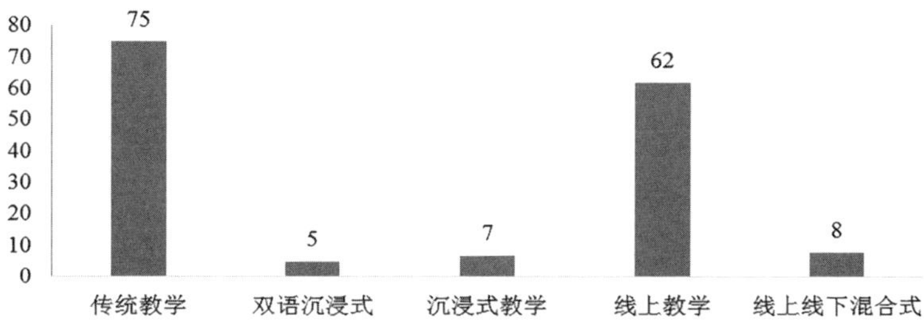

图 5 美国阿拉伯语教学中采用不同教学手段的高中数目分布情况 [②]

此外，美国部分高中的阿拉伯语教学重视精英教育，其中有 4 所学校采用高等先修课程 [③] 的形式，6 所学校采用国际文凭课程 [④] 的形式。囿于教学资源有限，专业的阿拉伯语教师较为缺乏，因此美国鼓励中小学阿拉伯语教学进行资源共享，学生不仅可以在传统学校的教室中进行语言学习，还可以依靠一些高等院校隶属的语言机构、其他教育机构、社区学校等进行线上线下混合式学习。

① *The National K-12 Foreign Language Enrollment Survey Report*, American Councils for International Education, 2017.

② *The National K-12 Foreign Language Enrollment Survey Report*, American Councils for International Education, 2017.

③ 高等先修课程（Advanced Placement Courses）是学生在高中阶段选修大学水准的基础课程。

④ 国际文凭课程（International Baccalaureate Courses）被认为是世界一流教育的典范，每个学校都接受了国际文凭组织的严格认证。

三、美国阿拉伯语教学特点

（一）阿拉伯语教学为国家安全服务

当前国际形势复杂多变，恐怖袭击、环境恶化、经济危机、疾病蔓延等全球性问题时常出现，美国为了能够在世界上立于不败之地，巩固自己全球霸主的地位，维护其核心利益，制定了适应国家发展战略的外语教学政策。美国前国务卿鲍威尔说："解决我国面临的大多数主要问题，如消除恐怖主义、治理环境问题、根除艾滋病等，需要每个美国人学习其他地区的知识，了解其语言与文化。"① 阿拉伯国家一直是国际热点地区，美国政府制定政策推进阿拉伯语教学，广泛招收阿拉伯语学生，将阿拉伯文化、国际热点问题等融入语言教学，在全国推广与实施阿拉伯语教学标准，目的就是使本国人民了解阿拉伯文化，培养具有全球视野的阿拉伯语人才。这有利于美国积极参与国际竞争，垄断国际话语权，推行美国价值观，最终使美国继续保持全球霸主地位。正如一位美国的阿拉伯语学习者所说，"我们积极地去了解中东和北非。我们对他们的语言和文化了解得越多，我们的生活就会越好"②。

（二）阿拉伯语教学有长远规划、有连续性

一直以来，美国政府都致力于推广一个从小学到大学的综合性外语教育体系。2007 年美国国家研究委员会发布了报告《国际教育与外语：保卫美国未来的关键》，其中指出美国未来的外语教育应该成为基础教育的核心课程。该报告计划除英语以外，每一位学生都应该掌握一门外语；外语课程学习应该从小学开始，且持续到中学，最后同大学接轨。美国政府宏观把控，协调从小学到高校的阿拉伯语教学资源，在 K-12 阶段为学生提供阿拉伯语教学，同时请阿拉伯国家的教师进行授课，一方面加强学生的语言技能，另一方面使

① *Education for Global Leadership*, Committee of Economic Development, 2006.

② Erik Robelen, *Arabic Instruction on Rise in U.S. Schools Since 9/11*, Education Week, 2011.

学生了解阿拉伯社会与文化，实现学生文化素养的提升。K-12 阶段阿拉伯语教学直接对接大学外语教育，加强了美国的阿拉伯语人才储备。

（三）阿拉伯语教学手段现代化

为了取得高质量的教学效果，美国突破传统教学模式，利用现代化教学手段，推进阿拉伯语教学改革。如沉浸式教学主要是针对十二年级以下的学生进行的外语教学，即要求学生全天用阿拉伯语进行学习，主要科目如数学、社会等的授课以及课下的沟通交流全部用阿拉伯语进行。学生在学习基础知识的同时，阿拉伯语语言能力也获得了提升。双向沉浸式教学是将阿拉伯语和英语作为教学活动语言，从而实现基础课程学习与语言技能提升的双重目标。此外，还有线上线下混合式教学、探索式教学等各种现代化教学模式。现代化的教学手段提高了阿拉伯语的教学效果，促进了学生综合能力的发展。

四、对我国阿拉伯语教学的启发

“9 · 11”事件的发生向人们证明，强劲的军事力量并不是国家立于不败之地的唯一要素，包括外语教育在内的“软实力”才是一个国家走向全球、参与国际竞争的必要条件。美国发展阿拉伯语教学的目的之一是为了维护美国自身的利益，从而继续保持其世界霸主地位，但在一定意义上对我国的阿拉伯语教学也有着启发作用。

（一）发展阿拉伯语教学需要政策支持

国家外语能力建设离不开顶层设计，而外语教育规划是否合理取决于相关政策能否反映、调节和指导外语人才供需关系的中长期变化趋势。[①] 中国高等外语教育传统上注重通用语种、大语种，偏重学习西方发达国家的语言，对其他国家和地区的语言学习存在“赤

① 刘欣路、许婷:《民心相通需要“小语种”的支撑》，载《对外传播》，2017（4）。

字”。对参与“一带一路”倡议的国家和地区，如亚非拉、中东欧地区的非通用语或小语种的关注度还不够，语言“赤字”直接导致对于这些国家和地区的认知“赤字”。[①] 阿拉伯语作为 22 个阿拉伯国家的官方语言，是国际通用语种之一，也是“一带一路”沿线国家的语言，而我国阿拉伯语学习者在全国外语学生中占比不高，这为我国走向国际化带来了限制与阻碍。因此，政府应做好宏观调控，制定政策鼓励扩大阿拉伯语学习者规模。另外，阿拉伯语学习难度大，部分学生经过本科四年的学习仍未能熟练掌握阿拉伯语，无法达到用阿拉伯语进行交流与工作的水平。学界认为，起始年龄是第二语言习得的重要因素，对于外语习得有着重要的影响，因此我国可以尝试在义务教育阶段进行阿拉伯语教学。美国有 2.6 万中小学学生学习阿拉伯语，然而我国在中学阶段教授阿拉伯语的学校只有不到十所，学习人数不成规模，因此可以开创性地将阿拉伯语教学纳入全国基础阶段教育，对接高校阿拉伯语教学，加强我国阿拉伯语人才的储备。

（二）转变阿拉伯语人才培养模式

过去我国对阿拉伯语人才的培养注重语言技能与实用性，随着我国国力不断增强，国际地位不断提升，“一带一路”倡议不断推进，国家对于阿拉伯语人才的培养也有了新的要求。外语高校应顺应国家发展趋势，对阿拉伯语专业发展与阿拉伯语人才培养进行长远规划，设置新的培养目标，即培养具有全球视野的阿拉伯语人才，为国家发展服务。如北京外国语大学阿拉伯学院制定了以“山峰”带动“高原”为基本原则的国际化人才培养理念，即在充分发挥一流本科生培养的优势和特色（“高原”）基础上，培养一批国家发展亟须的阿拉伯语人才（“山峰”）。[②] 培养出具有全球视野的阿拉伯语人才，是实现中阿人民“民心相通”的前提之一。

---

① 曹德明：《“一带一路”与外语战略人才培养》，载《新丝路学刊》，2017（2）。

② 叶良英：《阿拉伯语国际化战略人才培养的实践探索——以北京外国语大学阿拉伯语专业为例》，载《阿拉伯研究论丛》，2015（2）。

（三）推进阿拉伯语教学改革

我国传统的阿拉伯语教学手段常常以教师为中心，进行外语知识的单向传播，学生在课堂上无法发挥主动性，学习外语的积极性不高。美国的阿拉伯语教学手段具有现代化、多样化的特点，取得了很好的教学效果。我国各高校应积极推进阿拉伯语教学改革，根据各个年级的学习状况，有针对性地丰富课堂教学手段，如可以采用翻转课堂、线上线下混合式教学、虚拟仿真教学等现代化外语教学手段，激发学生学习语言的兴趣，促进学生课堂参与度，提高语言学习效果。此外，教师可以突破传统阿拉伯语教材的限制，加大自主选择力度，充分利用网上丰富的阿拉伯语资源，结合阿拉伯文化与国际热点话题进行外语教学，一方面使学生的专业能力有所提高，另一方面实现了学生人文素养的提升，一举两得。

结　语

美国推行外语语言政策，培养全球战略视角下的外语人才，其目的是为了维护美国自身的国家利益，推进美国意识形态的传播，继续保持其世界霸主地位。经济全球化使人类社会面临共同的挑战，如疾病传播、环境污染等问题，语言是不同国家进行沟通的工具，也是增进友谊的桥梁。阿拉伯国家一直是我国的“好兄弟、好朋友、好伙伴”，“一带一路”倡议的提出使中国和阿拉伯国家的关系发展驶入了快车道，中国的阿拉伯语教育对于中阿关系发展、交流有着重要的意义。我国阿拉伯语教学应适应新形势，进行新变化，培养更多有全球视野的阿拉伯语人才，用阿拉伯语讲好中国故事、传播中国好声音。

【参考文献】

[1] 曹德明．“一带一路”与外语战略人才培养 [J]. 新丝路学刊，2017（2）.

[2] 柳文佳，罗林．高校阿拉伯语教学改革的历史逻辑与路径选

择 [J]. 中国穆斯林，2019（1）.

[3] 刘欣路，许婷 . 民心相通需要“小语种”的支撑 [J]. 对外传播，2017（4）.

[4] 罗辉 . 从国防安全到全球视野：二战后美国外语教育政策变迁研究 [D]. 湖南师范大学，2017.

[5] 叶良英 . 阿拉伯语国际化战略人才培养的实践探索——以北京外国语大学阿拉伯语专业为例 [J]. 阿拉伯研究论丛，2015（2）.

[6] 张燕军 . 美国教育战略研究 [M]. 杭州：浙江教育出版社，2013.

[7] Dennis Looney，Natalia Lusin，Enrollments in Languages Other Than English in United States Institutions of Higher Education，Summer 2016 and Fall 2016：Final Report[R]. the Modern Language Association of America，2019.

[8] Education for Global Leadership[R]. Committee of Economic Development，2006.

[9] Erik Robelen，Arabic Instruction on Rise in U.S. Schools Since 9/11[J]. Education Week，2011.

[10] The National K-12 Foreign Language Enrollment Survey Report[R]. American Councils for International Education，2017.

阿拉伯国家地名标准译写问题研究

——以埃及地名译写为例

黄元鹏[①]

近年来，随着中阿合作论坛等合作机制的建立与发展，中国与阿拉伯国家在各领域的交流合作不断加深。相应地，越来越多的阿拉伯国家地名通过各种媒介进入中国受众的视野。如何标准地将这些地名译成中文，成为翻译工作者面临的一个问题。

2008 年，当时的国家质量监督检验检疫总局发布了由民政部负责、当时的国家测绘局等单位参加起草的国家标准《GB/T 17693.6-2008 外语地名汉字译写导则 阿拉伯语》(下文简称“国标译写导则”)[②]。2014 年，中国地图出版社在国家测绘局等单位支持下编辑出版了《世界标准地名地图集》，收录了世界范围内约 15 万条地名(均已译为中文)。虽然有了上述规范性文献，但在当前实践中，阿拉伯语地名的中文译写仍然存在一定程度的混乱。在不同的新闻媒体和出版物中，同一阿拉伯语地名的中文译名经常出现不一致的情况，给信息的传播与交流带来障碍。

埃及是阿拉伯世界最重要的国家之一，同时也是中国“一带一路”倡议的重要支点国家。随着国内受众对中东地区局势及中埃共建“一带一路”进展的高度关注，大量埃及地名见诸中国各类传播媒介。本文即以 1949 年以来公开发行的中文埃及地图作品以及近年来新闻报道中较多出现的埃及地名为例，探讨阿拉伯语地名翻译实践中的问题所在，并给出解决问题的建议。

---

① 黄元鹏，中央广播电台记者。

② 这是 1999 年发布的《GB/T 17693.6-1999 外语地名汉字译写导则 阿拉伯语》的修订版。

一、埃及主要居民点正式译名的历史沿革

地图是地名最为直观且集中的载体之一，也是各类写作、翻译与研究者的主要参考资料。我国政府对于公开出版发行的地图制定了严格的管理制度，要求其中的重要信息（包括疆界、地名等）必须通过测绘主管部门的审核。① 因此，中文地图上的外国地名，可视为一种带官方色彩的正式译名。通过不同年代出版的中文版埃及地图，可以考察有关地名正式中文译名的历史沿革情况。

这里选取 1958 年至 2018 年出版发行的 6 幅中文版埃及地图，以埃及现在 27 个省的省会城市为例②，列出这 27 个城市在地图中的中文译名，并附上阿拉伯语原名以资对照，制成对照表。

选取的中文地图如下（在标题栏及后文中以字母序号代称）：

a. 地图出版社编辑部:《世界地图集》(甲种本)，地图出版社，1958。第 108 页为埃及地图，比例尺 1∶750 万。

b. 地图出版社:《世界地图集》，地图出版社，1972。第 33 页为埃及地图，比例尺 1∶630 万。

c. 地图出版社编辑部:《非洲地图集》，地图出版社，1985。分国地图部分第 3～4 页为埃及地图，比例尺 1∶250 万。

d. 黄秀莲、沈文轩:《最新世界地图集》(第 3 版)，中国地图出版社，1998。第 58 页为埃及地图，比例尺 1∶1000 万。

e. 范毅、周敏:《世界地图集》，中国地图出版社，2005。第 150 页为埃及地图，比例尺 1∶600 万。

f. 中国地图出版社:《世界热点国家地图：埃及》，中国地图出版社，2018。比例尺 1∶160 万。经比对，该地图上出现的地名译名与前文提到的 2014 年版《世界标准地名地图集》的地名译名一致。

---

① 参见国务院 1995 年发布的《中华人民共和国地图编制出版管理条例》，2016 年发布的《地图管理条例》；原国土资源部 2017 年发布的《地图审核管理规定》。

② 这并不代表这 27 座城市在 1958 年至 2018 年期间均为省会城市。但它们一直都是主要居民点，因而在大多数地图上都会被表示出来，且在国内新闻报道和各类出版物中出现的频率相对较高。

埃及省会城市阿拉伯语原名及其在不同版本中文地图中的中文译名对照表
（以下简称对照表）

	原名①	a	b	c	d	e	f
1	القاهرة	开　罗	开　罗	开　罗	开　罗	开　罗	开　罗
2	الجيزة	吉　萨	吉　萨	吉　萨	吉　萨	吉　萨	吉　萨
3	الإسكندرية	亚历山大里亚	亚历山大	亚历山大	亚历山大	亚历山大	亚历山大
4	العريش	艾里什	阿里什	阿里什	阿里什	阿里什	阿里什
5	طور	托　尔	图　尔	图　尔	图　尔	图　尔	图　尔
6	الإسماعيلية	伊士美利亚	伊斯梅利亚	伊斯梅利亚	伊斯梅利亚	伊斯梅利亚	伊斯梅利亚
7	السويس	苏伊士	苏伊士	苏伊士	苏伊士	苏伊士	苏伊士
8	بور سعيد	塞得港	塞得港	塞得港	塞得港	塞得港	塞得港
9	دمياط	达米埃塔	杜姆亚特	杜姆亚特	杜姆亚特	杜姆亚特	杜姆亚特
10	المنصورة	曼苏拉	曼苏腊	曼苏拉	曼苏拉	曼苏拉	曼苏拉
11	الزقازيق	宰盖济格	扎加济格	扎加济格	宰加济格	宰加济格	宰加济格
12	كفر الشيخ	/	谢赫村	谢赫村	谢赫村	谢赫村	谢赫村
13	طنطا	坦　塔	坦　塔	坦　塔	坦　塔	坦　塔	坦　塔
14	شبين الكوم	史宾库班	席宾库姆	希宾考姆	希宾库姆	希宾库姆	希宾库姆
15	بنها	本　赫	本　哈	本　哈	本　哈	本　哈	本　哈
16	دمنهور	德曼胡尔	达曼胡尔	达曼胡尔	达曼胡尔	达曼胡尔	达曼胡尔
17	مرسى مطروح	麦特鲁港	马特鲁	马特鲁	马特鲁	马特鲁港	马特鲁港

① 本文中出现的所有阿拉伯语地名原名，均依据埃及国防部军事测绘处 2008 年编绘的 خريطة جمهورية مصر العربية （阿拉伯埃及共和国地图）。该地图为 1：200 万普通地图。

续表

	原名[①]	a	b	c	d	e	f
18	الفيوم	法尤姆城	法尤姆	法尤姆	法尤姆	法尤姆	法尤姆
19	بني سويف	贝尼–苏韦弗	贝尼苏怀夫	贝尼苏韦夫	贝尼苏韦夫	贝尼苏韦夫	贝尼苏韦夫
20	المنيا	米尼亚	米尼亚	明　亚	明　亚	明　亚	明　亚
21	الغردقة	胡尔厄达	古尔达卡	乌尔代盖	古尔代盖	古尔代盖	古尔代盖
22	أسيوط	艾斯尤特	阿西尤特	艾斯尤特	艾斯尤特	艾斯尤特	艾斯尤特
23	سوهاج	苏哈格	索哈杰	索哈杰	索哈杰	索哈杰	索哈杰
24	قنا	克　纳	基　纳	基　纳	基　纳	基　纳	基　纳
25	الأقصر	卢克索尔	乌克苏尔	卢克索（乌格苏尔）	卢克索（乌格苏尔）	卢克索（乌格苏尔）	卢克索（乌格苏尔）
26	أسوان	阿斯旺	阿斯旺	阿斯旺	阿斯旺	阿斯旺	阿斯旺
27	الخارجة	哈尔加	哈尔加	哈里杰	哈里杰	哈里杰	哈里杰

由于埃及城市名称中是否必须包含“港”“城”“村”“角”等通名并无定规，我们在考察译名变化时暂且忽略译名中此类通名的增减，即将“马特鲁港”与“马特鲁”“法尤姆城”与“法尤姆”等视为相同译名。

依上述标准参照对照表，1958 年的 26 个译名和 1972 年相比，有 17 个发生变动，占比约 65.4%；1972 年的 27 个译名和 1985 年相比，有 8 个发生变动，占比约 29.6%；1985 年的 27 个译名和 1998 年相比，有 3 个发生变动，占比约 11.1%；1998 年的 27 个译名和 2005 年相比，没有变化；2005 年的 27 个译名和 2018 年相比，也没有变化。可以说，埃及主要居民点的中文正式译名在 20 世纪 50 年代末至 20 世纪末一直都在变动，但 70 年代前，变动非常频繁；80 年代和 90 年代译名也有改动，但变动幅度逐渐趋缓；近 20 年来，埃及主要居民点的正式中文译名保持稳定。这种稳定有利于其得到广泛接受与应用，但在 2008 年国标译写导则发布的背景下，这套译名是否仍应保持不变，值得商榷。

二、当前埃及地名译写实践中存在的问题分析

（一）现行地图中的正式译名未按国标译写导则进行修订

如前所述，我国公开出版的地图均经国家测绘主管部门审定，其中的地名信息有较高的权威性，是翻译者和写作者在遇到地名翻译问题时的主要参考资料。然而，新近出版的埃及地图基本沿袭了 20 年前的旧译，未及时对照国标译写导则进行修订。其中的主要问题可分为两类：

第一类问题，国标译写导则规定了用于音译阿拉伯语地名的汉字（见该标准的“阿拉伯语汉语音译表”，以下简称“国标音译表”），然而，地图 f（以及《世界标准地名地图集》）中有大量音译地名未使用“国标音译表”规定用字。兹举数例如下：

对照表第19项 بني سويف 在地图f中译作“贝尼苏韦夫”，而按国标音译表应译为“拜尼苏韦夫”；对照表第24项 قنا 在地图f中译作“基纳”，而按国标音译表应译为“吉纳”；居民点 قصر فرافرة 在地图f中译作“费拉菲拉堡”，按国标音译表应译为“弗拉菲拉堡”；居民点 البويطي在地图f中译作“拜维提”，按国标音译表应译为“布韦提”；居民点 زيتون 在地图f中译作“棕橄”，按国标音译表应译为“宰通”；居民点 العلمين 在地图f中译作“阿莱曼”，按国标音译表应译为“阿莱迈因”。

需要说明的是，国标译写导则中存在允许沿用旧译的除外条款，但仅限于惯用汉字译名和以常用人名命名的地名。以上所举数例，特别是不见于对照表的后 4 个地名（的中文译名），在地图、地名录以外的媒介中很少出现，很难说是惯用译名。

第二类问题，国标译写导则细则 5.1.7 规定，由 2 个以上（含 2 个）地名构成的专名，其音译名称超过 8 个汉字（含 8 个汉字）时，第一个词后加连接号“-”。

地图 f 中有多个符合该细则规定的译名，汉字全部连写，未加连接号。如：西迪阿卜杜勒拉赫曼、阿巴尔阿布希泰塔、扎维耶阿卜杜勒加迪尔（应分别在“西迪”“阿巴尔”“扎维耶”后加连接号）。

（二）其他媒介地名译写混乱

在基本保持稳定的地图上，国标译写导则尚且不能得到完全贯彻，其他媒介中出现的埃及地名，就更显得混乱。特别是将地名范围扩大到中小居民点和自然地物之后，就出现了各种各样的问题。下面举出几个较为典型的例子：

例一，主要居民点、红海省省会الغردقة（对照表第 21 项，罗马化转写 Al Ghardaqah）按国标译写导则应译作“古尔代盖”，但中国驻埃及使馆一般译作“霍尔格达”，这也成为很多新闻媒体、旅行社和网上旅游攻略使用的译名。[①] 该地的英文旧译名 Hurghada 是造成这一问题的主要原因。同样的原因导致居民点الأقصر（对照表第 25 项，英文旧译名 Luxor，罗马化转写 Al Uqşur）、رشيد（英文旧译名 Rosetta，罗马化转写 Rashīd）等在不同媒体和出版物中出现不同译法。

例二，居民点العلمين（罗马化转写 Al ‘Alamayn）按国标译写导则应译作“阿莱迈因”，而近几年关于第二次世界大战北非战场的新闻报道较多译作“阿拉曼”。[②] 湖泊بركة قارون按国标译写导则应译作“加龙湖”，而有的新闻报道将其译作“加伦湖”[③]；埃及旅游局官方中文网站则译作“戈伦湖”[④]。这类情况，是翻译未遵循国标译写导则，

① 参见 2018 年 9 月 26 日中国驻埃及使馆网站发布的消息《中国驻埃及使馆工作组赴霍尔格达和卢克索进行领保考察》（网址：http：//eg.china-embassy.org/chn/zxxx/t1599004.htm），霍文杰主编、中国驻埃及使馆工作人员集体编写的《魅力埃及》（文物出版社 2008 年版），2017 年 7 月 15 日央视网发布的消息《埃及霍尔格达游客遭袭》（网址：http：//m.news.cctv.com/2017/07/15/ARTIhl7w7sYzNFzf4i9eC462170715.shtml）。

② 参见刘水明等：《胜利，从阿拉曼战役开始》，载《人民日报》，2015 年 7 月 13 日第 21 版；马岩：《重走二战北非战场阿拉曼》（新华社 2015 年 8 月 25 日电）。

③ 参见黄培昭：《埃及拯救加伦湖》，载《人民日报》，2007 年 11 月 16 日第 3 版。

④ 参见埃及旅游局中文网页：http：//www.egypt.travel/zh/attractions/lake-qarun。

随意选择译音字造成的。

例三，埃及与沙特争议岛屿 جزيرة صنافير 在地图 f 中译作“锡纳菲尔岛”，而近年报道岛屿主权风波的新闻均将其译为“塞纳菲尔岛”（与地图 a 中的译法相同）[①]。出现这一问题的原因，是阿拉伯语在书写中省略元音符号造成的混淆。由于这种省略，不仅这种生僻地名的确切发音（是 Şanāfīr 还是 Şināfīr[②]）一时难以确定，甚至一些基础词汇的发音都会发生混淆（如“埃及”一词的阿拉伯语 مصر 向来有 Mişr 和 Maşr 两种读法[③]）。

（三）国标译写导则存在瑕疵

国标译写导则是用汉字译写阿拉伯语地名的唯一一部国家标准，除其中明确允许的特殊情况外，所有地名均需按照该标准规定的规则译写。然而，该标准中却存在一些比较明显的瑕疵，影响其在翻译实践中的应用。

第一，部分音译用字自相矛盾。兹举数例：

表 2（地名专名译写示例表）中的汉语译写，有与表 1（阿拉伯语汉语音译表）的指定用字不一致的。表 2 的 5.1.10 项地名 البيضاء，译作“贝达”，但按照表 1，应译为“拜达”。

附录 A 的表 A.1 与表 A.2（阿拉伯语地名常用通名和常用词汇译写表）也有同样的问题。表 A 中阿拉伯语 أزرق，音译作“艾兹赖格”，但按照表 1，应音译为“艾兹拉格”；阿拉伯语 قنطرة，音译作“甘泰赖”，但按照表 1，应音译为“甘泰拉”。

第二，未明确界定沿用旧译名的范围，可能导致混乱。

国标译写导则的总则 4.3 规定，“惯用汉字译名和以常用人名命

---

① 参见陈立希:《“还岛”沙特！埃及总统塞西终下决心》（新华社 2017 年 6 月 25 日电）。

② 在因主权风波而被国际媒体广泛关注之前，国外地图中对该岛名的罗马化转写并不一致。有转写作 Şanāfīr 的，如美国中央情报局 1992 年版 Sinai Peninsula（西奈半岛）地图；也有转写作 Şināfīr 的，如英国陆军部与空军部 1960 年版 World 1∶500000（1∶50 万世界地形图）中的 544-B 号分幅图。美国得克萨斯州立大学图书馆网站提供上述地图的扫描版，网址：http：//legacy.lib.utexas.edu/maps。

③ 一般阿拉伯语标准语词典中标音为 Mişr，大多数埃及人习惯读 Maşr，如埃及国家广播电台的名称即为 Radio Maşr。

名的地名仍旧沿用，其派生的地名同名同译”。制订这一条款的出发点，应该是避免大量改动已经为大众所熟悉的旧译名，增加大众学习成本。但是，该规定中的“惯用”一词界定并不明确，直接影响该规定在实践中的应用。

就埃及地名来说，对于多数中等及以上文化程度的人来说，“开罗”“吉萨”“亚历山大”“苏伊士”等译名可能是“惯用”的；对于旅游爱好者而言，“沙姆沙伊赫”“霍尔格达”等译名可能是“惯用”的；对于历史爱好者而言，“阿拉曼”“卢克索”等译名可能是“惯用”的。再进一步说，自 20 世纪 90 年代以来，绝大多数中文版埃及地图上的地名译写基本一致，沿用至今，并被新闻媒体和各类出版物参照使用。这些地名能否视为“惯用汉字译名”，从而不必按国标改译，需要明确。

第三，国标译写导则规定一些专名化的通名可以意译，导致了原文信息的缺失与混淆。

阿拉伯语是使用非罗马字母的拼音文字。根据联合国地名专家组对地名国际标准化的建议，使用非罗马字母的主要语言确立了地名的单一罗马化转写方案，以此方案转写出以罗马字母拼写的国际标准地名。在这一过程中，专名、通名一律音译。例如，埃及地名 مرسى مطروح、بور سعيد、ميناء سفاجا 的罗马化转写分别为：Marsá Maţrūḩ、Būr Sa‘īd、Mīnā’ Sūhāj。这种转写出的地名完整保留了阿拉伯语原文信息，可以根据转写规则无损转换回原文。

而在地图 f 中，上述地名的中文译名分别为：马特鲁港、塞得港、索哈杰港。地图 f 的这种译法，符合国标译写导则的细则 5.1.1：“专名（含专名化的通名）一般音译。具有堡、集市、港等含义的专名化通名与专名分写时意译。”这又是一条就少数情形做出例外规定的规则。它可能会引发两方面的问题：

一是此规则会导致用同一汉语词去翻译不同的阿拉伯语单词（如上例）。阿拉伯语的近义词非常丰富，除了“港口”有上述所举的至少三个近义词外，“村庄”“湖泊”“集市”“堡”“井”“角”等地名中常见的地理通名，都各有数个近义词。这种单一意译的方式损失了原地名中具备辨识功能的独有信息。

二是专名化通名意译的范围也不明确。除规则中明确列出的“堡”“集市”“港”以外，“村”“海湾”“海角”“庄园”“井”等词在作为专名化通名时如何翻译，由于无明确规则可依，实际上处于比较混乱的状态。以地图f上出现的三组埃及地名（均为居民点名，而非地物名）为例：خليج نعمة 译名为“纳马湾”，شرم الشيخ 译名为“沙姆沙伊赫”，而两地名原文的第一个单词都是“海湾”的意思；شبين كوم 译名为“希宾库姆”，عزبة دوش 译名为“杜什庄园”，而两地名原文的第一个单词都是“村庄、小型定居点”的意思；最后，以水井（بئر، بير، آبار）命名的居民点，在地图f上一般音译，如 بير قصير 译名为“比尔古赛尔”，但地图f上也有译名为“弗赖因井”的居民点。

第四，排印错误较多。国标译写导则（2009 年 2 月第一版第一次印刷本）中存在较多排印错误。重要的有：

音译表中的“阿拉伯语元音符号”列，第 1 行（行数不计表头，下同）和第 6 行右起第 1 个符号应为静符，均误作合口符；第 8 行和第 10 行右起第 1 个符号应为合口鼻音符，也都误作合口符。

在表 2、表 4 和附录 A 中，多处阿文字母 ع 的罗马字母转写误作’（形如下单引号），与字母 أ 的转写混淆。

三、解决现有地名翻译问题的建议

基于前文指出的问题，为了最大限度消除地名译写不规范现象，便于信息传播与国际交流，翻译工作者可从以下两方面进行努力。

一是推进标准的普及应用。从无标准到有标准，是阿拉伯语地名译写领域的一个重大进展。国标译写导则作为阿拉伯语地名译写领域唯一的国家标准，总结了此前地名译写的经验，就译写中遇到的常见疑难做出了比较明确的规定，能够有效地指导翻译实践，促进译名的规范化、统一化。政府相关职能部门、翻译行业和新闻出版业应当加大该标准的普及力度。

为此，有关行政部门或翻译行业协会可根据标准，研订收录主要地名的标准译名表，公开发布并提供免费在线查询；翻译行业应当重视和应用标准，在进行其他地名译写时，主动参照标准要求进行译写，避免主观随意选择音译用字；测绘主管部门应该加大对地图、地名录等出版物的审核管理，确保其中出现的地名信息符合标准要求，以利各界参考引用标准地名。

二是对标准进行完善。应进一步加强对阿拉伯语地名的研究，对现行国家标准进行修订，使之更加符合阿拉伯语地名词汇实际，具备更强的可操作性。

对于前文指出的现行国家标准中的排印错误，以及音译用字自相矛盾的情况，相关部门应及时予以订正。对于前文指出的应用范围界定不明确、缺乏可操作性的规则，相关部门应进行修改，具体建议如下：

对于旧译名能否沿用的问题，可建立一个现有文献中的地名译名数据库，进行频次统计，提出定量标准，取代现行标准中“惯用”这一定性标准。以此为基础，研订一个惯用译名表，列出所有可继续使用的旧译名，并规定此表以外的地名，一律按标准中的一般规定进行译写。

对于允许某些专名化的通名意译，从而造成混乱的问题，建议仿效国际通行的罗马化转写原则精神，规定专名化的通名也一律音译。为满足读者了解通名含义的需求，可仿效英美等国的通行做法，在世界地图册、外国地名录、百科辞书等工具书中，附上主要语种地理通名的音译与意译对照表作为附录。

“站位三角”理论视角下埃及国家形象构建的话语策略研究①

——以埃及总统在第70届联合国大会上的演讲为例

孟炳君②

【摘要】本文以埃及总统塞西在70届联合国大会上的演讲为语料，以Du Bois的“站位三角”理论（The Stance Triangle）为基本理论框架，借鉴语用学、批评话语分析等相关理论和观点，通过分析演讲语篇中人称指示语和评价词汇的使用，探究话语构建国家形象的过程。研究表明，塞西通过使用不同的人称指示语和评价词汇，实现“站位”行为主体、客体之间的评价、定位与协同，构建了埃及“致力于国家复兴的务实行动者、实现地区稳定的坚定捍卫者、抗击极端势力的国际呼吁者”的国家形象。

【关键词】埃及；国家形象构建；人称指示语；评价词汇；“站位三角”

引　言

2015年9月28日，埃及总统塞西首次以国家元首身份在第70届联合国大会一般性辩论上发表演讲。③ 演讲中，塞西以现实关切导

① 本文为国家社科基金重大委托项目（2015MZD011）子课题“核心价值观构建的国际比较及其国际传播研究”的阶段性成果，曾发表在《外语研究》2017年第1期（总第161期）。

② 孟炳君，北京外国语大学阿拉伯学院讲师。

③ 演讲全文见 http：//www.masrawy.com/News/News_Egypt/details/2015/9/29/664483，访问时间：2020-12-08。

向为脉络，回顾了埃及在国家发展进程中取得的成就，阐释了本国在地区、国际等重大问题上的态度，展现了对未来发展的期望以及埃及在发展、安全、政治、国际关系等方面的价值观念和立场。塞西全名阿卜杜勒·法塔赫·塞西，2014 年 5 月当选埃及总统。塞西出身行伍，长期在埃军方担任要职，2013 年领导军方罢黜前任总统穆尔西，因此，西方曾对其执政的合法性提出异议。此次塞西出席联大会议，旨在确认其执政合法性，赢得国际社会支持，同时树立埃及积极谋求发展与进步、参与地区与国际事务的良好形象。

本文以塞西联大演讲为分析语料，以“站位三角”（The Stance Triangle）（Du Bois，2007）理论为基本理论框架，并借鉴语用学、批评话语分析等相关理论和观点，归纳语篇的主要话题，描写语篇人称指示语和评价词汇的使用特征，分析演讲者如何通过人称指示语和评价词汇的选择与变换，完成对“站位”行为主体与客体的评价、定位及协同，从话语角度展现埃及国家形象。

一、理论框架

“站位三角”理论是 Du Bois 为对话中的“站位”现象（stance-taking）提供的一种有效分析模型。在此模型中（见图 1），Du Bois 引入了“站位”行为中的行为主体与客体，分别称之为说话者 1、说话者 2 和（共同）谈论对象；并归纳了完成一次“站位”行为的三项附属行为或该行为产出的三种“站位”结果，分别为评价（evaluating）、定位（positioning）与协同（aligning）。

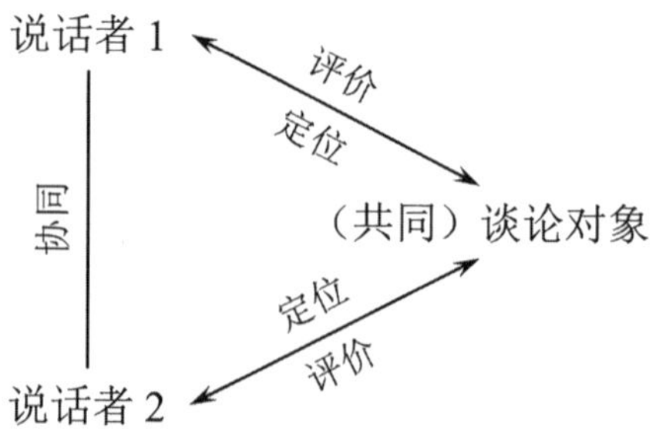

图 1　Du Bois“站位三角”理论模型（2007：163）

在模型中，Du Bois 将说话者 1、说话者 2 和（共同）谈论对象分别作为三角模型中的三个节点，三角形的三边则分别由评价、定位、协同三个具体行为构成，体现“站位”行为主体、客体之间的关系。评价是指“站位”主体对客体具有的价值或特征进行描述的过程，多通过动词、名词、形容词等多种词类的词汇来实现。“定位”是用来确认“站位”主体的身份与形象是否合适的手段，多通过人称指示用语并配合“评价”话语共同完成。“协同”应看作一个动态行为过程，通过两个行为主体对客体的相近或相左的描写与评价，分别确认主体之间相一致或相疏离的身份类别和立场（Johnstone, 2007）。

演讲是一种特殊形式的对话。在此次演讲交际行为中，演讲者塞西作为“站位”行为主体，是“站位三角”模型中的说话者 1；他在演讲中谈论的诸如埃及政府、极端分子、地区热点问题等话题内容作为“站位三角”模型中的（共同）谈论对象，是“站位”行为客体；演讲的受众包括在场与不在场的所有听众，由于受众并不直接参与或影响此次“对话”的构建，因此可看作“站位三角”模型中的“隐性”说话者 2。此次交际行为中，由于说话者 2 的“隐性”身份，且并不直接提供对（共同）谈论对象的描述或评价，因此，本文主要关注说话者 1 与（共同）谈论对象、说话者 1 与“隐性”说话者 2 之间的关系。

分析说话者 1、“隐性”说话者 2 和（共同）谈论对象之间的“站位”关系，也是确认评价、定位与协同行为的过程，人称指示语和评价词汇是实现上述行为的基本话语策略，同时也是语篇中隐含认知、态度、倾向等其他深刻含义的话语形式手段（Thompson & Hunston, 2000）。人称指示语是言语交际行为中用来指示说话人、听话人或第三者的词语或结构，可以体现人际关系，暗示相关人物的观点、态度和说话意图等（何自然，冉永平，2010）。评价词汇是行为主体用来描述和定位客体的话语手段，具体表现为名词、形容词、动词等多种词类的词汇。在该演讲语篇中，塞西综合运用上述两种基本话语策略，一方面使用不同的人称指示语指示自己、受众、埃及政府、埃及、极端分子等，调整、改变自我定位以及与谈论对象的关系，或创建与“隐性”说话者 2 之间的协同关系；另一方面选择多种评价词汇描述客体，发挥不同词类特征，以此增添或强化对客体的评价、态度等。这两种话语策略相互配合，共同完成对埃及国家形象的构建。

二、埃及国家形象构建

埃及位处亚、非、欧三大洲交汇处，人口约九千万，大部分为阿拉伯人，信奉伊斯兰教。埃及是中东大国，在阿拉伯地区、非洲、伊斯兰世界中具有重要的影响力。长期以来，埃及在中东和平进程，利比亚、叙利亚、也门等热点地区问题上发挥着重要作用，是地区稳定的压舱石。埃及经历了 2011 年和 2013 年两度革命之后，经济严重衰退，安全方面也面临国内穆斯林兄弟会持续抗争和地区恐怖主义势力外溢效应的双重影响。塞西总统上台后，强力维稳，持续打压恐怖势力；同时，提出埃及“2030 年可持续发展愿景”，通过上马新苏伊士运河等重大国家级项目，提振经济，拉动内需；并继续积极介入热点地区问题，以谋求埃及能够当选 2016—2017 年度联合国安理会非常任理事国，恢复本国在地区和国际事务中的影响。在这一背景下，塞西在此次演讲中，着力塑造了埃及在国内层面、地区层面、国际层面上的国家形象，下面将分别予以阐述。

（一）国内层面的国家形象构建

在谈论国内相关问题时，塞西主要选择了四个话题：新苏伊士运河开通的重要意义、针对青年发展的“希望与行动，为了一个新目标”倡议、埃及变革与复兴之路以及埃及“2030 年可持续发展愿景”。可以看出，“发展”是塞西谈论国内形势时的关键词，其中的重点是经济发展和青年发展。

笔者发现，在塞西表述相关话题时，人称代词的使用存在一个突出特征，即第一人称复指代词“我们”使用频率较高，用来指示包括演讲者本人——塞西——在内的埃及政府或埃及当局。从语言表现形式来看，有独立主格人称代词，如 نحن （我们）；属格接尾人称代词，如 مسؤوليتنا （我们的责任）；内含人称代词，如 نأمل （我们希望），均属于直接指示形式。例如：

أن **نسعى** إلى اجتذاب طاقات الشباب الخلاقة بعيدا عن المتطرفين وأفكارهم، وأن **نتيح** لهم توظيف قدراتهم من أجل بناء المستقبل، الذي ستؤول إليهم ملكيته بعد سنوات قليلة.

我们努力吸纳青年们的创造能力，让他们远离极端分子和极端思想，（我们）让他们（准备好）发挥才能参与建设未来，过不了几年，未来就会是他们的了。

或：

إننا في مصر **ندرك** ضرورة توافر عوامل أخرى، بجانب دحر التطرف والإرهاب لتحقيق الاستقرار والتنمية الشاملة.

我们深知，为了实现稳定和全面发展，除了消除极端势力和恐怖主义，还必须具备其他条件。

或：

إذ **نعي** أن ما **حققناه** ليس إلا خطوات على مسيرة ممتدة، **فإننا** عازمون على استكمالها رغم ما نواجهه من عقبات.

我们自觉，我们所实现的（成绩）不过是漫长征程中（实现现代化国家）的几步，无论面临怎样的障碍，我们都决心走完这条路。

在上述话语中，“说话者 1”为塞西本人，“（共同）谈论对象”为埃及政府或埃及当局。塞西通过使用人称指示语“我们”，表明其将自己作为埃及政府的一员，实现了“说话者 1”和“（共同）谈论对象”两者之间的统一。因此，塞西对“我们”的评价，也是对谈论对象的评价，通过评价完成的自我定位，也是对谈论对象的定位。

指示语“我们”的使用具有明显的移情功能。从演讲者角度来看，塞西一方面主动将自己看作政府行政机构中的普通一员，实现自我情感移位，强化个人的群体归属意识；另一方面这也符合他在国际场合代表政府发声、做出承诺的身份要求，彰显了他愿意和政府一起承担责任、履行义务，同前进、共进退的决心和信念。从受众角度来看，塞西从第一人称视角出发，用描述自己和第三者关系的指示词“我们”指称埃及政府，符合语用的地位原则（陈辉、陈国华，2001），显示出对受众的尊重和自我谦虚的态度；同时，埃及政府以整体姿态出现，其展示的言论和行为分量加重，更具说服力和公信力。

从对人称指示语“我们”的综合评价语境可以看出，评价词汇的选择和使用具有两个特点。首先，评价词汇以动词为主，如“我们努力吸纳青年们的创造能力”“我们继续积极地付出努力”“我们深知肩负实现社会稳定和全面发展的历史重任”“我们自觉实现的成绩不过是万里征程中的起始”等。这些动词创建了一系列含有积极色彩的物质过程和心理过程，这表明，埃及一方面对“自我”的过去和现在有清醒的认知，对“自我”的发展和面临的困难持理性的态度；另一方面，埃及也在积极行动、有所作为。其次，评价动词多为现在时。在阿拉伯语中，现在时可以表达客观存在的事实或习惯性的行为、动作，也可以表示动作与讲话同时发生或发生在讲话之后。显然，塞西选择使用动词现在时，是在强调埃及“此时此刻”正在进行着上述认知活动与行为过程，且行为不会立即结束，将在未来持续一段时间。这表明，面对当前复杂的国内、地区和国际局势，埃及始终秉持着理性客观的认知和任劳任怨的态度，用实干为埃及社会带来变化和发展。

由此可见，塞西在谈论国内发展问题时，着重强调政府在社会建设方面的积极作为、对振兴本国经济的坚定决心以及对国家未来发展的务实态度，为受众描绘了埃及未来发展的无限可能性，提升了国际社会对埃及的信心，构建了一个致力于国家复兴的务实行动者形象。

（二）地区层面的国家形象构建

在论述地区局势和相关热点问题时，塞西依次谈到了利比亚、叙利亚、也门、伊拉克、巴勒斯坦等国局势以及难民问题，并逐一阐述了埃及在上述问题中的立场以及所做出的努力。笔者注意到，在该部分论述中，塞西更多地直接使用专有名词“埃及”及其对应的第三人称指示语“她”来指示“埃及”。例如：

إن **حرص مصر** البالغ على مستقبل ليبيا وسلامتها واستقرارها، كان **دافعها** الأول لدعم جهود الأمم المتحدة للوصول إلى تسوية سياسية للأزمة الليبية.

埃及十分关心利比亚的未来、安全与稳定，（她）支持联合国对政治解决利比亚危机做出的努力。

或：

وإزاء ذلك الوضع المتدهور، **دعت مصر** القوى الوطنية السورية للاجتماع في القاهرة، لصياغة تصور واضح للمرحلة الانتقالية وفق وثيقة جنيف...

面对日益恶化的局势，埃及已呼吁叙利亚各方力量相聚开罗，依据日内瓦会议共识，制定一个明晰的过渡阶段方案……

或：

إن **دعم مصر** السياسي والعسكري لليمن الشقيق و**مشاركتها** في الخطوات التي اتخذها ائتلاف الدول الداعمة للحكومة الشرعية، قد جاء استجابة لطلب اليمن...

埃及对也门提供的政治和军事支持，以及她对支持也门合法政府的阿拉伯国家联合部队采取的行动的参与，正是对也门提出请求的响应……

或：

تتابع مصر باهتمام التطورات الأخيرة التي تشهدها الساحة العراقية.

埃及密切关注伊拉克的最新进展。

在上述话语中，“说话者 1”为塞西，“（共同）谈论对象”为埃及。塞西直接使用“埃及”“她”指称“（共同）谈论对象”，“说话者 1”成为独立行为主体，由谈论国内形势时行为主体与客体的统一，转变为两者相互独立，将自我定位为旁观者，客观陈述埃及对地区事务的立场、态度以及所采取的行动。这种转变，剥离了“说话者 1”与“（共同）谈论对象”之间的关联，制造了两者之间的距离感和空间感，有利于突显行为主体对行为客体陈述与评价的中立性、正式性，排除任何情感的附着。通常来说，第三人称指示语在“宣传”行为中的使用更为频繁（Lakoff，1990）。塞西使用第三人称指示语指示埃及，其目的就在于介绍、宣传埃及，创建“站位”行为过程相对客观的语境。不仅行为主体作为“旁观者”客观陈述事实，受众的关注点也能更直接地集中在埃及参与稳定地区局势和建设地区形势的具体行为上，客观地了解埃及对相关问题的立场和态度。

“说话者 1”对“（共同）谈论对象”进行了积极评价，如“她十分关心利比亚的未来”“她对也门的政治和军事支持”“她参与行动”等。从语义上看，这些评价词汇体现的是埃及与利比亚、也门的关系类型判断，对埃及在同利比亚、也门的良性关系构建过程中的积极行为做直接、正面的评断。从语法结构上看，“关心”“支持”“参与”均使用了动词的词根形式。在阿拉伯语中，词根属于名词范畴，可与动作执行者或动作承受者构成名词性短语，充当不同的句子成分。上述评价词汇以动词词根的形式出现，分别与“（共同）谈论对象”——埃及——构成名词性短语结构，实现了阿语动词的名物化转换，即将具体的行为、动作抽象化，并模糊时态概念和具体行为过程（辛斌，2005），使得埃及对地区事务的“关心”“支持”“参与”不再具有时空上的限制，而成为埃及具备的属性特征，强调埃及作为地区大国，一直以来始终坚持以主动、积极的姿态参与地区建设的事实。

由此可见，塞西重复使用专有名词“埃及”及其第三人称指示语“她”，并配合名词类正面评价词汇，不断凸显埃及全面关注地区事务、积极参与地区建设、为实现地区和平与稳定局面做出积极贡献的基本事实，构建了一个地区稳定的坚定捍卫者形象。

（三）国际层面的国家形象构建

抗击极端势力和恐怖主义，是塞西此次演讲的重点话题。他指出，极端势力和恐怖主义有着不可告人的政治目的，它们企图升级已存在的地区和国家矛盾，将邪恶势力不断渗透、蔓延到其他地区和国际危机中，进而引发更广泛、更严重的影响和危害。因此，极端势力和恐怖主义不仅是中东地区各国面临的主要威胁，更是一种全球性危机，抗击并消除这种邪恶力量，应成为世界各国共同的责任和义务。

塞西先是阐述了极端势力和极端分子的邪恶本质。在这部分论述中，人称指示语的使用存在两个特征：第一，更多使用第一人称复指指示语“我们”来指代世界各国人民，即全人类；第二，连续使用第三人称复指“他们”指示极端分子。

لقد **ميزنا** الخالق سبحانه وتعالى، **نحن** البشر، بالعقل الذي كان **وسيلتنا** إلى التعرف عليه، كما أن **قدرتنا** على الاختيار باستخدام هذا العقل، هي أبلغ دليل على أن **اختلافنا** هو مشيئة إلهية.

真主赋予我们人类头脑，这是我们认知的方式，我们有能力用头脑进行选择，这最有力地证明了，我们之间的不同是真主的意愿。

... من شأنها أن تهدم كل دعاوى المتطرفين على اختلاف دياناتهم ومذاهبهم...لا سيما هؤلاء الذين يدعون أنهم وحدهم من يملكون الحق في تفسير الإسلام...ويتناسون أن ما يروجون له ليس إلا تفسيرهم المغرض للدين الذي لا يمكن أن يكون هو الإسلام بسماحته وعدله ورحمته.

它（这个真理）足以摧毁极端分子的言论，无论他们的教派、派别有怎样的不同，特别是那些佯称他们自己是唯一有权阐释伊斯兰教的人们，他们假意忘记，他们鼓吹的，不过是他们的对宗教偏颇的解释，只有具备了宽容、公正、仁爱的，才是真正的伊斯兰教。

在上述话语中，人称指示语“我们”不仅包含了“说话者 1”——即塞西本人，也包含了“隐性说话者 2”——即在场与不在场的所有听众，指示世界各国人民或全人类。“说话者 1”主动取得了与“隐性说话者 2”之间的“站位”协同，创建了包含两者在内的“联合站位主体”，实现彼此之间的亲密关系和心理趋同，强调该“联合站位主体”的整体性、平等性。同时，在指示“（共同）谈论对象”——即极端分子时，塞西频繁使用第三人称复指指示语“他们”，拉开“我们”与“他们”之间的情感距离，突出“说话者 1”“隐性说话者 2”与“（共同）谈论对象”之间的归属差异，强化两个群体的区别，形成明确的对立关系。

“（共同）谈论对象”的评价词汇主要包含两种词类，分别为动词和名词。其中，动词评价词汇如“假意忘记”“鼓吹”等，名词评价词汇如“他们的教派”“他们偏颇的解释”等，这些评价词汇都带有明显的态度和立场倾向。“假意忘记”“鼓吹”分别构成了消极、负面的心理行为过程和言语行为过程，体现塞西对极端分子情感上的厌恶和排斥，以及言行上的否定和批判；“他们的教派”“他们偏颇的解释”则构成了塞西对极端分子特征或属性的负面判断。这些评价词汇在直接显示“说话者 1”对“（共同）谈论对象”的态度和认知、明确对他们的否定和批评的同时，也将“说话者 1”和“隐性说话者 2”构成的“联合站位主体”定位为“（共同）谈论对象”的批判者和反对者。也就是说，由于“我们”与“他们”的直接“对立”关系，“我们”承担的角色与“他们”是截然相反的，“我们”是团结的，“我们”是实事求是的，“我们”是不会妄断伊斯兰教的，由此塑造了共同属于“我们”的正面形象。

在呼吁共同抗击极端势力时，塞西再次使用“我们”指示各国人民，例如：

... حتى يقتنع العالم **أننا** جميعا، مسلمين وغير مسلمين، إنما **نحارب** نفس العدوّ، و**نواجه** ذات الخطر.

……才能让世界信服，我们所有人，穆斯林和非穆斯林，我们对抗同一个敌人，我们面临相同的危险。

或在第一人称单指指示语“我”与指示受众的第二人称复指指示语“你们”之间建立联系，例如：

واسمحوا لي إذن أن أتساءل عن عدد المسلمين الذين ينبغي أن يسقطوا ضحايا للتطرف المقيت والإرهاب البغيض؟

请你们允许我自问：（到底）还需要多少穆斯林成为万恶的极端势力和恐怖主义的牺牲品？

或：

لعلكم تتفقون معي على أنه لا بد من تسوية تلك القضية دون إبطاء.

你们会认同我（的观点），必须刻不容缓地解决这个问题（指巴勒斯坦问题）。

无论是“我们”，还是“你们”＋“我”的话语形式，塞西同样是在实现“说话者 1”和“隐性说话者 2”之间的“站位”协同，重复强调包含两者的“联合站位主体”，将世界各国人民置于统一的话语语境中。从演讲的修辞手法来看，这样的表述不仅缩短了演讲者与受众之间的心理距离，实现了情感上的亲密、交际上的亲切，也有助于引导受众对演讲者陈述的某种事实或表达的某种情感，表达相似的态度或相近的立场，激发其感同身受的情绪，有利于演讲者和受众达成共识，进而完成劝说、说服的目的。

结合“联合站位主体”的评价词汇可以发现，塞西一方面实现了对“我们”的关系属性判断，强调“我们”属于一个整体，“我们”之间无论种族、宗教信仰、肤色、地区有何不同，都享有平等的地位，这就意味着各个民族、各个国家之间享有同样的平等地位，因此，在面对极端势力的威胁和影响时，“我们”彼此之间确也存在着“一荣俱荣、一损俱损”的紧密关系；另一方面，塞西使用含有强烈情感色彩的词汇，如“对抗”“面临”“必须”等，强调抗击极端势力和恐怖主义的严肃性和紧迫性，呼吁在打击极端势力、根绝恐怖主义方面，世界各国政府与人民应承担共同的责任，全世界应齐心协力，共同参与到打击这种危害地区与世界安定的邪恶势力的战斗中。由此，塞西将本国构建为一个抗击极端势力的国际呼吁者形象。

结　语

本文以埃及总统塞西 70 届联大演讲为语料，以 Du Bois 的“站位三角”理论为基本理论框架，并借鉴语用学、批评话语分析等相关理论和观点，通过分析演讲语篇中人称指示语和评价词汇的使用情况，探究塞西在国内层面、地区层面、国际层面上构建的埃及国家形象，即致力于国家复兴的务实行动者、实现地区稳定的坚定捍卫者、抗击极端势力的国际呼吁者。国家形象是一个国家综合国力和整体实力的表征与体现（管文虎，2000），研究埃及国家形象，能够帮助我们了解埃及政府的执政理念、对外政策、国际定位等，并为发展中埃关系、谋求中埃合作提供参考和支撑。话语是国家形象构建的重要媒介（胡晓明，2011），展现埃及国家形象的话语构建过程，也对我国的国家形象构建具有重要的启发意义，即依据场合与需求的不同，我们应注重选择和使用不同的话语策略描述或评价相关话题，实现不同的定位、立场与行为关系，构建中国国家形象。

【参考文献】

[1] 陈辉，陈国华 . 人称指示视点的选择及其语用原则 [J]. 当代语言学，2001（3）.

[2] 管文虎主编 . 国家形象论 [M]. 成都：电子科技大学出版社，2000.

[3] 何自然，冉永平 . 新编语用学概论 [M]. 北京：北京大学出版社，2009.

[4] 胡晓明 . 国家形象 [M]. 北京：人民出版社，2011.

[5] 辛斌 . 批评语言学：理论与应用 [M]. 上海：上海外语教育出版社，2005.

[6] Du Bois，J. W. The stance triangle[C]//R. Englebretson. *Stance-taking in Discourse*：*Subjectivity*，*Evaluation*，*Interaction*. Amsterdam：John Benjamins，2007.

[7] Johnstone，B. Linking identity and dialect through stancetaking[C]//R. Englebretson. *Stancetaking in Discourse*：*Subjectivity*，*Evaluation*，*Interaction*. Amsterdam：John Benjamins，2007.

[8] Lakoff，R. T. *Talking Power*：*The Politics of Language*[M]. New York：Basic Books，1990.

[9] Thompson，G. & S. Hunston. Evaluation：An introduction[A]//S. Hunston & G. Thompson. *In Evaluation in Text*：*Authorial Stance and the Construction of Discourse*. Oxford：Oxford University Press，2000.

“文化走出去”背景下中阿跨文化研究现状与展望[①]

王晓宇[②]

【摘要】本文以中国知网数据库中“中阿跨文化”相关主题文献为分析对象，利用文献统计法从研究趋势、学科分类、文化因素层级、研究理据、研究方法、研究者专业背景等方面进行描述性统计分析，以廓清2008—2017年我国中阿跨文化研究的发展脉络；指出目前研究中存在的问题并予以分析和建议，希望对“文化走出去”背景下未来中阿跨文化研究有所裨益。

【关键词】中国—阿拉伯；跨文化研究；文献统计

一、引　言

2013年，党的十八届三中全会决议明确指出要“扩大对外文化交流，加强国际传播能力和对外话语体系建设，推动中华文化走向世界”；2017年，党的十九大报告提出“加强中外人文交流，以我为主、兼收并蓄”。阿拉伯国家占我国“一带一路”沿线国家数量四分之一，已成为中国最大的原油供应地、第七大贸易伙伴、重要的工程承包及海外投资市场；随着“一带一路”倡议的推进，中国和阿拉伯国家之间的交流与沟通会愈加密切。但要想实现中阿双方之间政策沟通、贸易畅通、民心相通，首先要实现双方之间有效、恰当的文化交流。而“跨文化”作为一种主动且互动式的文化交流方式，

① 本文系浙江外国语学院国别和区域研究中心资助项目（2019GBA06）阶段性成果。

② 王晓宇，上海外国语大学中阿改革发展研究中心。

能够促进不同文化间的相互理解、尊重和对话①；通过文化间的相互影响、共存与渗透实现相关国家间的“民心相通”，让文化既要“走出去”，更要“走进去”，从而获得认同，建立正面的国家形象。

然而，与中阿交往现状和发展现状形成鲜明对比的，是我国中阿跨文化研究成果并不多见。早在 2006 年，关世杰就曾在评述跨文化传播研究现状时指出，我国学者的跨文化传播研究主要集中在中美之间，研究中国与世界其他主要文化，如与阿拉伯地区之间的跨文化研究“极为少见”。②阿拉伯世界是一个拥有 22 个国家、1426 万平方千米土地和 3.39 亿人口的发展中国家群体，同中国一样具有悠久的历史、优秀的民族传统和丰富的文化遗产，然而至今“研究少见”的问题依旧存在。鉴于此，本研究以目前国内现有的中阿跨文化研究成果为研究对象，总结和分析该领域的研究现状及存在的问题，为研究者提供参考，以期促进“中国文化走出去”背景下中阿跨文化研究的发展。

二、文献来源与研究方法

鉴于文献总量少，本研究利用中国知网的“期刊”论文库和“硕博”学位论文库两个数据库，均以“跨文化、中阿”或“跨文化、阿拉伯”为“主题”词进行字段的“模糊”搜索，分别搜索出 2008—2017 年发表的期刊论文 59 篇和硕博学位论文 48 篇（检索日期为 2018 年 1 月 26 日）；对所有文献的题目、关键词、摘要、正文进行阅读，发现文献中的“跨文化”多存在“有名无实”的现象；本研究以是否涉及“跨文化”内容（研究理论、视角、方法等）为二次筛选条件，对于仅作中阿文化描述的文献也予以剔除，最终确定了 36 篇期刊文章和 16 篇学位论文，作为本研究的对象。

为了能够较完整地追踪国内中阿跨文化研究的发展状况，本研

① 张红玲:《以跨文化教育为导向的外语教学：历史、现状与未来》，载《外语界》，2012（2）。

② 关世杰:《中国跨文化传播研究　十年回顾与反思》，载《对外大传播》，2006（12）。

究通过描述性统计对现有文献进行归类并分析，以期从研究趋势、学科分类、文化素质层级、研究理据、研究方法、研究者专业背景六个方面对国内中阿跨文化研究的大体脉络进行梳理，并对其发展现状及所面临的问题予以总结与分析。

三、文献检索结果分析

（一）研究趋势

我国中阿跨文化研究起步较晚，在中国知网搜索发现，2000 年肖芒的《回族传统文化的特点及其历史贡献》[①] 是较早且有影响力的有关中阿跨文化研究的学术论文。2008 年之前相关文献仅有 7 篇，其中期刊论文 4 篇，学位论文 3 篇（学位论文数据库收录起始时间为 1999 年，故 1999 年之前暂无数据可查）。如图 1 所示，2008—2017 年该领域文献总量为 52 篇，尽管总量偏低，但中阿跨文化研究成果正是集中出现在这十年，反映出我国该领域研究已经起步，正在逐渐累积成果，为未来研究发展积蓄力量，这也是笔者选取这段时间进行研究的原因。自 2011 年，党的十七届六中全会通过《中共中央关于深化文化体制改革推动社会主义文化大发展大繁荣若干重大问题的决定》，指出“推动中华文化走向世界”，相关研究量开始上升；2013 年国家提出“一带一路”倡议，中阿之间经济、贸易和文化交流提升到国家战略层面，带动了相关主题研究，文献量也维持在一定的水平。从研究量的波动中我们可以发现，国家政策的鼓励给学术发展注入新的活力，学术研究也需要结合国情。目前学界正尝试以“跨文化”的视角解读在“一带一路”“文化走出去”背景下中阿之间的文化问题。

① 肖芒:《回族传统文化的特点及其历史贡献》，载《云南民族学院学报（哲学社会科学版）》，2000（6）。

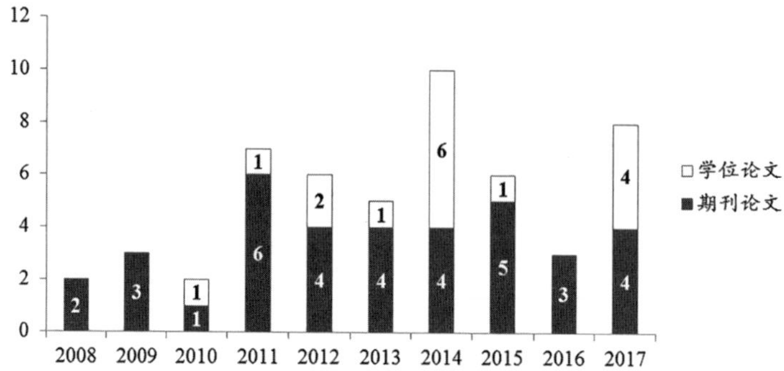

图 1　文献数量分布及数量

（二）学科分类

由于文献总量少，为尽可能细化分类，本研究在中国知网的学科统计方式基础上又结合 OCM① 划分标准进行学科划分，列出七类学科，分别为文化、教育学、经贸管理、社会学、语言学、新闻传媒、文学艺术（见图 2）。鉴于"跨文化"研究具有跨学科性，本研究以文献内容的切入点和主要内容所属学科为划分标准，例如，国少华的《阿拉伯语被动语态的文化解析》② 内容涉及文化导入和文化解析，但论文以阿拉伯语被动语态作为切入点及全文线索，所以本研究将其归为语言学科。另外，"跨文化"中的"文化"是宏观的文化，包含所有学科中涉及的文化问题；"文化"学科的"文化"是微观的文化，仅指研究内容中特指的具体的文化问题。

① 在人类学的跨文化研究领域，默多克设计的《文化素材主题分类目录》（缩写为 OCM）是一个跨文化研究的主题分类系统，涵盖了人类行为、社会生活、习惯、物质生产和生态背景等诸多方面，既可以从主题分类检索，又可以从字母排序检索。其基本主题分类有：历史、史前史和文化变迁；语言和交往；经济、饮食和可用资源；技术和物质文化；婚姻、家庭、亲族和社会组织资源和研究。关于 OCM，可参考网页：http：//www.newworldencyclopedia.org/entry/George_Peter_Murdock。

② 国少华：《阿拉伯语被动语态的文化解析》，载《阿拉伯世界研究》，2008（6）。

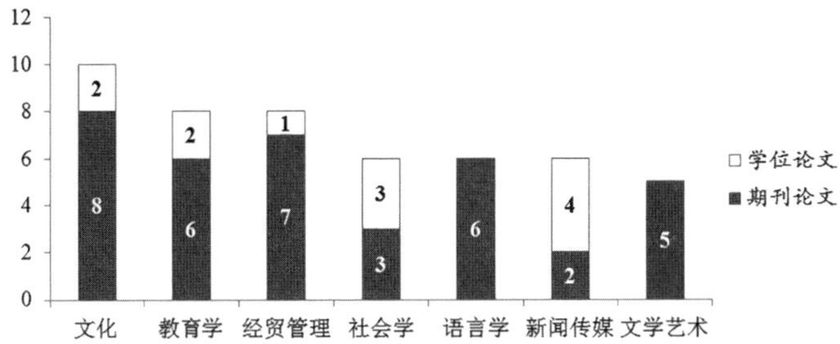

图 2 学科分类及数量

由于国内中阿跨文化研究文献量少，因而学科分类有限。在期刊论文中，新闻传媒文献量最少；学位论文中，语言学和文学艺术研究尚属空白。总体来看，文化研究最多；经贸管理和教育学次之；社会学、语言学、文学艺术和新闻传媒等学科的文献量不相上下。除社会学和新闻传播中学位论文占比较大，其他学科的研究成果均以期刊论文为主。值得一提的是，与“一带一路”“中国文化走出去”相关的研究，以上学科均有涉及，内容多元。

综观文献，文化研究重在分析宗教、社会规范、价值观等文化因素的差异，以及风俗传统和非语言交际中的文化诱因。社会学文献主要通过实证研究方法考察国内不同城市和地区内阿拉伯人的跨文化适应问题，但缺少对中国学生在阿拉伯地区跨文化适应的研究。语言学文献内容包括：分析对比中文和阿拉伯语的语言现象，揭示其象征意义和文化内涵的异同；对穆斯林问候语的文化解读；通过语言和语法现象对比中阿思维差异。文学艺术文献内容涉及国内阿拉伯小说文本、阿拉伯文学传播、阿拉伯音乐艺术，但缺乏对阿拉伯其他文学体裁和题材、阿拉伯其他艺术形式的研究。新闻传媒文献主要包括中国的阿拉伯媒体、中国的阿拉伯语频道、阿拉伯文化在中国的传播、中阿刻板形象等内容。经贸管理文献主要包括阿拉伯企业文化特点、跨文化管理、商贸谈判的文化取向、国外中资企业跨文化沟通等内容。教育学文献重在论述如何在阿拉伯语教学过程中培养学生的跨文化意识和能力，如何解决阿拉伯国家汉语教学中的跨文化交流问题；外语教学文献与跨文化交际紧密相关，但中阿跨文化研究落实在应用层面上，且服务于外语教学方向的实证研究严重缺乏。

（三）文化因素层级

人类文化有表层和深层之分。陈晓萍认为，文化可以被看作具有表层、中层和核心层三个主要的层次[①]；潘亚玲[②]提炼出了影响跨文化交际的九大文化基本因素。据此，本研究对文献中涉及的文化因素进行层次分类（见图 3）：表层包括语言、非语言交际、感知与符号象征，中间层包括思维方式、人际关系、时间观、空间观、社会规范，核心层指价值观。

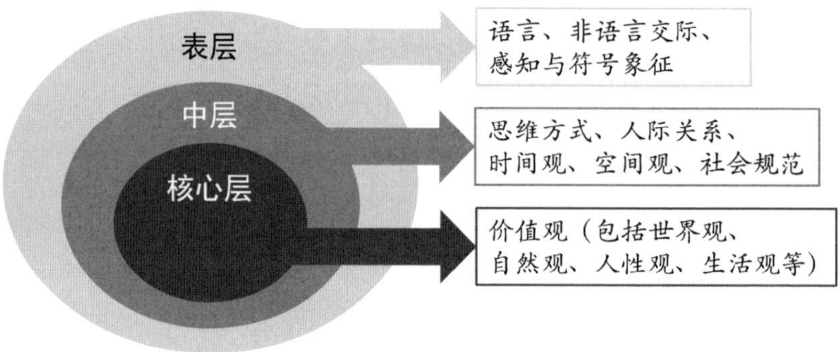

图 3 文化层与文化基本因素

据统计（见图 4），有 36 篇文献涉及不同层次文化因素，其中期刊论文 27 篇，学位论文 9 篇。研究中所涉及的文化因素分为六个层次，依次为表层、中层、核心层、表中双层面、中层核心双层面、表中核心三层面；未有表层与核心层双层面的研究，这是由于文化因素讲究层级性、连续性和系统性，因而难以进行跨越研究。

从文化因素的层级上看，研究中涉及表层文化因素的文献量最多，中层次之；核心层文化因素涉及世界观、自然观、人性观等价值观内容，理论深度大、思辨性强、研究难度高，因而在期刊论文和学位论文中，文献量均最少。对于多元文化因素的研究力度薄弱，

① 陈晓萍：《跨文化管理》，4 页，北京，清华大学出版社，2005。

② 潘亚玲：《跨文化能力内涵与培养——以高校外语专业大学生为例》，32 ~ 33 页，北京，对外经贸大学出版社，2016。

且学位论文中尚未出现涉及双层文化因素的研究。

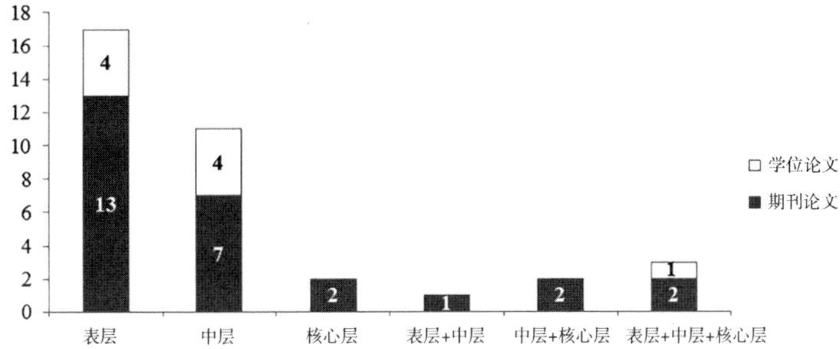

图 4　文化因素层级分类及数量

另外，鉴于文化的研究层次与学科分类密切相关，本研究将所有论文按照不同学科进行了文化因素层级的分类（见表 1）。

表 1　不同学科文化因素层次分类及数量

学科分类	表层	中层	核心层	表层＋中层	中层＋核心层	三层面	总量
文化	3	2	1	1	2	1	10
社会学	0	6	0	0	0	0	6
语言学	6	0	0	0	0	0	6
文学艺术	5	0	0	0	0	0	5
新闻传媒	2	1	1	0	0	0	4
经贸管理	0	1	0	0	0	2	3
教育学	1	1	0	0	0	0	2
总计	17	11	2	1	2	3	36

文化研究涉及六种文化因素的组合。社会学研究仅涉及中层文化因素，研究均与跨文化适应相关，因而偏向于关注人际关系、社会规范等文化因素。语言学和文学艺术研究均只涉及表层文化因素，研究内容更多关注表层文化中的语言、感知与符号象征等文化因素。新闻传媒研究涉及表层、中层、核心层三个层次的文化因素，研究内容更多关注语言、感知与符号象征、思维方式、价值观等文化因

素。经贸管理研究涉及中层、表中核心三层面这两类文化因素，具体与非语言交际、思维方式、人际关系、社会规范、价值观等文化因素更具密切联系。教育学研究涉及表层、中层文化因素；文献多以阿拉伯语为专业背景，探讨跨文化教学问题，内容涉及语言、思维方式，以及时间观、空间观等非语言交际。

（四）研究理据

跨文化研究是指突破单一文化，综合二元或多元文化的研究。统计发现，研究中除了跨文化的中阿二元文化研究外，还有 7 篇文献涉及“中阿＋其他文化”的多元文化研究。然而无论哪类研究，均以列举与论述居多；即使搭建了“多元”的文化结构，却没有体现出“跨文化”研究的交叉性。

方维规[①]认为，跨文化研究是一种方法和理念，跨文化研究主要从综合的角度思考文化，因而若研究中缺少对方法的论述或对概念的阐述，就不能算作规范的“跨文化研究”。统计发现，尽管所有文献均与“跨文化”主题相关，但仅有 9 篇文献有理论支撑（表 2）。

表 2　文献中的“跨文化”理论依据及数量

	期刊论文	学位论文	总量
有理论依据	8	1	9
无理论依据	29	11	40
总计	37	12	49

具有理论依据的文献普遍采用了霍夫斯泰德（Hofstede）和强皮纳斯（Trompenaars）的跨文化交际理论。无理论依据的论文仅在题目或文中使用了“跨文化”“跨文化视角”“跨文化能力”“跨文化交际”“跨文化适应”等片面、概括的表达，并未真正涉及相关理论和概念，而是将“跨文化”变成了一句空泛的口号；即使是专业性较强的学位论文，也普遍存在缺乏确切理论支撑的问题，这样的问题亟须引起相关研究者们的注意和重视。

① 方维规:《“跨文化”述解》，载《文艺研究》，2015（9）。

（五）研究方法

本研究参考文秋芳对研究方法的分类标准，将所有论文划分为实证研究和非实证研究两类。[①] 实证研究又分为定量研究、定性研究、定量与定性结合研究、文本分析；文本分析是新闻传播学、语言文学常用的实证研究方法。非实证研究可分为理论性、综述性、论述性研究三类（表 3）。

表 3　研究方法及数量

研究方法		期刊论文	学位论文	总量
非实证研究	理论性	0	0	0
	综述性	0	0	0
	论述性	34	6	40
实证研究	定量	1	2	3
	定性	2	2	4
	定量与定性结合	0	2	2
	文本分析	0	0	0

有 3 篇期刊论文属于实证研究，其中 1 项定量研究，使用了调查问卷法；2 项定性研究，分别使用了访谈法和个案研究法。6 篇学位论文属于实证研究，这与学位论文对于专业性、规范性、研究深度的高要求有关。除了单一使用问卷法或访谈法，有 2 篇文献先使用问卷法，再通过访谈法加以完善，实现了定性研究对定量研究的良好补充。

在属于实证研究的文献中，仅有 1 篇使用了规范通用的调查量表，其他定量研究中的调查量表均为自行设计，这一定程度上反映了我国研究者在尝试运用通用调查问卷的基础上，开始探索使用自制问卷来研究中阿跨文化问题。但总体而言，问卷法研究中使用的规范量表版本陈旧，最新的也是 2005 年的版本；自制量表均无信度

① 文秋芳:《应用语言学研究方法与论文写作》，89～93 页，北京，外语教学与研究出版社，2004。

和效度说明；访谈法研究中，不同研究者所提的问题体量不一，从几个到十几个不等，均是自己设计的问题，不具有理论依据。相较于论述性研究，实证研究太过薄弱，规范研究更是严重匮乏，并且因缺乏针对阿拉伯文化的有效研究工具而难以推广。

（六）研究者专业背景

胡文仲指出，长期以来我国跨文化交际研究一直偏重于外语教学，这与跨文化交际学最初由外语界引入我国，因而在外语界最先得到关注与认可，且学科队伍大部分为高校外语专业教师等因素有很大关系。[①] 本研究统计发现,26 篇文献的作者具有外语专业背景（表 4），占文献总量的一半以上；其中 23 篇文献作者与阿拉伯语专业相关，可以说外语，尤其是阿拉伯语专业背景研究者是中阿跨文化研究的主力军。

表 4　学者专业背景分类及数量

	期刊论文	学位论文	文献总量
外语专业背景	20	6	26
非外语专业背景	17	6	23
总计	37	12	49

为了进一步了解外语专业背景研究者创作文献的学科分布情况，本研究对此作了分类（图 5），统计发现这类研究的学科面广，在六个领域分类中均有出现。

教育学文献量最多，语言学文献次之，这与研究者群体的职业背景有很大关系。韩震认为，文化“走出去”已经成为大学文化传承创新功能的现实课题。[②] 语言作为不同文化之间的沟通桥梁，为跨文化研究提供了天然的便利；而外语院校在跨文化沟通中也能发挥其在促进人文交流、借鉴国外文化经验等方面的优势。相应地，跨

① 胡文仲:《从学科建设角度看我国跨文化交际学的现状和未来》，载《外国语》，2010（6）。

② 韩震、陈海燕:《协同创新 推动中国文化走出去》，载《国家教育行政学院学报》，2015（3）。

文化研究在教学，尤其是外语教学中具有重要的研究价值与研究意义，而培养具有跨文化沟通能力的高素质、国际化人才，对于实现国家"文化走出去"愿景也至关重要。在其他学科中，除了文化、文学艺术、新闻传媒与外语专业学科性质密切相关外，社会学和经贸管理也成为外语专业背景研究者尝试的新领域，这无疑拓展了中阿跨文化研究的视域与领域。

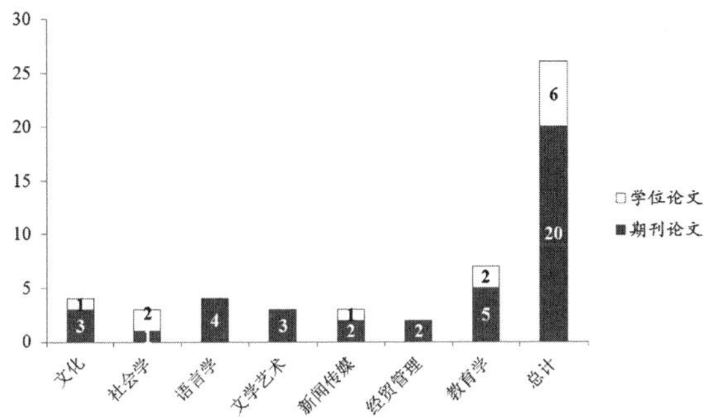

图 5　外语专业背景研究的学科分类及数量

综上，该研究所涉及的学科领域较少，但分布均匀；涉及深层次和多层面文化因素的研究量小；多元文化研究有一定基础，但内容不够细致深入。研究方法缺少理论创建、归纳总结和实证调查，也缺乏"跨文化研究"的理论支撑。随着学科发展多元化、理论模式化，我国中阿跨文化研究在形式、内容，以及研究方法上都需要有所提高。

四、启示与展望

我国的中阿跨文化研究起步晚，发展缓慢，所以目前规模尚小，学科有限，但近十年开始有所发展。目前正值国家大力推进"深化中华文化国际影响力，助推文化走出去"之际，相信随着"一带一路"倡议的不断推进，中阿合作不断加强，中阿跨文化研究也会受到学界的进一步重视。为此，本文提出以下建议和对策，希望能抛砖引玉，期待国内学者持续推进中阿跨文化研究。

第一，加强基本理论研究。目前我国缺乏中阿跨文化理论建设性的研究，因而没有形成广泛接受的中阿跨文化研究框架，这也是中阿文化对比研究远远多于中阿跨文化研究的原因。而“跨文化”与“非跨文化”研究的差别，笔者认为主要在于后者偏于静态研究而前者偏于动态研究。加强基本理论研究，廓清中阿跨文化研究脉络，发现研究问题，未来就可在已有研究的基础上发展交融、求同存异，尽量避免缺少新意且内容重复的研究出现。

第二，拓展学科规模，开展深入的专题研究。胡文仲曾指出，在国外，跨文化研究在人类学、心理学中首先得以拓展，继而在管理学、传播学、教育学、语言学、社会学、医学、国际关系、政治学和文化研究等领域取得了长足发展。① 目前语言学研究是我国中阿跨文化研究的主要组成部分，而语言作为表层文化因素受到深层文化因素的支配，因而价值观、思维方式等核心文化因素才是有待深入探讨的专题。国内学者应该及时充分地学习国内外成功的、主流的跨文化研究成果，并将其有效地应用于中阿跨文化研究当中，以拓展研究的范围与规模。

第三，创建科学合理的研究方法。多论述、少实证，多单一、少综合的现象已经成为跨文化研究发展的瓶颈。② 同样，目前中阿跨文化研究中论述性研究成果多，基于实证方法的研究量少，使用第一手材料的实证研究比例更少，且使用的研究工具普遍缺乏理论支撑和信度效度验证，说服力不够强，权威性无法检验，也不利于研究工具的进一步推广。我国中阿跨文化研究长期没有进行归纳与总结，导致研究中出现的问题不能够得到及时反馈，这在一定程度上也影响了中阿跨文化研究的推进，因而综述研究也亟待加强。

第四，外语院校应充分发挥自身职能与人才优势，提升中阿跨文化应用研究的水平。韩震认为，外语类院校作为国家对外交往的重要窗口，是助推中国文化“走出去”的重要媒介。③ 据此，国内阿

---

① 胡文仲:《从学科建设角度看我国跨文化交际学的现状和未来》，载《外国语》，2010（6）。

② 胡文仲:《论跨文化交际的实证研究》，载《外语教学与研究》，2005（5）。

③ 韩震、陈海燕:《协同创新 推动中国文化走出去》，载《国家教育行政学院学报》，2015（3）。

拉伯语学者应该利用自己的学科优势，在中阿跨文化研究中发挥“领头羊”作用：懂阿拉伯语，才能掌握一手材料；懂阿拉伯文化，才能准确把握其文化的内涵与层次；精通中国文化，才能做出高质量的中阿跨文化研究。除语言外，最好掌握一门以上的专业知识，树立“双通”人才的培养意识，将熟练运用阿拉伯语、深刻了解阿拉伯社会文化的风土人情、能够顺畅进行跨文化交际等综合能力作为个人发展目标，将自身打造成应用型研究人才，才能在研究内容上做具体而深入的探讨，打破研究领域的局限而有所创新，进而促成国内中阿跨文化研究稳健发展的新趋势。

图书在版编目（CIP）数据

当代阿拉伯研究：阿拉伯语语言文学学科发展与课程建设专辑 . 3 / 刘欣路，吴昊雁主编 . —北京：北京师范大学出版社，2021.11
ISBN 978-7-303-27232-7

Ⅰ. ①当… Ⅱ. ①刘… ②吴… Ⅲ. ①阿拉伯语—教学研究 Ⅳ. ① H37

中国版本图书馆 CIP 数据核字（2021）第 188013 号

营 销 中 心 电 话　010-58805072　58807651
版权与国际合作部　http：//www.bnup.com

DANGDAI ALABO YANJIU
出版发行：北京师范大学出版社 www.bnup.com
北京市西城区新街口外大街 12-3 号
邮政编码：100088
印　　刷：北京盛通印刷股份有限公司
经　　销：全国新华书店
开　　本：710 mm × 1000 mm　1/16
印　　张：15.25
字　　数：220千字
版　　次：2021年11月第1版
印　　次：2021年11月第1次印刷
定　　价：72.00元

策划编辑：赵雯婧　　责任编辑：赵雯婧
美术编辑：李向昕　　装帧设计：李向昕
责任校对：段立超　陈　民　　责任印制：李汝星